U0367517

全球化与教育变革译丛

主编 杨启光

教育全球化导论

（第二版）

[美] 乔尔·斯普林（Joel Spring） 著

杨启光 等 译

Globalization of Education

An Introduction

2nd Edition

 上海交通大学出版社
SHANGHAI JIAO TONG UNIVERSITY PRESS

 Routledge
Taylor & Francis Group

内容提要

在本书中,乔尔·斯普林对全球力量与教育的相互作用进行了叙述,并对相关的研究、理论以及模式进行了全面的介绍和综合分析。斯普林以他标志性的清晰叙事风格,阐述了学校教育全球化的过程、实施机构与推动教育全球化的力量,并审视了这些力量在地方背景下对学校教育的影响。

本书可供对教育全球化感兴趣的读者阅读。

Globalization of Education:An Introduction/by Joel H. Spring/ISBN:978 - 0 - 415 - 74984 - 8

Copyright © 2015 by Taylor & Francis Group LLC

Authorized translation from English language edition published by Routledge,part of Taylor & Francis Group LLC;All Rights Reserved.

本书原版由 Taylor & Francis 出版集团旗下,Routledge 出版公司出版,并经其授权翻译出版。版权所有,侵权必究。

Copies of this book sold without a Taylor & Francis sticker on the cover are unauthorized and illegal.

本书贴有 Taylor & Francis 公司防伪标签,无标签者不得销售。

本书中文简体版专有出版权属于上海交通大学出版社版权所有,侵权必究.

上海市版权局著作权合同登记号:09 - 2021 - 426

图书在版编目(CIP)数据

教育全球化导论/(美)乔尔·斯普林
(Joel Spring)著;杨启光等译. —上海:上海交通
大学出版社,2022.5
ISBN 978 - 7 - 313 - 25710 - 9

Ⅰ.①教… Ⅱ.①乔…②杨… Ⅲ.①教育—全球化
—研究 Ⅳ.①G51

中国版本图书馆 CIP 数据核字(2021)第 251420 号

教育全球化导论
JIAOYU QUANQIUHUA DAOLUN

著　者:	[美]乔尔·斯普林(Joel Spring)	译　者:	杨启光 等
出版发行:	上海交通大学出版社	地　址:	上海市番禺路 951 号
邮政编码:	200030	电　话:	021 - 64071208
印　制:	上海景条印刷有限公司	经　销:	全国新华书店
开　本:	710mm×1000mm　1/16	印　张:	15.75
字　数:	265 千字		
版　次:	2022 年 5 月第 1 版	印　次:	2022 年 5 月第 1 次印刷
书　号:	ISBN 978 - 7 - 313 - 25710 - 9		
定　价:	78.00 元		

版权所有　侵权必究
告读者:如发现本书有印装质量问题请与印刷厂质量科联系
联系电话:021 - 59815621

中 文 版 序

　　《教育全球化导论》能够在中国出版，我感到非常荣幸。最近几年，全球性大流行病（即 COVID－19 新型冠状病毒肺炎，译者注）与气候变化影响了全球的学校教育。在许多国家，这一全球流行病导致在线教育与混合式教育形式的增加。学校的领导者围绕学校应该提供怎样的教学展开了激烈的讨论：是坚持课堂学习，还是将课堂学习与在线教学相结合，抑或采取完全形式的在线教学呢？这种流行病还催生了新的学校形式——小范围的"私塾"模式，如豌豆荚学校和农场学校（pod and farm schools）。一些家长转而让孩子在家上学，以保护他们免受流行病毒的侵袭。

　　气候变化正给世界各国带来意想不到的破坏，但令人感到奇怪的是，几乎看不到任何努力来扩大环境方面的教育。当气候的变化持续造成更多的环境"难民"的时候，学校却仍然把重点放在教育学生在全球经济中实现就业。在未来的某个时候，某些政府和教育领导人会后悔放弃环境教育而热衷于全球企业的职业教育吗？

Joel Spring

（乔尔·斯普林）

2021 年 9 月 2 日

译 者 序

一

今天，人类社会正迅速步入复杂的"新型全球化"与"深度全球化"阶段，全球化发展走向"岔口期"。大行其道的民粹主义、逆全球化与去全球化，昭示着全球化步入纵深发展阶段，人类面临"百年未有之大变局"。世界教育也随之进入全球化设置的空间域和时间轴，极速地在全球与地方之间相互转换腾挪，给不同国家的教育带来诸多机遇与艰难挑战，人类社会与教育将面临更为复杂的全球发展问题，凸显不同文明文化间的全球理解与合作的重要性，也更加显示出深入研究全球化与教育改革之间关系问题的紧迫性与必要性。

事实上，随着 20 世纪末全球化的深入发展，作为一门新兴学问的"全球学"（Global Studies）已经诞生，随后全球学本科、硕士与博士专业陆续在美国、日本、英国、新西兰、中国香港等国家或地区设立并招生，一系列相关研究机构纷纷创建，旨在以综合性、多学科与跨文化的视角，探索和理解人类社会全球化进程及其影响，并逐步发展为国际性学术研究领域与体系。

反映在教育领域，研究分析教育与全球化发展关系问题不断增加与丰富，一系列院校基于传统的比较与国际教育的学科领域，在全球与全球化的层面探索和研究教育问题，关注教育的全球化、教育国际化、多元文化和跨文化教育、教育政策不平等、全球公民教育等主题，逐步形成全球教育研究（Global Studies in Education）新领域。美国伊利诺伊大学、澳大利亚墨尔本大学、新西兰怀卡托大学、英国华威大学、中国香港大学等，纷纷开设相应研究生专业，建立了类似的研究机构。当下，包括学术的全球流动、市场导向的全球高等教育竞争、全球和地方意义的学校变革、21世纪技能的培养、全球学习成果的评估等全球化教育改进的多元实践,呈现出教育在全球化与本土化之间丰富而复杂的关系。

由此,从多学科、跨国和跨文化的角度出发,分析全球化思想、理论及其在比较教育学术领域的应用,从社会学、哲学、政治学、地理学、历史学、管理学、经济学等跨学科的国际比较视角,探讨全球化社会变量与教育间的复杂关系的基础理论,分析教育系统受全球化以及国际发展变化的影响问题,理解教育在当代社会发展与全球不同区域联系中的作用并建立理论,研究全球化运动过程中比较教育研究范式的转换,坚持教育可以通过创新与改进推动所有国家实现更好变革,正是比较教育学科的价值信念。同时,从国际与比较教育研究中,寻求教育与全球化关系的知识创新与理论发现,从而推动全球化与教育变革之间关系的深入研究,丰富与创新比较教育的内容体系,服务我国教育进一步扩大对外开放与参与全球教育治理现实需要。基于这样的背景,适时推出以"全球化与教育变革"为主题的译丛,其意义就显得很重要。

二

乔尔·斯普林(Joel Spring)(1940——   ),美国当代著名教育史学家与多元文化教育家。先后在美国的威斯康星大学、辛辛那提大学、哥伦比亚大学、纽约州立大学等校任教。现为纽约市立大学皇后学院教授,主要研究涉及教育史、教育哲学、跨文化教育、教育全球化、美国原住民文化、教育政治学及人权教育等诸多领域。

进入21世纪,乔尔·斯普林教育思想的研究方向发生了转移,教育与全球化成为其关注的重点,相关研究成果有《西方学校模式的全球影响:企业化、异化与消费主义》(*Global Impacts of the Western School Model：Corporatization，Alienation，Consumerism*),《教育与全球经济的兴起》(*Education and the Rise of the Global Economy*);《全球化与教育权利:跨文明的分析》(*Globalization and Educational Rights：An Intercivilizational Analysis*),《全球化教育学:崛起的国家教育安全》(*Pedagogies of Globalization：The Rise of the Educational Security State*)等。这次引进翻译的是《教育全球化导论》(*Globalization of Education：An Introduction*)的第二版,是乔尔·斯普林主编的"教育中的社会文化、政治与历史研究"(Sociocultural，Political，and Historical Studies in Education)系列图书中的

一本,由英国劳特利奇(Routledge)出版社出版。该著作是其教育与全球化研究中最具代表性的一部,是关于教育全球化研究的基础性文献。

综合来看,本书是激进教育史学与全球化相结合的重要研究成果。作为激进派史学家的斯普林教授,他将激进派教育史学特有的现实政治关怀、批判性趋向、新马克思主义的影响,以及开放等主要特点融入对教育全球化的理解,为国际学术领域提供了一个全面概述教育全球化的研究现状、综合理论,以及与主题相关的多元教育模式。同时,他应用丰富的研究文献资料,向读者介绍了影响全球化时代教育的宏观过程、主要政府间国际组织与非政府间国际组织及其他社会变革力量,并探讨了这些力量在地方化实践中对全球教育的影响问题。

同时,该著作围绕教育全球化的研究,视野广阔、内容广泛而深刻。它的影响力,不仅在于综合了大量的与教育相关的政治与文化领域的研究,还包含了来自世界各地的事例,涵盖了目前全球化作用于教育的非常广泛的话语与领域,诸如全球化教育的理论、多元教育模式、各种主要的国际教育组织、本土教育、语言教育、人口与教育人才的流动等。全书立足于复杂与充满不确定性的全球化时代,反映了作者广阔的国际教育研究视野与丰富的跨学科知识背景,具有重要的理论研究价值。这些理论研究,对于分析理解不同国家或地区教育发展进程如何被全球化形塑具有重要的启发与借鉴意义。

该著作的出版发行,将推动乔尔·斯普林的全球化著作在中国的进一步传播。作为美国当代著名教育史学家和多元文化教育学家,近年来,关于他这方面的作品陆续被翻译成中文出版,包括 2005 年北京大学出版社出版的《脑中之轮:教育哲学导论》(*Wheels in Head*:*Educational Philosophies of Authority*,*Freedom*,*and Culture From Socrates to Human Rights*)、2010 年安徽教育出版社出版的《美国教育》(*America Education*),以及人民教育出版社出版的《美国学校:教育传统与变革》(*The American School*:*1642 - 2000*)等。

三

在全球化走向复杂深入的新阶段,中国学术界需要研究像斯普林教授这样的全球化与教育变革思想的著作。他本人也应邀多次来中国开展学术交流活动。对斯普林的教育全球化思想、全球教育文化融合和冲突,以及全球教育身份认同等问题,有待深入地研究,这些都构成了未来全球教育研究可拓展的空间,并将可能成为我国比较教育学新的学术增长点。正如麻省大学波士顿分校教授杰克·列维(Jack Levy)评论认为的那样,该书经过仔细研究,将为学生和学者寻求详细分析不同的全球化观点提供一份有用的参考资源。翻译出版该著作,无疑将促进斯普林的全球化与教育相关著作在中国的推广,发挥其思想的国际影响力。

翻译出版本著作,有助于中国积极参与全球教育的治理。美国沙贾汗(Shahjahan)教授强烈推荐这本书给高等教育、教育政策、课程研究与全球化研究的受众。因为它不仅回答了关于全球教育上层建筑的问题,还发出了一个重要的提醒:教育评估(包括高等教育)的政策、实践、话语和课程在当地实施与推进过程中,不能忽视全球化的进程。在构建面向人类命运共同体与进一步推进高质量教育对外开放体系建设的背景下,该书的翻译出版必将为全球化背景下推动中国积极参与国际重要教育组织,并发挥全球教育治理主要的参与者作用,推进自身教育现代化发展,提供有意义的经验与理论借鉴;对于丰富与发展我国比较教育学科建设,也会带来更多的参考价值。

关于教育的全球化研究,其立足点与出发点在于面对复杂的全球化世界。在迅速变化的技术所带来的挑战下,教育必须帮助学生应对全球化世界学习与工作的挑战,培养学生反思与批判性理解当代全球社会进程与问题的能力。在全球化时代,高等院校的毕业生应该具有全球思维、国际意识及全球胜任力等素养与能力,这日益成为全球化时代评估高等教育人才培养质量与学生学习结果的重要指标。书中宗教教育与世俗、文明等视角与认识似与我国国内学者的思考并不相同,可供研究者参考。本书可以作为比较教育学专业本科生、硕士研究生与博士研究生的参考文献使用,或作为了解全球化与教育变革问题的基础性教材使用。希望未来有更多的研究者关注全球教育研究,推动该领域蓬勃发展。

杨启光

2021 年 10 月 20 日

前　言

（第一版）

　　这本书叙述了当前关于教育全球化的研究与理论。第一章向读者介绍教育全球化的理论与世界教育模式。这一章提供了一个框架，指导读者阅读后面的章节。第二章分析了知识经济的概念，以及世界银行利用这个概念来塑造发展中国家学校制度的努力。此外，本章还探讨了世界银行的全球网络及其与教育全球化的关系。第三章不仅介绍了联合国和经济合作与发展组织对世界教育的影响，还进一步说明了经济合作与发展组织的两个国际测试项目，国际学生评估项目（PISA）和国际数学与科学趋势研究项目（TIMSS）对教育产生的影响。第四章探讨了跨国学习和出版公司、国际评估公司、大学对教育产品和机构的全球营销。对世界贸易组织及其服务贸易总协定的讨论，可作为全球教育营销的背景。

　　在第五章中，我将讨论全球和本地之间的相互作用。此外，本章还讨论了替代性的教育模式，如进步主义模式和原住民模式，它们与世界银行、经济合作与发展组织等机构的主要教育话语一起吸引了全球的关注。正如我在第五章中所讨论的，这些替代性的教育模式经常由国际非政府组织（包括环境和人权组织）推动。第六章探讨了由于对知识和宗教信仰性质的不同理解而可能造成的全球文明冲突。本章探讨了全球宗教教育模式，这些模式是任何教育全球化讨论的核心。

　　随着人口在国家间的流动（合法和非法），以及各国人口从农村转移到城市中心，全球移民正直接影响着各国的教育政策。第七章探讨了全球知识经济框架下的移民带来的影响，包括人才流失、人才回流、人才环流与人才浪费。全球移民还造成了有关多文化和多语言教育政策的国家问题。此外，第七章探讨了教育多元化和多语言人群的全球发展可能性。在最后的第八章,我在复杂思维的背景下,评价了关于教育全球化的各种理论,并回顾了本书的主要主题。

前　言

（第二版）

第二版的《教育全球化导论》新增了重要的概念框架。这些概念包括"教育经济化""教育企业化"和"状态评估"。世界银行、经济合作与发展组织（简称经合组织）、世界经济论坛，以及一些跨国公司等，已经将这些概念融入它们的全球教育计划之中。

本书第一章讨论了"教育经济化"的概念，该概念在第二章和第三章又分别进行了详细阐述。关于"教育经济化"，是经济学家用经济学的术语来评价学校教育的结果。教育经济化将人们对教育的关注从学校教育，诸如公民参与、人权保护和环境保护等方面，转向了经济增长和就业。第二章和第三章展示了教育经济化是如何将经济价值凌驾于知识、人格特质以及家庭生活之上的。

在第一章和第五章提出了"教育企业化"的概念，即跨国企业为了自身工作岗位的需要而影响全球学校政策来教育和塑造人的行为。此外，全球教育公司希望各国的学校政策能提高其产品销量，如书本、软件、硬件和在线教学课程。这些跨国公司通过国际组织，如经济合作与发展组织、世界经济论坛、世界贸易组织，以及其他区域贸易组织，缔结网络。作为教育企业化讨论的一部分，第五章增加了一节关于英国社会学家史蒂芬·J.鲍尔（Stephen J. Ball）的研究成果，他研究了联结企业与学校政策之间的网络。

在第二章，我以世界银行和经合组织为背景，介绍了"状态评估"的概念。"状态评估"，指使用绩效标准去评估政府项目，包括使用标准化评价去衡量教育的成效。经合组织的国际学生评估项目（PISA）和国际数学与科学趋势研究项目（TIMSS），是状态评估以及国家标准化测试的重要部分。

所有章节都更新了全球教育的趋势信息。我用世界银行报告里的相关信息更新了第二章，如世界银行2013年的年度报告、一些对世界银行的评价。同样，在第二章中，我新增了联合国千年发展目标（MDGs）的内容。在第三章中，我利用经合组织的报告，论证以技能为基础的全球课程能够满足企业的需求，并有利于促进就业。此外，我还查阅了关于全球PISA与TIMSS两个测试项目的近期材料，这也是状态评估的一部分。

　　在修改后的第四章，我增加了有关世界贸易组织批准的教育贸易的几种类型，以及全球高等教育排名对促进全球教育系统统一所起到的作用。在第五章，除了前面提到的关于全球教育企业化的讨论，我补充了有关全球英语教育的企业化与激进的环保教育遏制全球企业化的相关论据。在第七章，我更新了全球移民，或者说，"人才环流"的相关信息，用的是联合国人口署的资料，以及联合国难民署专员的报告。

目 录

第一章　教育的全球化

教育全球化指影响当地教育实践和教育政策的全球的网络、进程和机构。关键词是"全球",意味着影响国家和地方学校系统的事件发生在全球范围内。全球教育政策和实践已存在于国家和地方学校之上的上层建筑中。这个上层建筑不是静止的,各国继续独立管理自己的学校系统,同时受到全球教育上层建筑的影响。如今,许多国家选择从这种全球上层建筑中采取政策,以便在全球经济中提升国家的竞争力。

那么,这一全球教育上层建筑究竟包括什么呢? 它包括直接和间接地影响国家学校系统的国际组织网络、跨国教育公司、学校、参与学校政策全球化讨论的政府官员和专业人士。在《全球化、社会和教育》(2003)这本杂志的第一期中,编者指出,教育全球化可以被视为一种全球化进程中影响教育的各因素如人力资本、经济发展与多元文化的全球话语、政府间组织、信息和通信技术、非政府间组织以及跨国公司的交集。[1]关于全球教育上层建筑的以上这些方面将会在后面的章节中涉及。此外,还有诸如知识经济、终身学习、全球移民和人才环流的全球话语等。

影响全球教育政策实践的主要全球性机构有经济合作与发展组织(OECD,简称经合组织),世界银行,联合国教育、科学及文化组织(UNESCO,简称联合国教科文组织),世界贸易组织(WTO,简称世贸组织),以及其他的政府间国际组织(IGO)和非政府组织(NGO),如人权、环境和妇女组织等。英语作为全球商业和旅游主要使用语言,也影响着当地的学校,使之将英语作为课程的一部分。解释和分析教育全球化所表现的几个方面及其对国家学校系统的影响,构成了本书的主要部分。

教育的全球企业化

在描述全球教育的一些趋势时,我将使用"全球企业化"和"教育经济化"作为重要的概念,但不是唯一的概念。跨国公司,包括全球教育公司,目前正在影响全球学校政策,其目的是教育和塑造工作场所的人们的行为。我将之称为"全球教育企业化",即跨国公司迫使国家学校系统采取有利于其发展的教育政策。这些跨国公司通过经合组织、世界经济论坛、世贸组织等国际组织,以及区域性贸易集团建立全球网络。

教育的全球企业化,涉及应用经济学的人力资本理论,是为全球劳动力市场提供学校教育。正如我在本章后面更详细解释的那样,这些理论侧重于塑造人类行为,以满足企业的需求。简而言之,人力资本经济学家声称,投资教育可以培养更优秀的工人,从而促进经济增长、减少收入不平等和增加就业。

在这本书里,我认为人力资本教育是正在进行的"教育经济化"的一部分。"教育经济化",指经济学家进行的教育研究,多从经济角度判断学校成果的影响。教育经济化将关注点从学校教育支持的诸如公民参与、人权和环境保护,转移到经济增长和就业上来。

全球教育的经济化强调工作技能的教学。人力资本教育强调教授两种技能:一种是在工作场所获得成功所需的认知技能和知识;另一种被称为"软技能",是在企业中发挥作用所需的行为。人力资本经济学家认为,学前教育可以发展软技能或者人格特质,这对将来在工作中取得成功必不可少。[2]

在软技能教学的背景下,企业化意味着塑造人的行为以满足商业需求。这与芝加哥大学经济学家理查德·塞勒(Richard Thaler)和美国政府监管官员卡斯·桑斯坦(Cass Sunstein)在他们的著作《助推:改善关于健康、财富和幸福的决策》(*Nudge*:*Improving Decisions about Health*,*Wealth*,*and Happiness*)中提出的一个被称为"助推"(nudge)的经济范式相吻合。[3]"助推"涉及政府应用行为经济学和社会心理学来塑造公共行为。该范式有时被称为"家长式自由主义",即对人口的行为控制,被认为是为了减少政府支出和降低税收,同时通过改变公共行为来解决失业和依赖政府的问题。[4]《纽约时报》记者卡特琳·本霍尔德(Katrin Bennhold)在一篇关于英国推行"助推"的文章中说:"英国的每个公务员现在都在接受行为科学方面的培训。'助推'部门有一份政府渴望与之合作的等待名单,丹麦、澳大利亚等国家也表示了兴趣。"[5]

总之,全球教育的企业化是指企业对国家学校政策的影响,聘请经济学家来评判学校系统的工作,教授工作场所所需的认知技能和知识,以及在学校和政府中塑造行为,以满足企业的需要和维持自由市场经济。虽然教育的企业化是全球教育的主要趋势,但也有其他的观点,正如我随后将阐述的那样,例如公民行为主义,人权、环境的教育,以及宗教和本土学校教育的形式。

在小说家帕特里克·弗兰纳里(Patrick Flanery)所著《堕落的土地》(*Fallen Land*)一书中可以找到人类生活完全企业化的例子。他虚构的 EKK 公司的负责人设想了一个全球公司,它"无处不在,涉及一个人生活的方方面面,从受孕开始……到死亡和分解(火化、器官和组织回收、遗骸管理)。"[6]

EKK 公司,包括生育和生物技术、医疗保健和医疗分包、特许学校管理、课程开发、营利性大学、就业、雇员关系、金融和资产管理、安全和监禁、移民、娱乐、旅游、酒店和度假村管理以及老年护理等部门。换句话说,公民生活的所有部分都被企业化了。

EKK 将人力资本问题与传授企业生活所需的软技能或性格特质相结合,为员工提供了一个家庭保护系统,该系统不仅能监测火灾和入室盗窃,还可以监测家庭行为。换句话说,要保护家庭成员不受家庭互动或行为特征的影响,以免可能损害他们成为高效员工的能力。家庭保护系统将向 EKK 报告任何不利于企业生活的家庭或个人行为。当然,EKK 开办了自己的学校,旨在通过教育获得遵纪守法的工人。

会像帕特里克·弗兰纳里在小说中所描绘的那样,人类生活的各个方面都被置于全球企业的控制之下,要么为了利润,要么为了确保对员工的教育和行为控制,以满足企业的需求吗? 这是未来全球教育的发展方向吗?

教育全球化

1985 年,经济学家西奥多·莱维特(Theodore Levitt)提出了"全球化"这个词来描述全球经济的变化。[7] 这个词很快被用来形容以相同的方式影响世界上大部分人的政治和文化变化。这些普遍的全球现象之一就是学校教育。正如在《全球化、社会和教育》(该期刊创刊就表明了全球化和教育作为一个研究领域日益增长的重要性)这本杂志的第一期开篇社论中所指出的那样,"学校是当代世界最常见的机构之一,在这里可以获得最为普遍的经验分享"。[8] 然而,教育的全球化并不意味着所有学校都是相同的,正如本土与全球之间的差异研究所揭示的那样。[9]

欧盟委员会的文献《教与学：走向学习型社会》是这样描述教育全球化的："信息社会、科技文明和经济全球化的到来，三者都有助于学习型社会的发展。"[10]

全球性的教育机构和网络话语的发展诱导了类似的国家教育理念，特别是视教育为一种经济投资的理念。因此，世界各地的教育讨论经常提到经济增长、教授与工作相关的技能和为工作而终身学习。此外，全球经济触发了大规模的工作移民，引发了关于多元文化教育的全球讨论。

联合国、经济合作与发展组织和世界银行等政府间组织正在推动反映就业准备、经济发展和多元文化主义的全球教育议程。信息和通信技术加速了信息的全球流动，创造了一个世界知识图书馆。全球非政府间组织，特别是那些涉及人权和环境保护的非政府组织，正在影响世界各地的学校课程。跨国公司，特别是那些涉及出版、信息、测试、营利性学校教育和计算机的公司，正在向世界各地的政府、学校和家长推销他们的产品。

全球教育与比较教育

全球化和教育的研究与传统的比较教育研究有何不同？首先，关注全球化和教育的研究者并非完全着眼于比较教育，尽管许多研究全球化的人都认同这一领域。作为一个新的研究领域，研究全球化对教育实践和政策影响过程的学者来自不同的学科领域，包括人类学、经济学、历史学、社会学、课程研究、教育政策研究、比较教育学、心理学和教学方法研究等各个领域。例如，《全球化教育：政策、教育法和政治》（*Globalizing Education：Policies，Pedagogies，& Politics*）一书是由迈克尔·艾帕尔（Michael Apple）（课程研究员），简·凯威（Jane Kenway）（社会学研究员）和迈克尔·辛格（Michael Singh）（教育政策研究员）主编的。[11] 因此，至少在起初阶段，这个新领域的研究是跨学科的。

其次，比较教育在传统上注重比较各国的教育制度。在谈到"新世界的比较教育"时，罗杰·戴尔（Roger Dale）认为，随着全球化的发展，世界"不再可以毫无疑问地被理解为由自治国家组成，这是比较教育领域许多工作的基本假设。事实上，这也是比较教育进行比较的基础"。[12] 或者，正如卡努瓦（Carnoy）和如奥腾（Rhoten）断言的那样，"在 20 世纪 50 年代之前，比较教育主要关注国民教育制度的哲学与文化渊源"。[13] 在《比较教育》（*Comparative Education*）的一篇社论中，布罗德富特（Broadfoot）指出全球化之于比较教育学领域的价值："截至目前，我们发现自己处在后者的极端，跟不上世界各地的政府急于想了解其他国家的教育实践的脚步，因为他们审视的是最新的学校表现的国际排行榜。"[14]

> **要点　教育全球化的组成部分**
>
> 1. 国家采纳相似的教育实践，包括课程、学校组织和教学法等
> 2. 影响当地的教育决策者、学校行政人员、大学院系和教师的全球话语
> 3. 政府间组织和非政府组织影响当地的教育实践
> 4. 全球网络和教育思想、实践的流动
> 5. 具有能够销售教育产品（比如测试、课程和学校材料）的跨国公司
> 6. 高等教育和教育服务的全球营销
> 7. 全球信息技术，网络学习与交流
> 8. 世界人口迁移对学校政策与实践和多元文化主义的影响
> 9. 英语作为一门全球商务语言对学校课程和文化的影响
> 10. 宗教与本土教育的全球模式

全球流动与网络

教育领域的全球流动，包括人员、观念、政策、资金和教育公司在世界范围内的流动。全球网络将人员、政府间组织和非政府组织、专业社团和公司联系在一起。阿尔君·阿帕杜莱（Arjun Appadurai）介绍了全球流动的观念、实践、机构和与当地居民互动的景象。[15] 他把世界各国人民的全球流动称为"民族景观"。全球人口流动包括移民、游客和工人，尤其是那些为跨国公司工作的人。显然，这种人的流动涉及全球文化的流动，这些文化将相互作用并发生改变。

对教育尤其重要的是，关于政府和其他机构非政策思想与实践的流动，阿帕杜莱将之称为"意识形态景观"。这种全球思想的流动与国家和地方对政府和制度实践的想法相互作用。这种相互作用导致了全球流动中的观念与地方

层面观念的改变。在这幅景观图中，没有什么是一成不变的：全球观念在改变的同时，也影响着当地的学校实践。

按照阿帕杜莱的想象，教育的上层建筑由思想、机构和人员的全球流动所组成，并与当地组织和人员进行动态互动。交通、通信与信息技术的进步，加快了全球流动的速度。在阿帕杜莱的想象中，新技术的进步也是全球流动的一部分，他称之为"技术景观"。"正是新的交通技术加速了全球移民、游客和工人的流动，也使教育机构和政府的领导人能够轻松地会晤全球几乎任何地方的相关人员。"通信和信息技术允许全球相互交流关于教育实践的想法，并创建一个世界信息图书馆。当然，新的教育技术也会对当地的教育教学产生影响。

另一个景象是全球网络。这些网络由人员、政府间组织、非政府组织和多国组织所组成。通信和信息技术使建立和维持全球网络成为可能。全球教育网络连接了教育机构、教育政策制定者、专业教育组织和政府间组织。因为有了因特网，压缩了时间和空间，从而使交流成为瞬间的事情。同时，网络也在不断扩大并吸引更多的成员。在一个网络中，大部分努力都可增加成功的可能性。较大的网络可以包含较小的网络。例如，可能存在一个全球教育学者网络，其成员参与连接政府间机构和跨国教育公司的其他网络。[16]

在《全球教育公司：新政策网络和新自由主义想象力》(*Global Education Inc.: New Policy Networks and the Neo-Liberal Imaginary*)一书中，社会学家斯蒂芬·J. 鲍尔认为，全球网络现在主导着国家学校政策。他写道："我认为，政策网络确实构成了一种新的治理形式，尽管不是单一和连贯的形式，但其在政策制定过程中发挥了新的权力来源的作用，实际上是一个'权威市场'。"[17]换言之，人们和机构之间的全球联系产生了全球性的决策，这些决策可以对当地学校行使权力。

全球化的流动与网络景象已受到批评，因为其将个人描绘成为被动的参与者或表现对象。[18]在流动与网络的意象中，存在一种危险的思维，即认为教师的教育实践仅仅只是受全球意识形态景观、技术景观、民族景观，以及连接着教育政策制定者与政府间组织、非政府组织的全球网络影响的结果。而在现实中，当地学校官员和教师并不会只简单地跟着全球流动和网络调整的步伐起舞。首先，他们可以通过自己的文化视角对全球教育政策和实践赋予意义。其次，他们可能会根据当地情况调整全球教育的实践工作。最后，他们也可能会拒绝或抵制全球性的影响。

总之,教育机构和实践的全球化,可以想象为一个由全球流动和各类网络组成的上层建筑,其影响取决于当地教育者的诠释、适应程度、拒绝或接受。

要点　　　　　　教育的全球流动及其网络

1. 观念或者意识景观的全球流动,有助于提升国家教育政策的全球相似度
2. 为政府间组织工作的教育政策制定者,如联合国教科文组织、经合组织和世界银行,参与全球教育讨论,并为全球教育实践做出贡献
3. 通过电子邮件和其他形式的交流,学术出版物、国际会议中的教育政策制定者和学者组成的网络,有助于教育观念与话语的全球流动
4. 资本和贸易或金融景观的全球流动,包括跨国企业教育产品和服务的营销
5. 全球网络包括那些属于其他教育网络体系中的教育政策制定者和学者,政府间组织的成员和跨国公司等,他们对全球的教育话语和实践起到了推动作用
6. 全球网络连接全球教育组织与当地的教育政策制定者、管理者和教师,他们对促进教育话语和实践的全球流动起到了推动作用
7. 全球移民景观促进了超越民族国家界限的全球社群的形成

世界教育文化:"世界文化理论"派的著作

　　"世界文化理论"派提出一个假定,即所有的文化都会慢慢融合,成为单一的全球文化。这一学派的支持者通常称为"新制度主义者",他们认为国家政策制定者在规划自己的学校制度时会借鉴这种世界文化。[19]

　　"世界文化理论"派的两部代表作,一是约翰·迈耶(John Meyer)、戴维·卡门斯(David Kamens)和亚伦·贝纳沃特(Aaron Benavot)的《大众的学校知识:20 世纪的世界模式与国家初级课程类别》(*School Knowledge for the Masses:World Models and National Primary Curricular Categories in the Twentieth Century*)(以下简称《大众的学校知识》),二是戴维·贝克(David Baker)和杰拉尔德·赖特(Gerald Letendre)的《民族差异、全球相似性:世界

文化与未来的学校教育》(*National Differences*，*Global Similarities*：*World Culture and the Future of Schooling*)。[20]

《大众的学校知识》一书认为各地教育政策制定者依靠世界教育文化来作出他们的决策，其结果是"大众教育总体轮廓及其课程在世界上的同质化程度往往令人吃惊"。[21]例如，世界上大部分的公立学校系统都遵循从小学低年级到某种形式的中学教育，再到高等教育或某种形式的中高职学校这样一种顺序。这种教育结构是如此普遍，以至全球教育报告可以在同一标题下结合各个国家统计数据进行研究，如初中或者高中的统计数据。例如联合国儿童基金会(UNICEF)的报告《2006 年世界儿童状况：被排除在外与漠视》(*The State of the World's Children 2006*：*Excluded and Invisible*)，其中的教育统计表只是在标有"小学"和"中学"的栏目下报告了世界各国的入学率和出勤率。[22]本报告和类似报告的大多数读者，可能并不认为世界各国使用类似的学校教育阶梯会有什么不寻常。

在课程方面，《大众的学校知识》指出，初等教育的组织和课程标签在世界范围内具有显著的相似性。通过对各个国家课程大纲的审查得知"各民族国家规定的课程之间存在着比预期更多的同质性和标准化……至少，大众课程非常紧密地与世界范围内的社会愿景和教育进步联系在一起，且往往在世界各地以相当一致的方式形成模式"。[23]

课程的全球同质性是国家政策精英，特别是发展中国家的精英从世界教育文化中选择的结果。换言之，当地学校人员从全球教育实践模式中进行了选择。虽然《大众的学校知识》的作者没有使用全球流动的语言，但他们所创造的形象是教育实践的全球流动，国家决策者可以从中选择。然后，这些国家的政策制定者能动地改变全球惯例做法来适应他们当地的需求与实践。

世界教育文化是如何产生的呢？《大众的学校知识》的作者认为，世界教育文化是西方的民族国家观念在世界范围内传播的结果，其中包括教育公民以确保政治稳定和经济增长的信念。到了 19 世纪末，作者认为："随着西方政治体制的逐步成熟，现代课程结构到了 20 世纪初已经成为一种理所当然的'模式'。随着西方民族国家观念的传播，'课程标准模式'也在世界范围内传播，在所有课程体系分类中造就了一种世界性的同质课程体系。"[25]

由于西方思想在全球的广泛传播，贝克和莱坦德(Baker & LeTendre)宣称："尽管一些国家……对学校教育有直接的政治和法律方面的控制，但西方教育机构已经成为跨国企业。"[26]他们作出这一论断的一个原因是学历在全球就业市场中越来越重要。在全球经济中,教育证书是有价值的,教育等级及课程的标准化也是必要的。中国和印度的大学的学位应该与欧盟国家、美国的大学的学位有同等效力,学位可以作为一种全球就业的凭证。

贝克和莱坦德认为,学校教育的世界文化性已经发生,这将引发全球学校教育系统之间的同质性。他们认为:"大众教育是当今世界教育的主要模式。它渗透在现代社会人们生活的每个部分,并在人类存在中创造出一种空前的文化教育。"[27]

弗朗西斯科·拉米雷斯(Francisco Ramirez)在回应针对不断演变的单一全球教育模式的批评时,解释了世界教育文化概念的起源。在 20 世纪七八十年代,他参与了斯坦福大学的一个社会学研究小组,工作重点是研究"世界文化理论"的演变,拉米雷斯写道:"我们后来断言,(世界)文化在起作用,通过民族国家、组织和专家来表达和传播,他们本身体现了一个受教育的世界'文凭社会'的胜利。"[28] 在"文凭社会"中教育证书是获得就业的必要条件。世界教育文化的发展是日益强调全球认同和目标的一部分。学校教育提供了进入全球经济的途径。用拉米雷斯的话来说:"学校教育是作为一种有利于身份确认和目标实现的技术而出现的;个人和国家对学校教育的不懈追求只有在一个强烈的特权教育世界才有意义。"[29]

拉米雷斯在约翰·勃利(John Boli),弗兰克·莱希纳(Frank Lechner),杰拉德·托马斯(Gerald Thomas)和伊曼纽尔·沃勒斯坦(Immanuel Wallerstein)的著作中找到了"世界文化理论"的起源。[30] 这些著作认为,世界文化伴随着 19 世纪后期西方基督教思想的传播而开始并在第二次世界大战结束后得以升级。约翰·勃利和杰拉德·托马斯指出:

> 随着西方基督教的产生与传播,在世界体系……的研究分析,这种超然的社会现实开始在 19 世纪下半叶有组织地具体化了。在经历了两次世界大战的风云变幻之后,它已在过去的 50 年里在塑造全球发展中扮演着惊人的权威角色。[31]

根据这一观点,世界教育文化被嵌套在一个更普遍的全球文化中。一个"世界文化理论"派小组得出结论:"有相当多的证据支持我们的主张,即世界社会模式通过文化和交往过程塑造民族国家身份、结构和行为。"[32] 从这个角度来看,如上所述,世界教育文化是伴随着西方的政府和民族模式在世界范围内传播而发展的。

总之,"世界文化理论"派的学者们认为,全球学校制度特别是教育梯级(小学、初中、高中直到高等教育)与课程惊人地相似,是由下列因素导致的:

· 西方国家和政府的理念在世界范围内的传播,其中一个组成部分是大众教育

· 国家精英和其他人士在规划学校制度时借鉴了这种教育模式

· 在就业需要教育证书的地方推动了文凭社会的发展

· 全球现有的教育研究的存在是最好的教育实践

世界体系与后殖民/批判理论

与"世界文化理论"派相比,世界体系论者认为,全球流动的观念和政策是由跨国公司和世界银行等机构按经济实力强加给各国的。[33] 世界体系论者把世界分为三个不平等的经济集团。第一个经济集团包括像美国、欧盟和日本这样的富裕国家和地区。第二个经济集团包含新兴经济大国,如中国、俄罗斯、印度和巴西。第三个经济集团包括世界上较贫穷的国家。

世界体系论者认为,富有的国家通过将其教育价值观强加给其他国家来使其权力合法化。这些教育价值包括为经济增长提供教育和为自由市场经济培养劳动力。[34] 富裕国家所青睐的知识形式被强加并合法化了一些全球组织,如出版公司、研究组织、高等教育机构、专业组织和考试服务机构。[35]

从这个角度来看,教育的全球化是一种以牺牲世界上的穷人为代价而使富人和富裕国家获利的特定经济和政治议程的助推器。[36] 后殖民/批判理论者支持世界体系论者的看法,他们强调西方教育由于欧洲帝国主义和他们的基督教传教士盟友的扩张而主导了世界舞台。简单地说,欧洲的文化帝国主义导致了西式教育遍布全球。[37]

这些观点论者认为,英国、法国和葡萄牙在 20 世纪殖民帝国解体后,和美国继续施加新的权力形式。后殖民/批判理论者认为,以前的殖民者势力通过政府间组织、跨国公司和贸易协定的作用又以新的形式出现了。在其目前的表现形式中,后殖民权力通过促进市场经济、教育经济增长和自由贸易而受益。在后殖民/批判理论的框架下,教育被看作是一种为培养服务于跨国公司的更加优秀劳动力而设计的经济投资。[38]

在描述他们所认为的全球性政府间组织和贸易协定对拉美教育的负面影

响时,舒格伦斯基(Schugurensky)和戴维森-哈登(Davidson-Harden)写道:"我们需要从后殖民的角度来考虑历史的不平等性……理清与世界富裕国家的地区关系……(世界贸易组织/贸易服务总协定)具有继续推动自殖民以来就抑制拉美国家发展的帝国主义的潜在力量。"[39]

一般情况下,后殖民/批判理论"包括奴隶制、移民与离散地形成等问题;种族、文化、阶级和性别对后殖民背景的影响;反对殖民主义和新殖民主义统治的抗争史;身份形成和杂糅的复杂性;语言和语言权利;原住民争取权利承认的持续斗争"。[40]

文化主义者：教育的借鉴与输出

文化主义者强调不同"知识"或者不同认识世界的方法和教育借鉴与输出观念的存在。[41] 他们的立场和那些认为存在单一形式的知识的人,还有那些相信后殖民时期延续着富裕国家的经济、政治力量的人的立场不同。文化主义者质疑学校教育的模式只是简单地对地方文化施加影响的观点。文化主义者相信,地方行为者从全球性流动的教育观念中借用并改编出了多种模式。我将在第五章中就文化主义者的观点进行更加详细的讨论。

教育借鉴的一个例子来自 20 世纪 80 年代美国教育政策的制定者,当时他们得出结论,认为美国的学校制度导致了美国经济在世界市场上的衰退,因此着迷于日本和其他国家的教育制度。1983 年联邦政府在《国家处在危机之中》(*A Nation at Risk*)的报告中,指责美国公立学校的低学术质量造成了比日本和西德那些学校低的生产率,并伴随着美国在科技发展中领先地位的下降。该报告指出:"如果满足于仅保持微弱的竞争优势,我们仍然能立足于世界市场,但我们必须为了全方位的利益重新致力于教育制度的改革。"[42] 这样的说法,几乎不可能被证实,甚至一些人声称它是基于错误的数据、从戴维·伯利纳(David Berliner)和布鲁斯·比德尔(Bruce Biddle)的《制造的危机:对美国公立学校的迷思、欺诈与攻击》(*The Manufactured Crisis：Myths, Fraud and the Attack on America's Public Schools*)一文的标题中捕获的假设。[43]

尽管这种分析可能是错误的,但美国的教育者还是急于研究日本学校,以此作为提升美国学校水平的一种手段。这代表了教育观念借鉴的一个有趣例子,因为当时日本的学校组织结构是在二战期间被美国征服后美国强加给它的。在日本高度以应试为导向的学校制度背景下,《国家处在危机之中》的报告建议美国学校制度应该严格按照"标准化的成绩测试"[44] 进行管理。这一结果是由美国的决策者模仿日本学校所推动的。[45]

在发展一种称为政策吸引力的理论中,戴维·菲利普斯(David Phillips)提出了一项教育改革的跨国运动的研究,其中就包括了观念的借鉴与输出。

美国观察员对日本教育政策各方面的优势做了很长时间的分析,他们还详细研究了 1989 年东欧剧变后相关国家在政策讨论中使用的那些国外模式,以及英国以儿童为中心的小学教育对欧洲其他地区在政策和实践上的影响。[46]

除了跨国借鉴的观点,文化主义者认为全球化的教育思想往往是因地制宜的。凯瑟琳·安德森-莱维特(Kathryn Anderson-Levitt)认为,殖民地实行西方教育"进入新的领域……例如,(按)英国与法国的对抗,看起来已经与一开始不同"。[47] 她认为,尽管现实中出现了全球教育的同质化现象,然而当地教师和官员也开始抵制和改造全球化的教育模式了。

同样地,文化主义者反对所有的全球性组织都通过协调一致的工作来促进类似的教育议程的观点。有人认为,世界银行和联合国教科文组织有时可以提供不同的意见给当地的学校。例如,美国国际开发总署(USAID)和法国国际开发总署给几内亚的教育者提供了不同的建议。[48] 在巴西,由天主教教会支持的宗教教育模式有别于由世界银行和美国国际开发总署提供的模式。正如莱斯利·巴特利特(Lesley Bartlett)所描述的那样,在巴西,一方面,非公立教育机构支持一种强调人的发展和社会正义进步主题的教育模式。在南美天主教会,如我在后文所描述的那样,这种人道主义的教育模式受到了解放神学的影响。另一方面,巴西的公立学校在世界银行和美国国际开发总署的影响下采用了人力资本的模式。其结果在读写教育中存在显著的差异。许多受解放神学影响的天主教学校,在一定的社会和政治的背景下教授读写。相反,在公立学校中使用的人力资本的模式"刻意避免了学校教育的政治方面,以语音为基础进行教学,并断言,教育能够而且应该促进经济发展"。[49]

文化主义者还认为,不存在一个单一的世界教育模式,但存在着不断竞争的模式。在凯瑟琳·安德森·莱维特对"世界文化理论"派的评论中,认为"世界文化理论"派提出的世界教育模式的目标,是培养学生成为全球化经济中的工作者,而教育有两种竞争性的世界模式。我将她确认的两种相互竞争的世界教育模式标记为"经济教育的世界模式"和"进步主义教育的世界模式"。我在此基础上又提出了另外两种相互竞争的全球化模式,标记为"宗教教育的世界模式"和"原住民教育的世界模式"。后两种全球化模式公然反对基于西方教育的世界教育模式。

 要点 　　　　　　**三种理论观点诠释**

世界教育文化理论

1. 一个统一的全球教育文化的发展,共享相似的目标、教育实践和组织
2. 国家学校系统的相似性是采用提倡大众教育的单一民族国家的西方模式的结果
3. 大多数国家的学校制度有一个共同的教育等级和课程组织
4. 学校教育的全球一致性开辟了进入全球化经济的通道

世界体系与后殖民/批判理论

1. 强加给其他国家的教育思想和实践有利于富裕国家保持经济优势
2. 全球教育统一性的创建将使富裕国家的势力合法化
3. 全球性组织支持有利于富裕国家和人群的政策,如教育学生成为经济全球化下的工作者

文化主义理论

1. 反对全球政策和目标日趋统一的主张
2. 强调地方社区要改变借鉴全球性教育思想和实践的观念
3. 认识到不同的知识和全球教育模式的存在
4. 不相信全球性组织会联袂打造全球教育的均衡性

经济教育模式、教育经济化与状态评估

"教育经济化"和"状态评估"的概念现在被纳入全球学校政策中。正如本章前面所述,教育经济化,指学校教育的首要目标在于使经济和收入增长,并通过经济研究来指导学校政策。这使教育拥有一种经济功能,包括通过经济学家的视角分析教育。从经济化的角度来看,是资助学校对人力资本(即学生)进行投资,目的是改善劳动力市场。在这一概念模式中,对教育投资应该会获得更好的劳动力。

但是,如何衡量学校投资的回报呢? 从经济学的角度来看,这需要某种形式的记账(accounting),或者用教育的语言来说,这需要"绩效"(accountability)。记账在经济学中要求有东西可计量,在企业中就是看金钱的盈亏。在教育方面,经济学家试图去衡量劳动力技能的产出。例如,在美国,学生学习的绩效是通过测量或测试共同核心国家标准(common core state standards)中体现的技能。共同核心国家标准包含发展新全球经济所需的技能。

用经济学的术语来说,技能成为全球教育制度的"新货币"。在教育经济化的框架下,国际和国内学生测试应该衡量国家学校制度对经济增长的贡献。这种测量是"状态评估"的一部分,它通过标准化评估来持续监控绩效,包括教育绩效。大多数国家的教育制度现在对中学毕业和大学录取采用标准化评估。许多学校使用标准化测试来衡量不同年级学生的表现。

教育经济化,包括各国学校制度比较的全球测量。全球评估标准由世界"教育部"的经合组织(OECD)发布。经合组织对各国学校系统进行审查,并使用国际学生评估项目(PISA)和国际数学与科学趋势研究项目(TIMSS)的分数进行比较。[50] 教育委员会经常将本国的成绩与其他国家的成绩进行比较。这些国际试验将在第三章中更广泛地进行讨论。

根据经济学家的观点,发展工作技能是学校教育的主要目的,经合组织使用 PISA 和 TIMSS 测试项目对各国学校体系进行了审查。对技能教育的关注反映在经合组织 2012 年出版的《更好的技能、更好的工作、更好的生活:技能政策的战略方针》(*Better Skills*,*Better Jobs*,*Better Lives*:*A Strategic Approach to Skills Policies*)一书的标题中。[51] 该出版物声称:

> 技能已经成为 21 世纪的全球"货币"(作者的强调点)。如果不对技能进行适当投资,人们就会在社会的边缘挣扎。如果技术进步不能转化为经济增长,国家将无法再在一个日益以知识为基础的全球社会中竞争。但这种"货币"会随着劳动力市场需求的演变而贬值,个体将会失去他们不使用的技能。因为技能不会自动转化为职业和经济成长。[52]

世界银行的教育投资,为教育经济化提供了一个很好的例子(我将在第二章中更详细地讨论世界银行的运作)。世界银行是向发展中国家提供教育贷款的最大的全球金融机构。《世界银行 2020 年教育战略》(*World Bank*

Group Education Strategy 2020）包含了银行家对学校系统的重要性及其功能的看法，并包含了教育经济化的明确例子。[53] 在《世界银行 2020 年教育战略》的前言中，世界银行人力发展网络副行长塔玛尔·曼努埃尔扬·阿蒂尼克（Tamar Manuelyan Atinc）用经济学术语阐述了其教育计划的三大支柱："及早投资，明智地投资，投资所有人。"[54]

世界银行经济学家对学校教育的看法也与衡量产出有关。《世界银行 2020 年教育战略》指出："要让教育资金有价值，就必须进行明智的投资——那些已被证明有助于学习的投资。"教育质量需要成为教育投资的重点，而学习成果则是衡量教育质量的关键指标。[55] 为了确定教育投资的"价值"，需要对学生进行评估。评估成为确定教育改革"价值"的方法：

> 通过对体系评估、影响评估以及学习和技能评估的投资，世界银行将帮助其成员回答影响教育改革的关键问题：我们体系的优势在哪里？ 缺点在哪里？ 在解决这些问题方面，哪些干预措施被证明是最有效的？ 学习机会是否惠及最弱势的群体？ 公营及私营机构在提供服务方面承担的主要角色是什么？ 儿童和青年是否获得了他们所需要的知识和技能？[56]

世界银行承认，没有确凿的证据表明扩大教育机会会导致经济增长。世界银行称，证据"令人鼓舞，但有些好坏参半"。[57] 世界银行非但没有否定对学校的投资是经济增长的一个来源，相反，它还指出，投资是用于衡量学生学到的东西，而不是花在学校里的时间。这证明了与在校时间相比，学习评估是教育投资回报的最佳决定因素："根据学生所学知识衡量教育水平……在国际扫盲和数学评估中学生成绩偏差与人均年 GDP 增长相关率为 2%。"[58]

经济学家的教育观点认为，社会和经济问题可以通过教授劳动力市场所需的技能来解决。例如，青年失业是一个全球性的问题。年轻人失业可能是工作缺乏的结果。然而，世界银行认为这是一个教育问题："年轻人离开学校进入职场时，缺乏适应竞争激烈的、日益全球化的经济所必需的知识、技能或能力。"[59] 也许问题在于普遍失业，或者，就像美国的情况一样，这可能是由于缺乏高薪入门级的工作造成的。由于制造企业将业务迁往海外寻找更廉价的工人，高薪入门级的工作消失了。换句话说，复杂的经济问题不能简单地解释为年轻人缺乏合适的技能。

世界银行使用经合组织的 PISA 和 TIMSS 测试项目,来评估教育贷款对发展中国家的影响。社会学家马琳·洛克希德(Marlaine Lockheed)在《发展中国家国际评估的原因和后果》(*Causes and Consequences of International Assessments in Developing Countries*)的文章中写道:"发展中国家通常是在国际捐助机构的鼓励和支持下加入国际大规模评估的。"[60] 她认为世界银行是在发展中国家推广使用 PISA 和 TIMSS 测试项目的主要机构。

教育和人力资本的经济化,将在第二章和第三章中作详细的讨论。总的来说,这种经济方法得到了许多国家领导人的支持,因为它承诺增长和发展。"世界文化理论"派认为,它是国家精英所依赖的。经济教育模式的主要目标是为全球经济中的工作岗位培养劳动者。这种经济教育的世界模式包含以下组成部分,其中的全球商业语言(英语)教学,将在第七章详细论述。

经济教育模式

- 教育被视为对劳动力的一种投资
- 学生被视为因工作而接受教育的人力资本
- 以技能为基础的教学
- 利用学生考试成绩考查学校课程的绩效
- 根据学生的标准化考试对行政人员、教师和学校课程进行评价
- 以 PISA 和 TIMSS 测试为基准的国际考试
- 教授英语作为全球商业语言
- 教育的目标是提升劳动者在全球经济发展中的竞争力
- 教育的价值以经济增长和发展来衡量

经济教育模式,因为没有教育公民积极参与实现经济和社会变革而受到批评。它同样因没有让学生积极地为维护社会正义和保护环境努力而受到批评。此外,经济教育的世界模式将全球经济体系的文化强加于当地文化,并试图改变这些文化,包括原住民的文化,以满足全球经济的需求。

进步主义教育模式

进步主义教育模式将在第五章中详细讨论。这种模式强化了教师和学生对课程和教学的控制。与经济教育模式相反,进步主义教育模式的目标是培养那些意识到社会不公正并积极努力纠正这些不公正现象的公民。

进步主义教育模式

· 学习如何改变社会,使之更完美

· 使学生做好参与社会正义、人权和环境保护问题的准备

· 学生基于兴趣积极参与学习

· 主动学习

· 教师的专业精神和自主权

· 保护当地语言

· 确保社会正义

· 积极参与社会变革

进步主义教育理论源于约翰·杜威(John Dewey)在 19 世纪末 20 世纪初的著作。今天,进步主义的教学方法嵌入了人权、和平、社会正义、解放和环境教育。杜威想要开发一种方法,向学生展示知识的社会价值和其与社会的相互依赖性。他希望实现这些目标的方法之一是开展小组合作活动,发展社会想象力。杜威将社会想象定义为"一种习惯,即在头脑中构建一些真实的人际互动场景,并参考这些场景来指导自己该做什么"。他早期的一个教育实验是在 19 世纪 90 年代的一所高中的道德课上进行的。杜威希望学生们把伦理学与实际问题联系起来,而不是仅作为抽象的原则。杜威向学生们展示了一个人类苦难的真实案例,并要求他们运用社会想象力来解决慈善的问题。社会想象力是一种将孤立的想法与赋予它们原始意义的实际情况联系起来的能力。杜威认为,这种方法有助于学生形成"一种习惯,即认识到自己所处的实际情况的性质"。[61]

这种教学方法还有一个重要的原则。杜威所倡导的进步主义教育是通过向学生提供思想、价值观、社会制度的历史和社会起源等方面的知识,为学生参与争取社会公正做好准备。他认为,如果学生理解了思想和制度起源于人类的行为,他们就会意识到自己也可以参与改变这些思想和制度。杜威担心文明会被不再实用的思想和制度所束缚,这些思想和制度可能会成为支持精英统治社会的一部分。杜威认为,观念、价值观和制度都应该随着社会需求的变化而变化。

杜威认为,没有必要让学生意识到知识和社会经验之间的关系,也没有必要让他们有机会将想法付诸行动。一旦付诸行动,它就变成了判断。"孩子,"杜威说,"不能获得判断的力量,除非他不断地练习形成和测试判断。"因此,在他看来,学校必须避免教授抽象的思想,而应提供产生思想的实际条件,给孩

子在学校里测试道德和社会判断的机会。根据杜威的观点,学校应该是一个具有真实社会关系的社区。[62]

杜威经常说的一句话:学校是一个具有真实社会生活的社区。杜威想利用这个社区,让它成为学生学习过程的一部分。他相信学习过程应该是积极解决社会问题的一部分,因为这是帮助学生看到知识社会价值的最佳方式。

杜威关于积极学习和让学生准备好解决社会问题的思想,现在已经成为许多寻求社会公正、和平、人权、环境保护以及从专制政府解放的不同教育项目的一部分。

经济教育模式和进步主义教育模式有一个显著的区别:在学校里,经济教育模式通过规定的国家课程和标准化测试来控制教师的行为,其目的是为全球经济培养劳动者;在进步主义世界模式中,学生们被积极地教育以社会正义的名义改变世界。

宗教教育模式

经济教育模式和进步主义教育模式都是西方教育传统的一部分,已经进入了教育观念的全球流动之中。对这两种教育模式的批评,认为它们支持的是一个以经济发展或经济公平为目标的世俗社会。对一些人来说,他们缺少的是精神和宗教目标及价值观。我将在第六章中详细地探讨教育的宗教模式。在全球范围内,有大量的宗教学校为基督教、佛教、伊斯兰教、印度教等宗教团体服务。一些学校在课余时间或宗教日提供宗教指导,另一些则开办全日制学校。宗教学校提供强调灵性的教育,与强调经济和世俗的经济教育模式和进步主义教育模式形成鲜明对比。

一些宗教教育组织支持不同信仰间的宽容。宗教教育协会(Religious Education Association,REA)成立于1903年,其全球使命是"创造机会,探索和推进宗教团体、学术机构和更广泛的国际社会中相互关联的学术、研究、教学和领导实践"。[63]该组织的任务说明宗教教育工作者的国际使命:

> 通过建立国际交流、合作和支持网络,将宗教教育作为一个独特而重要的领域,推动其发展。通过向更广泛的社会和那些准备成为教授、研究者或其他宗教教育领导者的人解释宗教教育的性质、目的和价值。[64]

此外，REA 与其他宗教组织的一个显著不同在于其促进不同信仰之间的对话。2003 年《宗教教育》(*Religious Education*)中的一篇社论强调："在世纪之交(19 世纪到 20 世纪)，宗教教育组织的创始人乐观地认为，宗教教育可以培养宗教间的宽容和理解，以及知情的信仰和承诺。"[65]

宗教教育模式
- 对传统宗教文本的研究
- 宗教仪式的研究与实践
- 强调精神性
- 注重灌输道德和伦理标准
- 排斥世俗主义

原住民教育模式

　　2007 年 9 月 13 日，联合国大会通过了《原住民权利宣言》(*Declaration on Rights of Indigenous Peoples*)。据联合国有关机构统计，全球约有 3.7 亿的原住民生活在南太平洋岛屿、亚洲、欧洲等地。当然，这其中也不能忽略非洲、北美洲和南美洲的许多原住民。[66]谁是原住民？有一个定义强调其是对某一特定地理区域长期占领的居民。[67]比如，加拿大原住民强调通过选择自我认同为"第一民族"来"长期占领"。然而，一些当今自认为是原住民的群体，以前是称霸其他民族，占领他人土地的帝国强权，如阿兹特克人，玛雅人和美洲的印加人。他们称霸的这些国家或当地人民算是他们长期的占领物吗？此时可以通过自我认同来解决谁是原住民的问题。世界银行在其对原住民的定义中包含了原住民"自我认同"和"生存为导向的生产"。世界银行的定义是：

　　　　术语"原住民"(通常也被称为"土著人民""部落群体"和"定居部落")描述了这样一个群体，其社会和文化认同有别于主流社会，使得他们在发展进程中容易处于不利地位。[68]

原住民的特点
- 与原始领土和自然资源有亲密联系

- 自我认同和被他人认同为不同文化群体的成员
- 用一种本民族语言，有别于主流语言
- 存在传统的社会和政治制度
- 以生存为主的生产[69]

然而，"生存为导向的生产"不能够实事求是地描述一些自我认同为原住民却又在现代化的工厂、农产品企业或其他商务系统中工作的人。

一些殖民主义者企图用西方形式的教育根除他们的文化，原住民在努力恢复传统的教育方法。在某些情况下，原住民把剥夺教育看作阻止他们进入主流经济和政治组织的一种方法。因此，许多原住民正试图恢复其对教育的控制，并确保对传统教育方法的认可。

我将在第六章中详细地探讨原住民的教育模式。原住民教育模式包含以下几个要点。

原住民教育模式

- 原住民控制自己的教育机构
- 以传统的原住民教育作为课程和教学方法的指南
- 使用原住民民族语言
- 反映原住民民族文化

全球教育模式扩散的实例

当世界体系论者与后殖民/批判论者强调在教育模式中施加权力的使用时，"世界文化理论"呈现出被国家精英和地方群体从世界教育文化中优先选择的良好态势。文化主义者强调教育观点的借鉴与输出及其本地适应的重要性。然而，这些教育模式在全球扩散的故事要复杂得多，涉及如何选择和实施的问题。起初，如后殖民/批判论者认为的，学校教育的西方形式在全球传播是欧洲帝国主义的结果。除了对财富的追求，欧洲殖民者还受到西方文明优越性的理念和对世界人民皈依基督教的欲望的驱动。我把这个过程称为"白种人的爱"（white love）。[70] 殖民主义者片面地深信其他文明的自卑和基督教是唯一真正的宗教，并且以为他们试图改变当地的宗教和文化是在帮助别人。

虽然这个过程为后期西方教育的采用奠定了基础，它的早期扩散不包括目前的人力资本模式。人力资本模式的全球扩散发生在第二次世界大战后。

基督教传教士的工作确实代表了一种全球化宗教模式。在美洲,西班牙建立了一张广泛的教堂和学校网络去改造当地原住民。在北美,英国人鼓励新教传教士和学校工作者转变方向去教育当地原住民。在南美和北美,肉体力量有时被用来为基督教的上帝拯救灵魂。在非洲,欧洲人建立了学校,并派教会的人去攻取那些被征服者之心。在印度,英国人使得英语和英式学校教育成为当地人进入殖民统治的路径。虽然法国人并没有鼓励欧式教育在柬埔寨和印度殖民地人民中扩张,但他们为殖民地管理者子女的教育建立了学校,并支持宗教团体转变方向去教育当地居民。荷兰随后在印尼运用了类似的模式。[71]

另外,一些国家基于防御性原因选择了西式教育,试图保护当地的道德体系。19 世纪,日本统治者迫切要求建立西式学校来学习西方的技术和科学,以建立一个能抵御欧洲扩张主义在亚洲实施的战争机器。1868 年新设立的日本教育部发布的《五条誓文》,反映出了其在组织新型教育制度时的全球视野:"求知识于世界。"[72] 日本 1872 年颁布《教育基本法》,采用西式学校结构,规定建立 54 760 所小学、中学区和大学区。[73] 当拿破仑的军队在 1789 年攻陷并占领埃及三年之久时,相似的发展模式也出现在阿拉伯国家之中。埃及统治者决定其国民要学习欧洲的技术、科学和军事组织。在《让伊斯兰教发挥作用:埃及的教育、政治和宗教变革》(Putting Islam to Work:Education,Politics and Religious Transformation in Egypt)一书中,格雷戈里·斯塔雷特(Gregory Starrett)总结了如下成果:"获得与欧洲同等的军事力量,促成了埃及对欧式学校的原始引进。"[74]

中国近代的教育史支持了世界教育文化理论的主张,即大规模学校教育的扩展伴随着国家对西方模式的学习和采用。1912 年,中国封建王朝被革命领导人孙中山及其追随者所拥护的西式共和国所取代。据资料记载,1912 年皇帝退位后,"现代学校如雨后春笋般涌现出来"。[75] 现代或者说西式学校被认为是维持共和制政府的必要条件。当时新任教育部长蔡元培颁布命令,禁止一切违反共和制思想的教科书。[76] 需要注意的是,中国和日本在采用西方学校模式的同时,致力于保留其传统价值,如这些教育宣传口号所力证的:日本的和魂洋才(Japanese Spirit,Western Skills)、中国的中体西用(Western Science,Eastern Morals;Western Function,Chinese Essence)。[77]

进步主义教育模式,是教育观点和实践全球化流动中的一部分。[78] 它通常与社会公正及政治、经济改革运动相关。1919 年,进步主义教育的代表——杜威在中国进行了两年的巡回演讲。在中国,他获得了极高的评价。[79] 推崇他的

是教育学和哲学领域的学者和学生。1908 年,美国国会同意返还中国部分的
"庚子赔款"用于资助中国留学生在美国的学业。据估计,从 1921—1924 年
间,中国学生出国留学目的地国家中人数最多的就是美国。[80]

　　1917 年十月革命以后,作为教育人民委员部建立的一个实验性教育体系
行动的一部分,苏联教育家被美国的进步主义教育所吸引。教育人民委员部
鼓励通过课堂讨论和美学教育,以及将阅读、写作、算术、历史、地理、文学、化
学等科目整合成为综合课程开展主动学习。教育人民委员部推荐使用美国进
步主义教育家海伦·帕克赫斯特(Helen Parkhurst)于 1918 年开发的道尔顿
制 *。在道尔顿制中,学生每月签订合同,规定所有科目都在一个主题内进行
学习。学生们按照自己的进度学习从而履行合同。[81]1929 年,教育人民委员部
下令所有学校采用项目教学法设立教学体系,美国进步主义教育思想得到了
进一步的应用。[82] 项目教学法最早是在 1918 年由美国进步主义教育家威廉·
赫德·基尔帕特里克(William Heard Kilpatrick)提出的。他是杜威在哥伦比
亚大学师范学院的一个朋友兼同事。[83] 斯大林(Stalin)上台后所有的一切都改
变了。1931 年,教育部委员安德烈·布勃诺夫(Andrei Bubnov)在全俄区域
教育部门首长会议上谴责该项目方法。他认为,老师们还没有做好充分准备
来运用项目方法和基于活动的教学。他要求学校提供数学、化学和物理的系
统性指导。共产党中央委员会宣布,"有必要发动一场决定性的斗争来反对轻
率的计谋与方法……尤其是反对所谓的项目方法"。[84]1932 年,中央委员会声
讨了道尔顿制。

　　教育思想和制度在全球的扩展,并不是自欧洲和美国向世界其他地区扩
散的单行道。下文关于教育的借鉴与输出展示了全球观点是如何改变,进而
影响全球教育话语的。

教育借鉴与输出的实例:南美教育

　　南美教育体现了对全球教育观点的借鉴与输出,具有对当地条件进行适
应的特点。南美国家受到西班牙殖民主义和美国人力资本教育模式的影响。[85]

---

*　译者注:道尔顿制,全称为"道尔顿实验室计划"(The Dalton Laboratory Plan),当时欧美报刊大多
　名其为 The Dalton Plan,1922 年传入中国时译作"道尔顿制"。其创始人海伦·帕克赫斯特在 1919
　年将道尔顿制试行于不分级的一个残疾人学校,1920 年麻省道尔顿中学正式实行此制。本书原文
　认为是 1918 年开发的道尔顿制,译文遵原文。

南美教育的例子表明,教育观念和制度的全球流动并不是单向的,正如比较教育家吉塔·斯坦纳-卡姆西(Gita Steiner-Khamsi)撰写的《全球教育借鉴与输出的政治学》(*The Global Politics of Educational Borrowing and Lending*)书名中提到的观点。[86]

南美进步主义教育思想的先驱是秘鲁人何塞·马里亚特吉(Jose Mariátegui)。他的著作影响了教育哲学家保罗·弗莱雷(Paulo Freire)、古巴革命后的扫盲计划,以及由解放神学家领导的扫盲运动。马里亚特吉呼吁对农民和原住民进行大规模的政治教育,认为这是实现南美经济公正的必要条件。14 岁的时候,他在《秘鲁新闻报》得到一份学徒工作,通过自学开始写政治性文章,并成为一名马克思主义者。由于写了很多反对独裁统治的政论,秘鲁政府于 1919 年将他流放到欧洲。在欧洲,他转移到在法国和意大利的共产党社交圈,并接触到有关人类思想解放重要性的进步思想。[87]

马里亚特吉坚信,群众性的政治教育对于在南美实现经济正义是有必要的,特别是对农民和原住民的招募与教育。马里亚特吉认为:“印度文盲的问题超出了教学领域。教育一个人并不是只教他阅读和写作(作者强调),这一点变得越来越明显。”[88]

马里亚特吉把对原住民文化的破坏和给广大的秘鲁人民带来赤贫生活的原因,归咎于教育观念和制度的全球性。关于西班牙殖民主义的影响,他说:

> 西班牙的遗患不仅是心理和智力层面上的,更重要的是经济和社会层面上的。教育仍然是一种特权,因为财富和阶级的特权仍在继续。教育贵族化和教育观是一个典型的封建体系和经济上的概念。如果秘鲁不废除封建主义,独立也不能废除其教育观念。[89]

他认为,从美国借鉴而来的人力资本的教育模式使秘鲁的经济长期分化。在 20 世纪初,秘鲁教育领袖呼吁采用美国的教育模式,以帮助工业发展,或者换句话说,使教育更紧密地配合经济计划。美国模式的主要倡导者是曼努埃尔·比利亚兰(Manuel Villarán)。他指出:“秘鲁的教育……没能满足国民经济发展需要并对本土元素漠不关心。”[90] 他认为,秘鲁经济的未来在于教育系统要培养劳动力,而不是培养进入政府官僚机构和法律界的文人。比利亚兰声称:“欧洲列强在重塑他们的教育计划时,主要是沿着北美的路线,因为他们明白,20 世纪需要的是事业型人才,而不是文人墨客……我们也应该纠正我们的错误并教育出国家需要的具有实践性、勤劳与精力充沛的人,这样我们国家才能变得富有、强大。"[91]

1920 年的《教育组织法》,将秘鲁学校的模式转换为美国模式,小学与中学致力于为经济发展输送人才。然而,马里亚特吉认为,美国模式的采用并没有削弱殖民统治后裔的经济和政治势力。他指出:"教育运动被持续而广泛存在的封建政权所破坏。没有经济和政治的民主化,一个国家的教育是不可能民主化的。"[92] 马里亚特吉认为,基于美国模式的学校改革的失败一定程度上削弱了秘鲁已建立的上层阶级的势力,这证明了国家必须发展基于本国需要的独立的教育改革并请外国人担任顾问。与其他进步主义和马克思主义教育家相似,马里亚特吉主张放弃与经济和社会条件相脱离的教育唯心主义观。他呼吁教育要与现实的工作世界相联系,并引用墨西哥教育改革者佩德罗·乌雷尼亚(Pedro Ureña)的一句话:"学习不只是学习知识,更要学习行动。"[93]

为了对抗人力资本教育模式的影响,一种进步主义教育模式在拉丁美洲逐步形成,它包含了对原住民权利和文化差异的考虑,打破了统治阶级的霸权控制,并协助文化团体表达自己的需求和愿望。在总结这些思想时,谢尔顿·利斯(Sheldon Liss)强调,"拉美激进分子认为,真正的教育是进步的神奇工具,是严格的评价和质疑的过程,而不仅仅是传播信息,最终将有助于抵消现行制度的'真理'"。[94] 利斯总结道:"几乎所有的思想家(拉丁美洲进步知识分子)都赞同压迫者的力量只存在于服从他们的群众中这一观点。"[95]

切·格瓦拉(Che Guevara)便是受马里亚特吉观念影响的人之一。1959年古巴革命结束后,古巴开始实施大规模扫盲计划。切·格瓦拉认为社会必须成为一个"巨型"学校。关于文化改革,在 1965 年他认为政府应该给予人们直接的政策引导:"让教育在群众中成长,使之成为一种习惯。群众延续着自我教育并以此影响那些尚未有自我教育意识的人。这些都是间接教育群众的形式,像其他教育改革一样强大并富有建设性。"[96] 他强调:"我们真正需要的是一种思想文化机制,它既允许自由探索精神的存在,也能将在政府丰厚的资助中疯长的野草彻底去除。"[97]

在南美进步主义教育思想影响下,被称为杜威继任者的保罗·弗莱雷提出了进步主义教育学说。弗莱雷进步主义教育学说体现了众多南美进步主义者所关注的文化与经济问题。他的作品深刻地影响了由进步神学论者引导的扫盲运动。

保罗·弗莱雷于 1921 年 9 月 19 日出生于巴西的累西腓(Recife)。1947

年,他放弃了律师这个职业转行当老师,因为他认为法律为压迫者服务而教育为被压迫者服务。1964 年,巴西军方发动政变,逮捕了保罗·弗莱雷。这一年,弗莱雷流亡至智利。在流亡期间,他的社会哲学观点及教学方法得以付诸实践,同时他编写了《被压迫者教育学》(*Pedagogy of the Oppressed*)一书。在智利的政治氛围下,他与来自包括古巴在内的拉丁美洲国家共产党人见面。[98] 在流亡巴西期间,他还去了几次纽约,在那里他参与了由天主教神父策划指导的"主题"教育。在一次课程教学中,一位教育工作者向一群非裔美国人和波多黎各人展示了一张街景图,而所示的街道正是他们聚集地点前面的一条街,照片中垃圾遍布人行道。提问式教学是弗莱雷工作的重要方法。一个团队领导者问他们在照片中看到了什么,从拉丁美洲的街道一直说到非洲街道,答案五花八门。参与者一直都不相信那是美国的一条街道,直到有一个人说:"这就是我们周围的街道,是我们生活的地方。"[99]

《被压迫者教育学》解答了拉丁美洲进步主义者所面临的核心问题,即如何让农民和原住民参与革命。弗莱雷认为,他们生活贫困以及缺乏革命热情的原因是他们生活在沉默的文化氛围中。弗莱雷的教育,承诺要对农民和原住民负责,并改善他们的生活。

保罗·弗莱雷在其著作《被压迫者教育学》(1968 年)中写道:

> 被压迫者教育学,作为人文的、自由的教育方法,有两个不同的阶段。在第一阶段,受压迫者揭露世界压迫现象,并通过实践将他们自身投入改革当中去。在第二个阶段,压迫的现实已经改变,这种教学法不再属于被压迫者教育,而成为永恒解放过程中所有人的教育学。在这两个阶段,占统治地位的文化总是通过深入的行动进行文化上的交锋。[100]

伊凡·伊里奇(Ivan Illich)在墨西哥的库埃纳瓦卡(Cuernavaca)创建了跨文化文献中心(Center for Intercultural Documentation),这对解放神学和弗莱雷教育思想的传播有很大的帮助。[101] 解放神学者,如古斯塔沃·古铁雷斯(Gustavo Gutiérrez),与北美、南美的教育家,如保罗·弗莱雷、约翰·霍尔特(John Holt)、克拉伦斯·凯尔(Clarence Karier)及跨文化文献中心交换彼此对时事和教育的看法。曾经做过神父且支持解放神学的伊里奇,主张废除常规的学校教育,认为它已经成为压迫人民的手段。神父和教育家对国际文献工作委员会的影响有着各种描述,内容从"休克疗法"到"将人们放入他们正遭遇的困境中受挫折",不一而足。我第一次在国际文献工作委员会遇见保罗·弗莱雷是 1970 年,那是我有生以来第一次了解他的教育理论。我是数万个带着他的理念返回北美的人员之一。在国际文献工作委员会,我与解放神学之父乔丹(Jordan)主教、美国教育历史学家克拉伦斯·凯尔以及保罗·维奥拉斯(Paul Violas)共同编了一些书。这些书促成了美国学校改革的讨论。[102]20世纪 70 年代末,尼加拉瓜和萨尔瓦多之间的解放战争引发的识字运动,反映了解放神学和保罗·弗莱雷教学方法的影响。这些识字运动将在第六章详细探讨。

如今,杜威和弗莱雷都被认为是进步主义教育理论的代表。他们的教育模式在全球范围内产生的影响,印证了教育理论在全球范围内的传播扩散。与强调经济效益和教育经济化以及研究宗教经文和原住民教育的模式相比,他们所创建的教育模式是为了实现社会的正义与变革。

结论：不同视角对全球教育的解读

其余章节将分析全球化进程对教育的交互影响。这些分析将涉及世界教育文化理论,世界体系与后殖民/批判理论以及文化主义者的理论领域。这些理论为研究全球教育话语、政府间组织和非政府组织的教育工作、跨国学习和测试机构的影响、全球移民和语言问题提供了不同的视角。我认为,在国际舞台上拥有竞争力的全球教育模式有：经济教育模式、进步主义教育模式、宗教教育模式和原住民教育模式。

在下一章中我将分析全球教育话语,特别是那些涉及知识经济与教育经济化的话语。当然,这些话语在政府间组织和非政府组织,政策精英,当地社区和跨国公司的全球网络间流动。这些网络是如何运行的,将会在讲完全球主要的教育话语后对其进行讨论。

● 注释

[1] Roger Dale and Susan Robertson, "Editorial: Introduction," *Globalisation, Societies and Education* 1(1)2003, pp. 3 - 11.

[2] For instance, see James J. Heckman and Alan Krueger, editors, *Inequality in America: What Role Human Capital Policies?* (Cambridge, MA: MIT Press, 2005).

[3] Richard Thaler and Cass Sunstein, *Nudge: Improving Decisions about Health, Wealth, and Happiness* (New York: Penguin Books, 2008).

[4] See Katrin Bennhold, "Britain's Ministry of Nudges," *New York Times* (December 7, 2013). Retrieved from http://www. nytimes. com/2013/12/08/business/international/britains-ministry-of-nudges. html? ref = business&_r = 0&pagewanted = print on December 8,2013.

[5] Ibid.

[6] Patrick Flanery, *Fallen Land* (New York: Riverhead Books, 2013), p. 142.

[7] Nelly P. Stromquist, *Education in a Globalized World: The Connectivity of Economic Power, Technology, and Knowledge* (Lanham, MD: Rowan & Littlefi eld, 2003).

[8] Dale and Robertson, "Editorial: Introduction," p. 7.

[9] For examples, see Kathryn Anderson-Levitt, "A World Culture of Schooling?" in *Local Meanings, Global Schooling: Anthropology and World Culture Theory, edited by Kathryn Anderson-Levitt* (New York: Palgrave Macmillan, 2003), pp. 1 – 26.

[10] European Commission, *Teaching and Learning: On Route to the Learning Society* (Luxemburg: SEPO-CE, 1998), p. 21.

[11] Michael Apple, Jane Kenway, and Michael Singh, eds., *Globalizing Education: Policies, Pedagogies, & Politics* (New York: Peter Lang, 2005).

[12] Roger Dale, "Globalisation, Knowledge Economy and Comparative Education," *Comparative Education* 41(2)2005, p. 123.

[13] Martin Carnoy and Diane Rhoten, "What Does Globalization Mean for Education Change? A Comparative Approach," *Comparative Education* 46(1)2002, p. 1.

[14] Patricia Broadfoot, "Editorial. Globalisation in Comparative Perspective: Macro and Micro," *Comparative Education* 39(4)2003, p. 411.

[15] Arjun Appadurai, *Modernity at Large: Cultural Dimensions of Globalisation* (Minneapolis: University of Minnesota Press, 1996).

[16] Manuel Castells, *The Rise of the Network Society* (Oxford: Blackwell, 2000).

[17] Stephen J. Ball, *Global Education Inc. : New Policy Networks and the Neo-Liberal Imaginary* (London: Routledge, 2012), p. 9.

[18] Simon Marginson and Erlenwatin Sawir, "Interrogating Global Flows in Higher Education," *Globalisation, Societies and Education* 3(3)2005, pp. 281 – 309.

[19] See John Boli and George Thomas, editors, *Constructing World Culture: International Nongovernment Organizations since 1875* (Palo Alto: Stanford University Press 1999); Frank Lechner and John Boli, *World Culture: Origins and Consequences* (Malden, MA: Blackwell, 2005); Francisco O. Ramirez, "The Global Model and National Legacies" in *Local Meanings, Global Schooling: Anthropology and World Culture Theory*, edited by Kathryn Anderson-Levitt (New York: Palgrave Macmillan, 2003), pp. 239 – 255; and Francisco Ramirez and John Boli, "The Political Construction of Mass Schooling: European Origins and Worldwide Institutionalization," *Sociology of Education* 60(1)1987, pp. 2 – 17.

[20] John Meyer, David Kamens, and Aaron Benavot, *School Knowledge for the Masses:*

World Models and National Primary Curricular Categories in the Twentieth Century (Bristol, PA: Falmer Press, 1992); and David Baker and Gerald LeTendre, *National Differences, Global Similarities: World Culture and the Future of Schooling.* (Palo Alto, CA: Stanford University Press, 2005).

[21] Meyer, Kamens, and Benavot, *School Knowledge for the Masses*, p. 2.

[22] UNICEF, The State of the World's Children 2006: Excluded and Invisible (New York: UNICEF, 2005), pp. 114 - 117.

[23] Meyer, Kamens, and Benavot, School Knowledge for the Masses, p. 2.

[24] Ibid., p. 72.

[25] Ibid.

[26] Baker and LeTendre, *National Differences, Global Similarities*, p. 3.

[27] Ibid., p. 12.

[28] Ramirez, "The Global Model and National Legacies" in *Local Meanings, Global Schooling*, p. 242

[29] Ibid.

[30] See Boli and Thomas, *Constructing World Culture*; Lechner and Boli, *World Culture*; Immanuel Wallerstein, *The Politics of the World-Economy: The States, the Movements, and the Civilizations* (Cambridge: Cambridge University Press, 1984); and Immanuel Wallerstein, *World-Systems Analysis: An Introduction* (Durham, NC: Duke University Press, 2004).

[31] Boli and Thomas, "Introduction," in *Constructing World Culture*, p. 3.

[32] Ibid.

[33] Ibid.

[34] Richard Tabulawa, "International Aid Agencies, Learner-Centred Pedagogy and Political Democratization: A Critique," *Comparative Education* 39(1)2003, pp. 7 - 26; Wallerstein, *The Politics of the World-Economy*; and Wallerstein, *World-Systems Analysis*.

[35] Hans Weiler, "Knowledge, Politics, and the Future of Higher Education: Critical Observations on a World Wide Transformation" in *Knowledge across Cultures*, edited by Ruth Hayhoe and Julie Pan, (Hong Kong: University of Hong Kong, 2001), pp. 25 - 45.

[36] Michael Apple, "Are New Markets in Education Democratic" in *Globalizing Education: Policies, Pedagogies, & Politics*, edited by Michael Apple, Jane Kenway, and Michael Singh (New York: Peter Lang, 2005), pp. 209 - 230; Phillip Brown and Hugh Lauder, "Globalization, Knowledge and the Myth of the Magnet Economy," *Globalisation, Societies and Education* 4(1)2006, pp. 25 - 57; David Gabbard, "Introduction," in *Knowledge and Power in the Global Economy: Politics and the Rhetoric of School Reform*, edited by David Gabbard (Mahwah, NJ: Lawrence Erlbaum, 2000), pp. xiii - xxiii; Mark Olssen, "Neoliberalism, Globalization, Democracy: Challenges for Education," *Globalisation, Societies and*

Education 2(2)2004, pp. 231 – 275; and Weiler, "Knowledge, Politics, and the Future of Higher Education," pp. 25 – 45.

[37] Martin Carnoy, *Education as a Form of Cultural Imperialism* (New York: David McKay, 1974); Joel Spring, *Education and the Rise of the Global Economy* (Mahwah, NJ: Lawrence Erlbaum, 1998); Joel Spring, *Pedagogies of Globalization: The Rise of the Educational Security State* (Mahwah, NJ: Lawrence Erlbaum, 2006); and John Willinsky, *Learning to Divide the World: Education at Empire's End* (Minneapolis: University of Minnesota Press, 1998).

[38] Gary Becker, "The Age of Human Capital," in *Education, Globalization & Social Change* (Oxford: Oxford University Press, 2006), pp. 292 – 295; Michael Crossley and Leon Tikly, "Postcolonial Perspectives and Comparative and International Research in Education: A Critical Introduction," *Comparative Education* 40 (2) 2004, pp. 147 – 156; Robert Rhoads and Carlos Torres, editors, *The University, State, and Market: The Political Economy of Globalization in the Americas* (Palo Alto, CA: Stanford University Press, 2006); Spring, *Education and the Rise of the Global Economy*; Stromquist, *Education in a Globalized World*; Nelly Stromquist and Karen Monkman, "Defi ning Globalization and Assessing Its Implications on Knowledge and Education," in *Globalization and Education: Integration and Contestation Across Cultures*, edited by Nelly Stromquist and Karen Monkman (Lanham, MD: Rowman & Littlefi eld, 2000), pp. 3 – 25.

[39] Daniel Schugurensky and Adam Davidson-Harden, "From Córdoba to Washington: WTO/GATS and Latin American Education," *Globalization, Societies and Education* 1(3)2003, p. 333.

[40] Crossley and Tikly, "Postcolonial Perspectives," p. 148.

[41] See Hayhoe and Pan, *Knowledge across Cultures*; Angela W. Little, "Extended Review. Clash of Civilisations: Threat or Opportunity?" *Comparative Education* 39 (3) 2003, pp. 391 – 394; Majid Rahnema, "Science, Universities and Subjugated Knowledges: A Third World Perspective," in *Knowledge across Cultures*, edited by Hayhoe and Pan, pp. 45 – 54; Zahra Zeera, "Paradigm Shifts in the Social Sciences in the East and West," in *Knowledge across Cultures*, Hayhoe and Pan, pp. 55 – 92.

[42] National Commission on Excellence in Education, *A Nation at Risk* (Washington, DC: U. S. Government Printing Office, 2003), p. 9.

[43] David Berliner and Bruce Biddle, *The Manufactured Crisis: Myths, Fraud and the Attack on America's Public Schools* (New York: Perseus Books, 1995).

[44] National Commission on Excellence in Education, *A Nation at Risk*, p. 70.

[45] See Spring, *Pedagogies of Globalization*, pp. 207 – 244.

[46] David Phillips, "Toward a Theory of Policy Attraction in Education," in *The Global Politics of Educational Borrowing and Lending*, edited by Gita Steiner-Khamsi (New York: Teachers College Press, 2004), pp. 54 – 65.

[47] Anderson-Levitt, "A World Culture of Schooling?" p. 2.

[48] Ibid., p. 15.

[49] Lesley Bartlett, "World Culture or Transnational Project? Competing Educational Projects in Brazil," in *Local Meanings, Global Schooling*, edited by Anderson-Levitt, p. 196.

[50] David H. Kamens, "Globalization and the Emergence of an Audit Culture: PISA and the Search for 'Best Practices' and Magic Bullets," in *PISA, Power, and Policy: The Emergence of Global Educational Governance*, edited by Heinz-Dieter Meyer and Aaron Benavot (Oxford: Symposium Books, 2013), p. 123. (30 Globalization of Education)

[51] OECD, *Better Skills, Better Jobs, Better Lives: A Strategic Approach to Skills Policies* (Paris: OECD, 2012). Retrieved from http://dx. doi. org/10. 1787/ 9789264177338-en on September 10, 2013.

[52] Ibid., p. 3.

[53] The International Bank for Reconstruction and Development/The World Bank, *Learning for All: Investing in People's Knowledge and Skills to Promote Development—World Bank Group Education Strategy* 2020 (Washington, DC: International Bank for Reconstruction and Development/The World Bank, 2011).

[54] Ibid., p. v.

[55] Ibid., p. 4.

[56] Ibid., p. 6.

[57] Ibid., p. 12

[58] Ibid.

[59] Ibid., p. 17.

[60] Marlaine Lockheed, "Causes and Consequences of International Assessments in Developing Countries" in *PISA, Power, and Policy: The Emergence of Global Educational Governance*, edited by Heinz-Dieter Meyer and Aaron Benavot (Oxford: Symposium Books, 2013), p. 166.

[61] John Dewey, "Teaching Ethics in the High School," *Educational Review* (November 1893), p. 316.

[62] John Dewey, "Ethical Principles Underlying Education," *The Third Yearbook of the National Herbart Society* (Chicago: National Herbartian Society, 1897), p. 31.

[63] "The REA Mission," The Religious Education Association. Retrieved from http:// www. religiouseduca-tion. net/mission on September 25, 2013.

[64] Ibid.

[65] Theodore Brelsford, editor, "Editorial," *Religious Education* (Fall 2003). Retrieved from http://old. religiouseducation. net/journal/historical/brelsford_v_ 98_4. pdf on September 21, 2013.

[66] UN News Service, "United Nations Adopts Declaration on Rights of Indigenous

Peoples." Retrieved from http//www. un. org/news/printnews. asp?nid = 23794 on September 14,2007.

[67] George Dei, Budd Hall, and Dorothy Rosenberg, "Introduction," in *Indigenous Knowledges in Global Contexts: Multiple Readings of Our World*, edited by George Dei, Budd Hall, and Dorothy Rosenberg (Toronto: University of Toronto Press, 2000), pp. 1 - 7.

[68] The World Ban-Indigenous Peoples, "Key Concepts." Retrieved from http://web. worldbank. org/WBSITE/EXTERNAL/TOPICS/EXTSOCIALDEVELOPMENT/ EXTINDPEOPLE/0,, contentMDK: 20436173~ menuPK: 906311~ pagePK: 148956~ piPK: 216618~ theSitePK: 407802,00. html on April 18,2006.

[69] Ibid.

[70] Spring, *Education and the Rise of the Global Economy*.

[71] Carnoy, *Education as a Form of Cultural Imperialism*; Spring, *Education and the Rise of the Global Economy*; Spring, *Pedagogies of Globalization*; and Willinsky, *Learning to Divide the World*.

[72] "Preamble to the Fundamental Code of Education, 1872," in *Society and Education in Japan*, edited by Herbert Passin (New York: Teachers College Press, 1965), p. 210.

[73] Ibid.

[74] Gregory Starrett, *Putting Islam to Work: Education, Politics and Religious Transformation in Egypt* (Berkeley: University of California Press, 1998), p. 26. Globalization of Education 31

[75] Philip Short, *Mao: A Life* (New York: Henry Holt and Company, 1999), p. 52.

[76] Paul Bailey, *Reform the People: Changing Attitudes towards Popular Education in Early 20th Century China* (Vancouver: University of British Columbia Press, 1990), pp. 139 - 142.

[77] Spring, *Education and the Rise of the Global Economy*, pp. 37 - 69; and Joel Spring, *Globalization and Educational Rights* (Mahwah, NJ: Lawrence Erlbaum, 2001), pp. 20 - 56.

[78] I trace the global diffusion of progressive education ideas in Spring, *Pedagogies of Globalization*.

[79] See Barry Keenan, *The Dewey Experiment in China: Educational Reform and Political Power in the Early Republic* (Cambridge, MA: Harvard University Press, 1977); and David Hall and Roger Ames, *The Democracy of the Dead: Dewey Confucius, and the Hope for Democracy in China* (Chicago: Open Court, 1999).

[80] Keenan, *The Dewey Experiment in China*, pp. 14 - 15.

[81] Larry Holmes, *Stalin's School: Moscow's Model School No. 25,1931 - 1937* (Pittsburgh: University of Pittsburgh Press, 1999), pp. 8 - 9. Also see Maurice Shore, *Soviet Education: Its Psychology and Philosophy* (New York: Philosophical Library, 1999).

[82] Holmes, *Stalin's School*, p. 10.

[83] William Kilpatrick, *The Project Method* (New York: Teachers College Press, 1918).

[84] Holmes, *Stalin's School*, p. 28.

[85] For a more detailed account of the evolution of the South American progressive education model, see Spring, *Pedagogies of Globalization*, pp. 114 – 151.

[86] Steiner-Khamsi, *The Global Politics of Educational Borrowing and Lending*.

[87] Sheldon Liss, *Marxist Thought in Latin America* (Berkeley: University of California Press, 1984), pp. 1 – 30.

[88] José Mariátegui, *Seven Interpretive Essays on Peruvian Reality* (Austin: University of Texas Press, 1971), p. 122.

[89] Ibid., p. 79.

[90] Quoted in Ibid., p. 86.

[91] Quoted in Ibid., p. 87.

[92] Ibid., p. 88.

[93] Ibid., p. 119.

[94] Liss, *Marxist Thought in Latin America*, pp. 272 – 273.

[95] Ibid., p. 272.

[96] Che Guevara, "Socialism and Man in Cuba," in *Global Justice: Liberation and Socialism*, edited by Maria Del Carmen (Melbourne, Australia: Ocean Press, 2002), p. 35. This book was published in cooperation with Che Guevara Studies Center in Havana, Cuba.

[97] Ibid., p. 41.

[98] For an intellectual autobiography of his writing of *Pedagogy of the Oppressed*, see Paulo Freire, *Pedagogy of Hope: Reliving Pedagogy of the Oppressed* (New York: Continuum, 2004).

[99] Ibid., p. 55.

[100] Paulo Freire, *Pedagogy of the Oppressed* (New York: Herder and Herder, 1970), p. 40.

[101] The influences of CIDOC, Ivan Illich, and Paulo Freire are represented in my book, Joel Spring, *A Primer of Libertarian Education* (New York: Free Life Editions, 1975).

[102] The books coedited at CIDOC are Joel Spring and Jordan Bishop, *Formative Undercurrents in Compulsory Knowledge* (Cuernavaca, Mexico: CIDOC, 1970); and Clarence Karier, Paul Violas, and Joel Spring, editors, *Roots of Crisis* (Chicago: Rand McNally, 1973).

第二章　世界银行：经济教育模式、
　　　　　教育经济化与状态评估

　　世界银行是全球领先的教育投资者，其通过广泛的网络与全球其他组织联系在一起。比较教育学教授史蒂文·克勒斯（Steven Klees）断言："世界银行是真正的全球教育政策的设计师。"[1] 世界银行对其活动范围的描述如下："世界银行是发展中国家教育最大的外部融资机构之一，管理着 89 亿美元的投资组合，截至 2013 年 8 月已在 70 个国家和地区开展业务。"[2] 通过这些网络，世界银行成为全球教育的主要参与者并拥有重要的影响力。[3]

　　世界银行全球网络传播了教育经济化观点，强调教育通过人力资本投资为经济增长做出贡献。原因之一是世界银行聘用资深教育经济学家做教育研究。[4] 世界银行教育经济学部（The Economics of Education Division）解释说："教育经济学家主要分析是什么决定或创造了教育，以及教育对个人、社会和经济发展的影响。"[5] 报告进一步解释这是世界银行的传统："世界银行历来非常重视决定教育投资的因素和创造人力资本的结果。"[6] 在推广教育经济化方面，世界银行的一个目标是"建立和支持教育经济学网络，并与所有对这一工作感兴趣的人建立联系"。[7]

　　世界银行还支持评估国家的发展，即使用绩效标准评估政府项目，包括按一定标准评估教育绩效。世界银行利用评估来影响当地的教育系统。世界银行通过 SABER 收集、分析和分发这些评估数据，SABER 的意思是"为了获得更好的教育效果的系统方法"（Systems Approach for Better Education Results），其口号是"强化教育系统，实现人人学习"。[8] 世界银行描述了其职能："SABER 收集和分析世界各地教育系统的政策数据，利用循证框架，找出对促进所有儿童和青少年学习有用的政策与制度。SABER 最终将覆盖教育系统的全部关键领域,即一个国家做出决定其系统有效性的政策选择基于的所有领域。"[9]

人们对世界银行的教育政策有不同的解读。"世界文化理论"派认为,世界银行是全球文化发展的主要贡献者。[10] 批评人士认为,世界银行的议程是为富裕国家和跨国组织服务的。[11] 世界银行的全球网络影响着当地的教育实践。[12] 比约恩·诺德特维特(Bjorn Nordtveit)教授批评世界银行没有强调教育是一项人权,仅认为:"教育是没有问题的,是绝对积极的,只要其质量可以衡量并得到系统评估。"[13] 换句话说,如果学校遵循经济教育模式,并且处于被评估的状态,那就认为没有问题。

世界银行:知识银行与网络

世界银行作为组织网络的"知识库",在教育全球化中发挥着重要作用。它通过提供"一个全球级教育改革的高质量知识库",帮助当地的学校系统。[14] 比较教育专家吉塔·斯坦纳-卡姆西指出,近几年来,"世界银行把自己改造成了……一个知识银行……专注于观念的输出。"[15] 吉塔教授称,世界银行通过作为知识库发挥作用,充当"各国政府的全球政策顾问……(利用)政策工具迫使各国政府采取特定的改革方案"。[16]

作为一个知识库,世界银行提倡用特定方法来评估地方教育系统。通过收集不同学校系统的评估数据,世界银行称:"更好地了解特定教育系统的优缺点,能够更有效地满足成员的需要。"[17] 世界银行认为,建立一个知识库是必要的,"通过对系统、影响以及学习和技能评估进行投资,帮助成员解答影响教育改革的关键问题"。[18]

换句话说,世界银行的教育知识库可以通过将国际考试分数最高的国家与分数较低的国家进行比较,促进全球学校系统的同质化。其依据的假设是,得分低的国家可以模仿得分高的国家的教育进行改革。这种模仿过程可以加快全球学校系统的同质化。为了建成这一知识库,世界银行呼吁对系统、影响以及学习和技能评估进行投资,(以评估结果)为其成员解答教育改革的关键问题。[19]

世界银行教育政策嵌入全球和地方机构形成巨大的网络,也有助于全球化进程。这些是网络成员之间相互影响的一种动态关系。在这些网络中,成员们讨论了教育的经济化和状态评估。虽然网络的成员可能同意或不同意某些观点，但他们接触到了相似的教育理念。教育和知识经济是世界银行教育网络讨论的重要思想之一。

世界银行官员对"知识经济"和"终身学习"有一个特殊的定义和议程，这是其他全球参与者所共有的，我将在第三章中讨论。此外，读者应该注意的是，对世界银行全球网络的描述，并不能说明成员间相互影响的程度或该网络中任何特定成员的影响力。然而，大多数人认可世界银行在影响全球教育政策方面的重要性。

世界银行的架构

成立于 1944 年的世界银行，基于"教育投资是经济发展的关键"这一理念，向发展中国家提供教育贷款。2013 年，世界银行重申其推广经济教育模式的承诺，并宣布："今天，由于普遍失业和严重的技能短缺，世界银行比以往任何时候都更加致力于通过教育扩大儿童、青年和组织的发展机会。"[20] 世界银行，全称国际复兴开发银行（IBRD），给低收入政府、中等收入国家和国际发展协会（IDA）提供贷款，给极端贫穷的国家提供免息贷款和赠款。世界银行其实是一个集团，该集团下设三个组织：向发展中国家提供技术援助的组织、担保发展中国家投资者损失的组织和仲裁投资纠纷的组织。[21]

教育作为推动经济发展的一种核心方法始于 1968 年，时任世界银行总裁罗伯特·麦克纳马拉（Robert McNamara）宣布："我们在这里的目的，是向最有助于经济发展的地方提供援助，在那里将意味着强调教育规划和教育整个过程的起点的改善。"[22] 麦克纳马拉接着解释说，这将意味着世界银行教育活动的扩张。世界银行将继续在经济发展框架内展示其教育目标："教育是发展的强大动力，也是减少贫穷和促进健康、两性平等、和平与稳定的最有力工具之一。"[23]

今天，教育是世界银行消除贫穷总战略的一部分。世界银行《2013 年度报告》（*Annual Report 2013*）宣布："世界银行集团已进入一个新时代，它将通过可衡量的目标，到 2030 年在全球消除极端贫困，促进共同繁荣，并将以环境、社会和经济可持续发展的方式追求这一目标。"[24] 然而，世界银行确实警告说，消除贫穷不会解决收入不平等造成的社会问题："要实现这些目标，就必须承认，单靠经济增长不会创造持续和包容性的福利；世界各地社会动荡加剧的部分原因，是经济不平等加剧和缺乏包容性的机会。"[25]

世界银行提供贷款的活动

· 投资于人,尤其是通过基本的健康和教育进行投资

· 专注于社会发展、包容性、治理和机构建设,以此作为减少贫困的手段

· 加强政府有效和透明地提供优质服务的能力

· 保护环境

· 支持和鼓励民营企业的发展

· 促进创造一个稳定的宏观经济环境的改革以有利于投资和长期规划[26]

要点　　　　　　　**世界银行的结构与网络**

世界银行集团

1. 国际复兴开发银行(IBRD):给中、低收入国家提供贷款

2. 国际发展协会(IDA):给极端贫穷的国家提供免息贷款和赠款

3. 国际金融公司:为发展中国家私营部门提供贷款、股权和咨询服务

4. 多边投资担保机构:对发展中国家外商直接投资提供鼓励与帮助

5. 解决投资争端的国际中心:为国际投资争端提供调解和仲裁

世界银行教育网络成员示例

1. 联合国及其各机构和成员,如联合国教科文组织和儿童基金会

2. 世界经济论坛

3. 世界贸易组织

4. 美国国际开发署(USAID)

5. 探索频道全球教育基金

6. 全球发展联盟

7. 世界银行集团下的国际金融公司

8. 人类发展网络

9. 联合国发展计划署

10. 政府间机构与世界银行

11. 各国政府与世界银行

12. 跨国公司与世界银行教育工作

13. 非政府组织与世界银行

世界银行与联合国的全球网络

世界银行和联合国共享一个教育网络。1947 年，世界银行与联合国达成了一项协议，明确规定，世界银行将作为联合国的独立专门机构存在并兼有联合国大会观察者的职能。[27]

世界银行支持联合国的千年发展目标，这些目标在 2000 年召开的联合国千禧年大会上得到 189 个国家和地区的认可。千年发展目标解决的教育问题有：

•目标 2. A：确保到 2015 年，世界各地的儿童，不论男女，都能上完小学全部课程[28]

•目标 3. A：争取到 2005 年，消除小学教育和中学教育中的两性差距，最迟于 2015 年消除各级教育中的两性差距[29]

以上两个发展目标是联合国教科文组织（UNESCO）全民教育（Education for All，EFA）的一部分，它把到 2005 年为所有儿童提供免费初等义务教育，以及实现性别平等和到 2015 年实现性别公平确立为其两个全球目标。[30]世界银行和联合国机构的活动相互交织，一个明显的事实是：这两个目标是由世界银行、联合国教科文组织、联合国儿童基金会（UNICEF）、联合国人口基金会（UNFPA）和联合国发展计划署（UNDP）召开的 1990 年世界教育大会成果之一，当时来自 155 个国家和地区的政府代表出席了这一世界性会议。[31]

世界银行对联合国千年发展目标的支持将其与另一个 EFA 支持者网络联系起来，其中包括：

•瑞士日内瓦的国际教育局（IBE）

•法国巴黎和阿根廷布宜诺斯艾利斯国际教育规划研究所（IIEP）

•德国汉堡的联合国教科文组织终身学习研究所（UIL）

•俄罗斯莫斯科的教育信息技术研究所（IITE）

•委内瑞拉加拉加斯的拉丁美洲和加勒比国际高等教育研究所（IESALC）

•埃塞俄比亚首都亚的斯亚贝巴的非洲国际能力培养研究所（IICBA）

•罗马尼亚布加勒斯特的欧洲高等教育中心（CEPES）

•德国波恩的技术、职业教育与培训国际中心（UNEVOC）

·加拿大蒙特利尔的联合国教科文组织统计研究所(UIS)[32]

这些全球性的网络,通过教科文组织与非政府组织相联系,并呼吁非政府组织在全民教育上集体磋商。联合国教科文组织这样描述这个集体:

> 它通过一个由8个非政府组织代表(5个区域联络点、2个国际联络点和教科文组织/非政府组织联络委员会各派的一名代表)组成的协调小组,将教科文组织和世界各地数百个非政府组织、网络和联盟联系起来,并提供一份资料共享清单。[33]

世界银行《教育战略2020》:投资人们的知识和技能

世界银行在加强和扩大教育经济化和经济教育模式的基础上,于2011年发布了《教育战略2020》(*Education Strategy 2020*),其中宣布:"居高不下的失业率,特别是青年失业率,突出表明教育系统未能使青年人具备适合就业市场的技能,并助长了对更多机会和问责的呼吁。"[34] 教育经济化的观点在该战略中被反复提及:"更早地投资。更明智地投资。为所有人投资。"[35]

世界银行《教育战略2020》中包含了一个非常重要的转变,即从重视学历和入学年限转向重视学习工作技能:"新战略侧重于学习的原因很简单:增长、发展和减贫取决于人们的知识和技能的获得,而不是他们坐在教室里的年数(作者的重点)[36]。"对于个人来说,这意味着人们不应该太关心获得文凭,而更应该关注获得"决定生产力,适应新技术和机会的能力"。世界银行声称,经合组织(OECD)的评估衡量了这些技能,并与经济的增长相联系:

> 在社会层面,最近的研究表明,劳动力的技能水平——通过国际学生评估表现来衡量,诸如国际学生评估项目和国际数学与科学趋势研究项目——比学校教育平均水平更能预测经济增长率。[37]

世界银行从对每个学生上学年限的关注转变为对学生学习工作技能的关注,强化了经济教育模式。世界银行称:"最近的研究表明,劳动力技能水平远比普通教育水平更能预测经济的增长速度。"[38] 即使改善卫生和社会治安状况,使人们学习工作技能,也是在经济化的框架下进行的。健康的身体被认为有助于经济增长，因为它是人们学习工作技能的前提。相比之下，改善卫生和社会治安可能是一个简单的社会问题。《教育战略2020》将节约目标归因于保健和社会的改善。在以下引用的《教育战略2020》内容中，卫生和社会治安与教育和劳动力市场的需求挂钩：

> 改善教育成果，在很大程度上取决于与卫生管理及社会治安管理部门的合作：这些部门影响了学生是否健康到足以学好功课，并为家庭提供了足够强大的安全网，以保护危机时期的教育，以及确保学校教育能满足劳动力市场对技能的需求。[39]

教育经济化的观点，给人的印象是经济条件和就业取决于学生学习工作的技能。然而，失业可能是经济体系危机的结果，如银行倒闭、企业贪婪或许多其他因素。世界银行认识到经济崩溃的可能性，但声称教育可以帮助"更好地应对经济冲击。受教育程度较高的家庭比受教育程度较低的家庭能够更好地应对经济冲击，因为他们往往有更多的资源和知识来应对收入波动"。[40] 世界银行认为，即使是适应似乎与工业发展有关的气候变化，也与受教育程度有关："在适应环境的变化方面，女性人口受教育程度较高的国家，比女性受教育水平较低的国家更有能力应对极端天气事件。"[41]

世界银行《教育战略2020》、状态评估和地方自治

使用国际评估是世界银行《教育战略2020》的重要举措。但是，当用国际测试或以 TIMSS、PISA 项目为基准来衡量学生时，地方控制会发生什么变化呢？这些考试会削弱地方自治吗？世界银行声称，考试成绩不理想的地区可能采取行动改革当地的学校，考试成绩可能会迫使家长和社区将自己的学校与其他国家学校进行比较，从而削弱当地的自主权。这可能会导致他们改革当地学校，让当地学校向其他国家和地区取得高分的学校看齐。

世界银行以印度和巴基斯坦为例，说明当地如何利用问责制来改变学校系统。世界银行报告称："在印度，学区教育信息系统（District Information System for Education）展示的学校教育质量评估单以易于阅读的格式概括了学校信息，让家长和利益相关者……（有权）追究学校和当局的责任。这些评估单上的数据被公布在互联网上，据说这样可以促进对地方的问责。"[42] 在巴

基斯坦旁遮普省也使用和分发了类似的评估单。世界银行称,通过增加对教育质量的了解,并让家长掌握这些信息,公立学校和水平较低的私立学校的考试成绩提高了 0.10~0.15 个标准差。[43]

根据对印度和巴基斯坦评估的研究,世界银行称,改善学校表现需要赋予当地行为者更大的决策权,以便在问责制的基础上对学校进行改革。世界银行认为,向家长和其他相关成员提供教育质量信息能促使当地积极参与学校改革。世界银行称:"我们在世界各地的研究发现,提高自主权的政策会改变学校内部的动态,因为家长会更多地参与进来……此外,有证据表明,这些工具(评估)减少了重复、失败和退出率。"[44]

总之,世界银行希望地方社区能与其"高质量的全球教育知识基础"(high-quality global knowledge base on education)捆绑。[45] 换句话说,地方控制不是呼吁学校重塑地方教育传统,而是实施世界银行政策的一种方法。为了呼吁地方管控学校,世界银行强调状态评估:"根据教育体系的扩展定义,问责制是使教育体系运转的关键杠杆。改善教育提供者问责制的两个有力机制,是信息的可获得性和教育提供者更大的自主权。"[46]

世界银行与知识的经济价值

在所谓的知识经济中,教育的经济化给知识贴上了价格标签。"什么知识最有价值?"与那些关注宗教、原住民、社会正义或环境知识的人相比,这个问题的答案是用经济术语来回答的。在经济教育的模式中,学校传授的知识的价值,取决于其对经济增长的贡献。这可能导致强迫某些类型的知识进入经济模式。例如,艺术教育是以艺术贡献为标准,还是以经济收入为目标? 在《全球化与国际教育》(*Globalization and International Education*)中,罗宾·希尔兹(Robin Shields)对知识进行了重新定义:"知识不再是一种公共商品,而是一种私有商品,即'知识产权',可以像任何其他商品一样买卖。"[47]

世界银行与政府、全球政府间组织和非政府组织以及跨国公司相链接的网络上有关于知识经济的讨论。世界银行在《建构知识社会》(*Constructing Knowledge Societies*)一书中宣布:"一个社会的生产、选择、适应、市场化和使用知识的能力,是经济持续增长和人民生活水平提高的关键。"[48] 该书指出:"知识已成为经济发展中最重要的因素。"[49] 世界银行认为,教育中的"知识经济"旨在帮助各国和地区的整个教育系统以两种相辅相成的方式即"强大的人力资本基础形成……（和）一个有效的国家和地区创新体系的构建"来适应"学习"经济的新挑战。[50] 协助学校适应知识经济的国家和地区创新体系构成了另一个全球网络。世界银行这样描述该网络："国家和地区创新体系是一个精心构建的企业、研究中心、大学的网络，并且网络成员通过共同努力，充分利用并吸收全球知识的精华，适应当地的需求，并创造新技术。"[51]

知识经济的概念，可以追溯到经济学家西奥多·舒尔茨（Theodore Shultz）和加里·贝克尔（Gary Becker）的著作。[52] 1961 年，舒尔茨指出："经济学家们早就知道，人是一个国家财富的重要组成部分。"[53] 他认为，人们通过自我的教育投资来增加就业机会。以类似的方式，国家可以为其公民增加受教育的机会，作为经济增长的刺激点。

贝克尔在他 1964 年出版的《人力资本》（*Human Capital*）一书中断言，现在的经济增长依赖于知识、信息、观念、技能和健康的劳动力。他认为，可以通过投资教育改善人力资本，促进经济的增长。[54] 后来，他使用了与经济有关的"知识"这个词："就像美国经济被称为资本主义经济，但更准确的说法是人力资本和'知识'资本的经济。"[55] 贝克尔声称：人力资本占美国财富的四分之三并且对教育的投资，将是经济进一步增长的关键。[56] 按照类似的推理路线，丹尼尔·贝尔（Daniel Bell）在 1973 年创造了"后工业"一词，并预测社会需求将从蓝领劳动力转向白领劳动力，受过教育的工人的需求量将大幅增加。[57] 这个概念获得 20 世纪 90 年代彼得·德鲁克（Peter Drucker）的支持。他主张知识产生新的财富而不是资本的所有权，而且权力从资本的所有者和管理者转变为知识型员工。[58] 在同一个十年里，罗伯特·赖克（Robert Reich）声称：人与人以及国家之间的不平等，是知识和技能差异导致的。他呼吁通过投资教育来减少这些不平等现象。根据罗伯特·赖克 1991 年的说法，个人之间、国家之间日益扩大的收入差距，是知识和技能差异导致的。[59]

知识经济与通信、网络的新形式也有关系。谈到 20 世纪后期的新经济，曼纽尔·卡斯泰尔（Manuel Castells）在《网络社会的崛起》（*The Rise of the Network Society*）一书中写道："我把它叫做信息化、全球化、网络化，以确定其基本特色，并强调它们之间的相互交织。"[60] 所谓信息，指的是企业和政府"产生、处理和有效应用基于知识的信息"的能力。[61] 这是全球性的，因为全球劳动力、原材料、管理、消费、市场都是通过网络链接的。"它（全球资本）是网络化的"，因为"生产力是在全球商业网络之间的互动和竞争中产生的"。[62] 他声称，现在信息或知识是一种提高生产力和促进经济增长的产品。

国家和全球政策制定者，包括世界银行的领导，似乎不加批判地接受的观点是：在教育中，知识型经济投资是世界上大多数经济问题（包括贫困国家实现经济的不断增长）的灵丹妙药；可缩小人与人、国家与国家之间的贫富差距，并确保所有国家经济持续发展。在构建知识社会这一点上，世界银行担心："在追求可持续发展和提高人民生活水平方面，国家间产生和利用知识的能力是不均衡的。"[63]

世界银行采用全要素生产率（TFP）的测量，强调知识在经济增长中的重要性，并认为，中学后教育"是决定全要素生产率的一系列复杂因素中最有影响力的因素之一"。[64] 换句话说，知识的应用提高了生产力水平，更多的商品可以通过更少的时间更少的人力生产出来。

世界银行出版的《全球知识经济中的终身学习》（*Lifelong Learning in the Global Knowledge Economy*）极好地表达了知识经济的理念和人力资本开发中教育的作用。[65] 这本书为发展中国家如何为知识型经济准备他们的人力资本以实现经济增长提供了一个路线图。世界银行的作用是通过贷款以确保受教育劳动人口的增长，并通过他们应用知识以提高生产率。根据世界银行的政策，这些贷款可以为公立和私立教育机构提供支持。[66] 在公共和私营部门伙伴关系的工作框架中，当发展中国家的政府负担不起本国所有的公立学校时，世界银行将支持其开展私立教育：

> 学校的教育服务主要是由政府提供和资助的。然而，由于教育的需求未得到满足，加上政府预算减少，世界一些地区的公共部门正在与私营部门发展创新的伙伴关系。私立教育拥有广泛的资助者，包括以营利为目的的学校（即经营作为企业）、宗教学校、由非政府机构经营的非营利性学校、由私人部门经营的政府资助的学校以及社区所拥有的学校。换句话说，是有一个教育市场存在的。在低收入国家，政府无法负担所有受教育者的费用，以免造成对学校教育的过度需求。[67]

欧盟是知识经济教育理念的众多拥趸者之一。2000 年 3 月，欧盟委员会公布了所谓的里斯本战略，目的是成为"世界上最具竞争力和最具活力的知识型经济体，促使经济可持续增长、提供更多且更好的工作机会和形成更大的社会凝聚力"。[68] 创建知识经济战略的报告《开动欧洲脑力：促使高校为里斯本战略全力以赴》（*Mobilizing the Brainpower of Europe：Enabling Universities to*

Make Their Full Contribution to the Lisbon Strategy）抓住了倡导教育实现知识经济的精神。[69] 该报告的第一个战略目标是"根据知识社会的新要求和不断转变的教学和学习模式，提高欧盟教育培训体系的质量和效率"。[70]

总之，知识经济的概念有助于教育的经济化。学校知识因其对经济增长的贡献而受到重视。一种可能的危险性是，当知识的价值以其对经济的贡献来衡量时，有可能导致文化传统的丢失。

世界银行与人格特质的经济价值

教育的经济化包括赋予社会技能以经济价值。认知和社会技能受重视程度受其对经济发展贡献的影响。换句话说，经济教育模式的目标可以被描述为产生"经济人"（homo economicus）或"经济人类"（economic human），他们将进入现代商业化企业化的工作环境，或成为全球经济中的企业家。

世界银行的报告《全球知识经济中的终身学习》描述了一个主题："在一个知识经济社会中，学习者需要技能和能力来武装自己以达到成功的目的。"报告显示，三分之二的能力与心理、性格有关。这些能力能够应对某些文化差异带来的变化。其中，列出的第一条能力如下：

> 自主：树立并锻炼一种自我意识、在更大的背景下进行选择和行动、自主面向未来、洞察环境、明确自己的定位、行使权利和义务、制订并执行人生规划、计划和实施个人方案。[71]

1998 年，欧盟在知识经济白皮书中响亮地提出了自主的目标："培养每个人的自主性和他/她的专业自主能力，使每个人都有适应和进化的特殊能力。"[72]

跨文化心理学家把上述性格特征和个人主义社会联系起来，并与强调团队协作的集体主义社会作对比。自主不是集体主义的价值观，自主是在竞争激烈的市场中强调个人竞争。而世界银行一直极力向儿童灌输这样的价值观。

世界银行正在利用个人竞争的自由市场模式，倡导改变许多民族群体的文化价值观。跨文化心理学家哈里·C. 特里安迪斯（Harry C. Triandis）区别了个人主义和集体主义社会的特征（见表 2.1）。[73]

表 2.1　个人主义和集体主义特征

个人主义	集体主义
享乐主义、激发、自我引导	传统和从众
自我肯定（自我增强）	谦虚
追求个人目标	追求事关大众的目标
渴望标新立异	渴望团体和谐
重视成就和功绩因为使个人看起来优秀	重视成就和功绩因为反映出团体团结
更关心自我感受	协调他人的感受并追求人际和谐
表现出"社会懒散"或"偷懒"	不会在团体中表现社会惰性
尽量减少团队工作	
对社会排斥不太敏感	更在意社会排斥
在社会交往中不谦逊	在社会交往中谦虚
不太可能感到尴尬	更可能感到尴尬

总的来说,世界银行总部所在地美国,被认为是全世界个人主义最盛行的国家。

下面是强调个人主义的国家在全球的排名(前 10 名):

1. 美国

2. 澳大利亚

3. 丹麦

4. 德国

5. 芬兰

6. 挪威

7. 意大利

8. 奥地利

9. 匈牙利

10. 南非[74]

下面是强调集体主义的国家在全球的排名(前 10 名)*:

1. 中国

2. 哥伦比亚

3. 印度尼西亚

4. 巴基斯坦

---

* 此排名仅代表作者观点。

5. 韩国

6. 秘鲁

7. 加纳

8. 尼泊尔

9. 尼日利亚

10. 坦桑尼亚[75]

世界银行报告列出的第二种能力与使用技术工具、信息和符号有关。

> 交互式使用工具：使用工具作为灵活的对话仪器；了解并具有应对新工具的潜力；能够交互式地使用语言、文本、符号信息、知识和技术来实现目标。[76]

这些能力将大幅取代对传统工具、认识方法和口述文化（原住民）的依赖。从文化主义的角度来看，一方面，当地社区可能会调整这些工具以适应他们的文化；另一方面，完全接受这一套工具和符号用法的结合，对个人主义的强调可能会导致世界上许多文化的转型。

最终的能力意味着呈现一个游牧民族的世界（a world of nomads）：工人在全球各地流动，同时必须适应所处的多元文化的工作场所。在这种背景下，知识经济变成了一个由企业领导者、管理人员、技术操作人员、专业人员、熟练工人和非熟练工人的流动工作人员组成的世界。

> 在社会异质群体中发挥作用：能够与他人（包括来自不同背景的人）有效地互动；认识到个人的社会嵌入性；创造社会资本；能够在合作、管理和解决冲突中与他人融洽相处。[77]

在多元文化环境中的能力准备，体现在学会与"来自不同背景的人"互动和"认识到他人的社会嵌入性"。乍一看可能不太理解的一句话是"创造社会资本"。

世界银行的报告包括作为人力资本一部分的社会资本的发展。该报告指出：

> 教育和培训通过提升公民作社会一员的能力，增加了社会资本（广义

上的社会凝聚力和社会关系），从而帮助建立人力资本，促进经济增长，并刺激发展。社会资本的增加也提高了受教育水平、医疗效益和儿童福利，扩大了对性别和种族平等的宽容度，促进了公民自由、经济发展和公民权益，并减少了犯罪，偷税漏税（作者强调）。[78]

如前所述，社会资本可能包括提供"社会凝聚力或社会联系"的伦理或道德价值观。有适当社会资本的人不会有犯罪行为，并有助于确保儿童的福利和社会正义。当然，"犯罪"与"社会正义"是相对的概念，取决于特定的民族或文化的法律和习俗。例如，多年来妇女在沙特阿拉伯驾驶汽车是违法的。[79]（译者注：2018年沙特阿拉伯废除了这项1950年以来的禁令。）这是否意味着在沙特阿拉伯的社会资本支持这项法律？另外，如上所述，增加社会资本被认为会带来"对性别和种族平等的宽容"。在这方面，不管怎么样，世界银行的初衷将是改变沙特阿拉伯妇女地位，推动加强性别平等的法律和习俗。换句话说，世界银行的社会资本概念旨在改变一些国家和地区的文化和法律。

如果将社会资本的概念融入人力资本，那么教育的目标就扩大到培养个人主义，发展技术和语言技能，学习在多元文化环境中工作，学习尊重他人的伦理观或道德观。

总之，世界银行认为知识经济的理想社会人格是一个自主行动、注重自我意识的人。与集体主义社会中的人格相比，个人主义的概念是对美国等国家价值观的回归。它是一种适合经济市场中个人竞争的理想人格。此外，世界银行的概念还包括在不同文化之间流动和在多元文化环境中工作的能力。在关注他/自己的同时，这种性格也学会了服从一个国家的法律和习俗。对个人主义的关注引发了一个重要问题：世界银行是否在实行一种文化帝国主义？学校教授什么知识和社会技能，是一种使经济增长成为人类最重要条件的特定文化观点的结果吗？

世界银行与技能指导

世界银行通过强调全球经济所需的教学技能，对学校教学采取了教育经济化的方式。作为一家全球知识银行，它的教学理念可以影响当地的学校领导。其建议将学校教学重点放在第二种能力上，即互动式地使用各种工具，[80]这在上一节中已经列出。

这个能力要求学习使用语言、文本、符号、信息、知识和技术。世界银行提倡制定非常具体的学校课程来教授这一能力，包括识字、外语、科学和数学，以及基于"法治"的公民参与。有些人可能会抱怨学校忽视了艺术、哲学和文学方面的教学，而且学校强调培养能够在多元文化环境中工作的人，忽视了地理、历史和任何形式的文化研究。

世界银行的识字概念，是教育经济化的反映。在知识经济中，识字被视为完成与任务有关的工作的工具。世界银行的读写能力概念，不包括使读者能够分析书面交流中的思想背景和隐藏信息的关键技能；不包括为个人享受而阅读，例如学习阅读和欣赏文学；不包括任何为政治赋权而识字的想法。如下文所述，它是在全球劳动力市场发挥作用的扫盲手段。

世界银行指出，在知识经济中，成人的读写能力要达到国际成人识字调查（International Adult Literacy Survey）的 3 级。应该指出的是，调查本身就代表了一种统一的全球识字标准。这是经合组织、教育测试服务局（Educational Testing Service）（位于美国新泽西州的普林斯顿）、加拿大统计局（Statistics Canada）和美国教育部（U.S. Department of Education）的联合项目。[81]

国际成人识字调查确定的 5 级识字水平

（1）等级 1 表示技能非常差的人。例如，这个人可能无法根据包装上打印的信息确定给孩子的正确药物剂量。

（2）等级 2 只能处理简单、布局清晰、所涉及的任务不太复杂的材料。它表示一个较弱的技能水平，但超过第 1 级。它能识别那些有阅读能力，但测试成绩很差的人。他们可能已经发展出应付日常读写需求的技能，但他们的熟练程度较低，这使他们难以面对新的需求，比如学习新的工作技能。

（3）等级 3 被认为是在复杂、先进的社会中应对日常生活和工作需求的合适的最低要求。它大致表示成功完成中学学业和进入大学所需的技能水平。要进入更高层次，行为人需要有整合几个信息源和解决更复杂问题的能力。

（4）等级 4 和等级 5 指受访者表现出掌握了高层次信息处理技能。[82]

世界银行关于知识经济的 3 级识字目标

（1）散文素养：学习者能够找到需要低水平推论或满足特定条件的信息。

（2）文献素养：学习者能够进行字面或同义匹配。能够考虑条件信息或匹配具有多个特征的信息片段。

（3）量化素养：学习者能够解决一些乘法和除法的问题。[83]

综上所述，世界银行对于知识经济全球扫盲的计划严格地侧重于识字功能方面，而不在为了愉悦或政治权利的关键素养技能和个人素养方面。等级3的素养，正如上文所述，是为了"在复杂、先进的社会中应对日常生活和工作需求"。3级包括"散文素养"和"文献素养"，涉及低层次推论和信息操作，也包括这个水平上的读写素养和乘除的运算能力。当我在探讨世界银行有关参与公民社会的教育概念时，政治权利与这种类型读写素养相联系的缺乏会变得明显。

世界银行的外语教学目标是和英语作为全球性语言直接相关的。世界银行呼吁："发展中国家的政策制定者……以确保年轻人获得一种不仅仅是本地使用的语言，最好是能在国际上应用的。"[84] 这种国际语言是什么呢？首先，世界银行提到，世界各地的高等教育学校都要开设英语课程。此外，世界银行称："人们要通过互联网获得国际知识，主要还是要掌握英语语言技能。"[85]

学习数学和科学，也被认为对全球经济非常重要。世界银行报告说，男性在科学方面的成就"对经济增长呈显著的正向影响"，男性在数学上的成就"也与经济增长呈正相关，虽然没有像在科学上对成就的影响那样大"。[86] 女性在科学和数学上的成就和经济增长无关，世界银行认为这种现象是在劳动力市场上的性别歧视。世界银行认为，在科学上的积极成就体现出一个基础广泛的科学素养，不仅仅只是对受过高等教育的研究人员的教育。

世界银行的报告没有详细建议参与公民社会的学习。国际教育成就评价协会进行的一项研究发现，其全球测试项目有助于全球教育的一致性，由此成为世界银行教育网络的一部分。世界银行的结论是，公民教育是个好事情，因为它有利于经济和社会发展："它与良好治理和法治相联系，这就直接影响到经济和社会发展。"[87] 因此，世界银行的课程建议旨在通过功能技能的教学来促进经济发展。

 要点　　　　　　　**知识经济的学校教育**

世界银行的知识经济概念

1. 经济增长取决于劳动者的知识、信息、想法、技能和健康状况
2. 后工业时代劳动者需求从蓝领转为白领

3. 高等教育是决定经济生产力的最重要因素之一

世界银行的知识经济教育理念

1. 具有在经济发达社会的日常生活中发挥作用的识字能力

2. 掌握信息的能力

3. 科学和数学素养

4. 外语教学，尤其是英语教学

5. 通过公民教育来实现法治、善治的政府才能实现经济发展

6. 学会在多元文化群体中发挥作用

7. 学会自主行动（个人主义）

8. 学习检索和应用知识的工具

9. 教学由评估驱动

10. 为终身学习做准备

世界银行的未来学校

什么类型的教学和学校组织将支持世界银行知识型经济的课程？首先，世界银行倡导以学习者为中心的教学。然而，这并不意味着要使用一种渐进的教育模式。这种教育模式中的学习是基于学生的利益和相关权利而设计。以学习者为中心对于世界银行规划者而言，意味着教学与学生已经知道的东西有关。这就要求教师在引入新的材料之前，要了解学生已经知道了什么，新的材料应与学生的先前知识相联系。世界银行的规划者反对基于训练的死记硬背。他们希望学生积极在教师呈现的知识和自身日积月累存储的智慧之间建立联系。从世界银行的观点来看，学会这种联系是在为全球知识经济的连接做准备。"以学习者为中心的学习，"世界银行的报告指出，"允许新的知识用于新的情况下——也就是说，它允许知识转移的发生。"[88]

重要的是要记住，世界银行的目标是为知识型经济培养工作者，这种情况下工作者要会处理信息。这是读写教学的目标。因此，世界银行的教育规划者提倡知识丰富的学习，包括一些深入学习的学科。学生被要求将他们在这几个学科中新获得的知识应用到实际或者模拟的问题中。这种教学模式和传统的教学模式中的"边做边学"有关，这种课程是进步主义教育传统课程的一

部分。然而,进步主义教育家认为,在实践中学习,要引导学习者参与社会的重建,实现社会正义。在这种情况下,在实践中学习,是为学习者适应知识型经济做准备的。谈到知识丰富型的教学,世界银行宣称,"这种学习为学习者提供了多种策略和工具用于检索、运用或转化知识以适应新情况"。[89]

以学习者为中心的学习和知识丰富型教学,是通过评估、驱动学习来控制的。学习标准的创建并且学生的进步是否达到这些标准都是要测量的。学生参与这些评估的讨论应该是"提高自主学习的强大动力和工具"。[90]虽然有些人会认为一个以考试驱动的系统会导致注重考试前的准备和机械学习。世界银行称,这种评估驱动的教学会促进"高水平思维技巧和对概念的理解"。[91]

此外,世界银行规划者还设想了一个相互联系的学习环境,在这个环境里学生互相学习并且学习是和学校外面的世界相联系的。世界银行把这种学习称为基于社区的连接学习(community-connected learning)。因此,鼓励项目小组合作,为与其他人分享和处理涉及现实问题的小组项目的信息做准备。

为了给知识经济做准备,世界银行制定目标,强调要在课堂上使用电脑和网络资源。信息和通信技术(ICT)允许全球范围内可用的信息适应当地的学习条件,这将导致教师角色的转变。基于在智利和哥斯达黎加的经验,世界银行官员称信息和通信技术创造了"教师与学习者之间更加平等的关系,学习者可以对教师的工作做出更多的评价,更为自由地表达他们的想法并且互相讨论,而不是只听老师讲课"。[92]

需要强调的是,世界银行很大比例的教育资金是用来购买信息设备的。批评者可能抱怨,用于信息设备这个渠道的巨款给了电脑和教育软件的跨国生产商。另外,信息通信技术对于教育进入知识经济至关重要。根据世界银行的数据,2000年40%的教育预算和2001年27%的教育预算用来购买了信息设备。据估计,在1997年至2001年间,由世界银行资助的75%的教育项目包括信息和通信技术、技术使用、教育管理信息系统,随着课程作为远程教学的一部分在互联网上应用。[93]世界银行继续强调信息和通信技术教学,迈克尔·特鲁卡诺(Michael Trucano)2013年的报告《未来的移动学习和教科书、电子阅读和教育技术政策:发展中国家教育中技术使用的趋势》(*Mobile Learning and Textbooks of the Future*,*E-reading and Edtech Policies*:*Trends in Technology Use in Education in Developing Countries*)(摘自世界银行 Edu 技术博客第四卷)证明了这一点。[94]

在一个以学习者为中心、知识丰富、评估驱动、社区连接的情况下应该怎样培训教师以适应学校呢？世界银行指出知识型经济的教育需要教师具有以下特点。

（1）深入了解自身的学科领域，包括事实、概念知识和对知识和事实之间的连接的理解。

（2）知道有关学科主题的教学方法，并且利用电脑和网络设计以学习者为中心进行教学。

（3）教师培训要与资源丰富、考核驱动、连接社会的授课条件相关联。

终身学习与教育的经济化

教育经济化，使终身学习成为经济上的必需品，而不是个人休闲娱乐活动。终身学习被认为是个人跟上不断变化的全球就业市场和技术的关键。[95]这是为更换工作、适应工作要求及地理位置的不稳定做准备。在流动工作者的设想中，人们必须不断适应新的生活条件、技术和工作要求。这就要提倡终身学习状态、学习技能，帮助个人适应不断变化的世界。

世界银行的终身学习方法包括多种能力的结合。回顾之前关于世界银行对人性和学校教育的心理建设的观点的讨论，对终身学习所需的知识和能力定义如下：基本的学术技能，如识字、外语、数学和科学技能，以及使用信息和通信技术的能力。工人们必须有效地使用这些技能，自主和有效地行动，加入社会不同群体并在其中发挥作用。[96]

根据世界银行的做法，终身学习者应该为在多元文化中工作做好准备。终身学习者的目的是学习新的工作技能与技术。

对技能学习的重视，是大多数终身学习讨论的主要焦点。欧盟把终身学习定义为"一切有目的的学习活动，持续不断地提高知识水平、技能与能力"。[97]在世界银行出版物中讨论中国香港和上海的知识经济问题，程凯明等解释中国的学校希望学生为知识经济做准备的终身学习包括学习新的东西、在团队中工作、有效地沟通、管理自己、质疑和创新、承担起个人责任等能力。[98]在欧盟发布的一份文件中，终身学习所需的技能、小学和中学要教授的技能被描述为："一系列工作所需的基本能力和/或认知能力：数学、写作、解决问题、进行社会沟通和人际交往能力。"[99]

公私合作关系网络

跨国公司，是连接世界银行和联合国教科文组织的纽带。例如，2006年在由世界经济论坛和联合国教科文组织联合举办的基于全民教育的公私合营伙伴关系研讨会中，参会者还包括英特尔、BT（英国电信）、思科（SAP）和惠普公司（Hewlett-Packard）代表。这些参会者持有将产品出售给教育系统的公司的股份，他们是世界上一些计算机、软件与信息技术的最大制造商的代表。[100]愤世嫉俗者可能把他们的参与解释为纯粹的销售产品和培养未来消费者的一种商业行为；其他人可能会把他们的参与解释为企业声誉或业务利益和欲望的结合，希望行善的一种表达形式。

世界经济论坛研讨会的赞助商是美国国际开发署（USAID），旨在通过教育促进公共和私营部门发展伙伴关系。吉塔·斯坦纳-卡姆西认为："与世界银行的战略一致……美国国际开发署在提供援助时采取了以知识为基础的办法，并选择了同样狭隘地注重可测量的学生成果，特别是识字和算术。"[101]美国国际开发署2005年参加了一个由联合国教科文组织赞助的"企业部门参与的全民教育"的研究。[102]这项研究全盘地接受与肯定了跨国公司的作用："公司认为这些方案的价值超出了其短期的回报，他们清醒地以经济主导为动机，这是（它们）紧密联系在一起的事实真相。"[103]在经济发展的背景下，低收入国家的研究认可有关的商业利益："从长远来看，在新的发展模式中教育是值得投资的，以促进其业务活动的繁荣（更好的经济和社会环境）和公司本身的竞争力（公司获得更好的受过培训的雇员）。"[104]那么企业可以做什么？联合国教科文组织的研究表明，企业可以通过"融资、管理和教育服务或者材料"的提供来改善国家的学校系统。[105]

该研究提出建立一个全球性网络，与政府教育领导者、跨国公司、联合国教科文组织以及世界银行建立连接。它建议在国家政府官员和企业领导者之间建立伙伴关系，涉及"创造一个'混合的'执行委员会，这个委员会由私人和公共的利益相关者组成"。[106]世界银行集团的国际金融公司鼓励私人通过Ed Invest投资教育。根据其网站的信息，"Ed Invest于1998年启动，作为……教育领域私营部门发展的在线投资信息论坛。它从世界银行获得发展市场的初步资金"。[107]国际金融公司将其工作描述为"支持我们发展私人教育活动……我们支持在许多教育分部门启动或扩大倡议，包括对学校网络特别感兴趣的中学后教育、小学和中学教育、电子学习倡议、学生免费项目和其他辅助服务",[108] 这些私人教育活动也有免费服务。

2007 年，世界银行和人类发展网络主持了公私合作教育会议，会议发言人既来自世界银行，也来自世界各地的大学，包括美国、智利、新加坡和委内瑞拉的大学。人类发展网络是联合国发展计划署的一个项目，拥有来自各国政府、非政府组织和研究机构的 144 名代表。[109] 该网络被设计成连接那些将"人类可持续发展作为一个……方法，以提升人民的福祉作为发展目标"的群体，[110] 扩大教育机会被认为是人类可持续发展的重要组成部分。

会议的书面介绍，既从民办学校存在的角度，也从一些国家政府无力资助教育机会扩大的角度来证明公私合作关系的合理性。公私伙伴关系的概念涵盖广泛，"包括营利性学校（即作为企业经营）、宗教学校、非政府机构开办的非营利性学校、由私人董事会经营公众资助的学校以及社区拥有的学校"。[111] 营利性学校的纳入，将网络与全球教育公司相连接。这一话题将在本书后面进一步讨论。

国际金融公司投资营利性教育的一个例子是黎巴嫩的萨拜斯（SABIS）国际学校。这是国际金融公司在中东的第一笔教育投资，加上其后在北非的投资，总额达 800 万美元，旨在使其成为萨拜斯学校集团的国际总部和分支机构。国际金融公司执行副总裁兼首席执行官拉斯·图内尔（Lars Thunell）声称："教育对于确保可持续经济增长至关重要，尤其在中东和北非地区人口快速增长且相对年轻的情况下。通过提供高质量的服务，萨拜斯学校将成为整个地区进一步私人教育投资的典范。"[112] 在世界银行的出版物《动员私营部门的公共教育：工程实践的视角》（*Mobilizing the Private Sector for Public Education：A View from the Trenches*）中萨拜斯国际学校总裁卡尔·比斯坦（Carl Bistany）是这样介绍的："萨拜斯自 20 世纪 50 年代中期已把'教育'看作一个行业，并以成功的行业和企业规则作为行为准则，即效率、责任和资源的优化配置。"[113] 自 1986 年公司在黎巴嫩一个小村庄建立第一所学校，发展至今，已建成遍布 11 个国家的 31 所 K-12 学校网络，有来自 120 多个国家的 28 000 名学生注册。这 31 所学校中有 7 所是美国的特许学校，其余是私立学校。比斯坦介绍了教育公司的营利态度：

以利润为基础的经济学在一个国家的发展和进步中发挥了重大作用。美国领头率先去构建适当的公私合作关系也就不足为奇了。其通过让私营力量经手固有业务，以问责、效率、降低成本、附加值和以结果为导向的激励机制等行业规则约束它，自然地加强公众教育。萨拜斯国际学校共享相同的意见，并已在萨拜斯网络学校成功实施了很长一段时间。[114]

对教育经济化的批判

对教育经济化观点的一种批评是，当没有足够的工作机会时，学生要为知识经济的需要买单。即所谓的知识工作已经常规化，低技术的工人也能胜任时。菲利普·布朗（Phillip Brown）和休·劳德（hugh Lauder）总结道："不仅仅是技能过剩威胁到高技能和高收入的问题，知识常规化也会让高技能、高收入的群体被国内或国外技能更低、更便宜的工人所取代。"[115]

布朗和劳德认为，跨国公司可以通过鼓励国家投资办学，为知识型经济作好准备以保持较低的工资。例如，在印度发展高等教育，1997 年的印度，电脑程序员每年收入 2 200～2 900 美元，而 1997 年的美国，电脑程序员每年收入 35 500～39 000 美元。[116] 这种脑力劳动从美国到印度的迁移，带来了工资在东道国的持续增长，而印度则消耗了人力资本资源。

还有一个影响是所谓的人才浪费，受过良好教育的高校毕业生无法找到与他们的技能相称的工作，将导致工业国家对高校毕业生收入增长的抑制，这迫使许多人进入不需要高教育水平的职业。这种现象被称为"人才浪费"。人才浪费可能发生在高收入国家高教育水平职位数量有限的时候。布朗和劳德认为，"英国和美国，不是一个高技能高薪的国家，薪水只是准确地反映了少数工人的技能水平，这些工人现在站在越来越高比例的高技能而低薪工人的旁边，后者却又站在低技术和低工资的工人旁边。"[117]

扩大教育机会是为了满足全球知识经济需求，但现在，布朗和劳德的结论是，"从发展中的经济体里可以获得大量高技能的人，高等教育的全球扩张已经超过了对高技能工人的需求，导致在发达国家出现技术工人收入下降的压力，同时这些新兴经济体也伴随着上行压力"。[118]

这种发展对发展中国家来说是极其不利的，一方面，政府被迫偿还世界银行的教育贷款，而教育投资对本国经济增长贡献不大。另一方面，发展中国家受教育的工人已经成为所谓的"人才移民"（brain migration）的一部分，他们从本国转移到工资更高的富裕国家。因此，一个发展中国家投资教育，却不能从改善其知识经济中获得预期的回报。一些国家熟练和受过教育的劳动力出现了显著的枯竭。根据经济合作与发展组织提供的统计数字，其成员国中89%的技术工人是从圭亚那来的移民；85.1%来自牙买加，63.3%来自冈比亚，62.2%来自斐济，46.9%来自加纳，38.4%来自肯尼亚。[119]

这些移民中很大比例的人，都无法在东道国获得与其教育水平相称的职业，这被称为"人才浪费"。例如，美国人口普查局公布的统计数据显示，许多拥有学士学位的移民无法在美国获得技术工种。拥有大学学历、能够获得技能就业的较为成功的移民团体，他们分别来自爱尔兰（69%）、英国（65%）、澳大利亚（67%）和加拿大（64%），即使这些百分比显示的是一定程度的人才浪费。[120]

可以说，受过教育的工人供过于求的状况压低了他们的工资，从而对雇主有利。因此，对于知识型经济的追求，可能对人类生活产生破坏作用，并可能导致国家教育支出流向受青睐的高等教育。为追求高收入的工作，公民可能会迫使政府提供更多接受高等教育的机会或刺激私立高等教育机构的发展。这种需求可能会使得对必要的社会项目，例如健康、卫生和住房等的政府资金支持重新定向。其结果可能使那些面临"人才浪费"前景、想通过"脑力移植"来寻求全球就业的大学毕业生受挫。

另一种批评是，世界银行倡导的知识经济会导致本地文化习俗的改变并且不利于当地经济的发展。例如，世界银行倡导以科学的农业生产方式取代传统的耕作方法。世界银行发出警示："不……落后国家将会错过改善其经济的机会，例如，更加高效的农业生产和分配系统，将增加产量并降低由于分布不均所导致的粮食浪费。"[121] 换句话说，世界银行认为应用到农业上的知识将会提高生产效率。

但是，世界银行建议采用转基因作物以增加产量提高营养价值，并创造出耐"干旱、虫灾、盐分和除草剂"的植物（作者强调）[122]。换句话说，传统的植物和栽培方式会被通过生物技术和化学方法消除妨碍作物生长有害物的产品所取代。此外，知识还可应用于确保当地作物在全球市场中的竞争力，这意味着某种合作种植的形式。其结果是，小家庭农场式的小型农业被大规模的科学农业所取代。

世界银行认识到转基因植物和化学喷雾剂对人类健康和环境的潜在危害。其对这些问题的解决方法，是进一步提高一个国家的知识水平。换句话说,在这种情况下,生物技术和化学可能会改变农业生产,损害当地人口。世界银行认为,这可以通过知识经济的进一步增长加以纠正。关于生物安全和风险管理,世界银行声称:"为了应对挑战,国家需要高水平的专家——只有对先进的人力资本进行投资才能拥有他们。"[123] 这种错综复杂的逻辑导致需要进一步扩大教育改革,以解决由于最初应用知识而带来的困境。

此外,后殖民/批判论者可能会考虑银行的农业项目缺乏对当地农业条件和土地所有权的理解。其结果是富人更富,穷人更穷。理查德·皮特(Richard Peet)在关于世界银行的政策在非洲的应用时说:"人们对非洲的热带农业知之甚少……态度和当地条件比技术更难以改变……土地使用权改革是针对穷人的农业发展的先决条件。"[124] 其结果是,贷款主要发放给富裕农民。皮特认为,这加剧了"收入不平等"。[125]

罗宾·希尔兹认为,世界银行的政策"嵌入了全球资本主义的传播和平等主义的信念,竞争为每个人创造了更好的生活,经济增长总是可取的"。他声称,知识经济化有利于技术和科学,但"批判性思维和民主公民身份在官方文件中很少得到关注"。[126]

总之,对世界银行政策的批评是,这些政策有利于企业的利益,因为它们压低了熟练工人的工资,导致全球的"脑力"迁移,损害了发展中经济体,破坏了当地的文化,并通过不培养具有批判性思维和民主导向的学校毕业生来确保企业的主导地位。

 要点　　　　　**对知识经济教育的批评**

1. 强调知识经济却没有创造足够的工作岗位来吸收学校毕业生
2. 受过教育的工人供过于求,使工资保持在较低水平,这有利于跨国公司
3. 受过教育的工人从发展中国家向发达国家迁移
4. 受过教育的工人供过于求造成"脑力"浪费
5. 对高等教育的过度投资损害了其他社会服务
6. 对当地文化的破坏
7. 无法培养具有批判性思维和民主导向的毕业生

结论：世界银行的教育观

　　总之，世界银行能够通过其广泛的全球网络，包括政府间组织和非政府组织、各国政府、地方官员和跨国公司推进其教育议程。全球关于知识经济教育和终身学习的讨论受到世界银行议程的强烈影响。然而，正如我在本章开头所提到的，世界银行对知识经济和终身学习的观点并不是所有全球教育参与者都认同的。在下一章中，我将探讨一些其他机构的全球议程和论述，包括联合国和经合组织。

要点	世界银行的全球教育议程概要

1. 支持教育领域的公私伙伴关系和网络，特别是国家教育系统、私立学校团体和教育公司之间的合作
2. 通过世界银行集团国际金融公司的贷款为全球营利性教育企业提供财务支持
3. 倡导知识经济教育是经济增长的关键
4. 倡导在全球经济中为工人提供自主教育
5. 倡导在多元文化背景下工作的教育，包括学习者作为世界人才发生迁移的可能性
6. 支持全球学校课程，重点是识字、数学、科学、全球经济外语（主要是英语）和公民责任教育
7. 支持以学习者为中心的教育和学习，使全球员工能够在工作和生活中主动学习新知识
8. 支持终身学习，使全球工人能够适应新的技术进步、工作变化和可能的全球移民

　　世界银行通过其全球网络在传播经济教育模式方面发挥着重要作用。通过这些网络，它强调教育的经济化，把教育研究交给经济学家，并使增长成为学校政策的主要目标。世界银行支持状态评估，呼吁对学校系统进行绩效评估，如 PISA 和 TIMSS 测试。这些测试来自另一个全球性组织，经济合作与发展组织。

● 注释

[1] Steven J. Klees, "World Bank and Education: Ideological Premises and Ideological Conclusions," in *The World Bank and Education: Critiques and Alternatives*, edited by Steven J. Klees, Joel Samoff, and Nelly P. Stromquist (Boston: Sense Publishers, 2012), p. 49.

[2] World Bank, "Education: Overview—Context." Retrieved from http://web. worldbank. org/WBSITE/EXTERNAL/TOPICS/EXTEDUCATION/0,, contentMDK: 20575742~menuPK: 282393~pagePK: 210058~piPK: 210062~theSitePK: 282386, 00. html on October 7, 2013.

[3] Joel Spring, *Education and the Rise of the Global Economy* (Mahwah, NJ: Lawrence Erlbaum, 1998), pp. 159 – 189.

[4] Gita Steiner-Khamsi, "For All by All? The World Bank's Global Framework for Education," in *The World Bank and Education: Critiques and Alternatives*, p. 11.

[5] World Bank, "Economics of Education." Retrieved from http://web. worldbank. org/WBSITE/EXTERNAL/TOPICS/EXTEDUCATION/0,, contentMDK: 20264769~menuPK: 613701~pagePK: 148956~piPK: 216618~theSitePK: 282386, 00. html on October, 11, 2013.

[6] Ibid.

[7] Ibid.

[8] World Bank, "SABER: Systems Approach for Better Education Results; Strengthening Education Systems to Achieve Learning for All." Retrieved from http://siteresources. worldbank. org/EDUCATION/Resources/278200-1221666119663/saber. html on October 11, 2013.

[9] Ibid.

[10] See Collete Chabbott, "Development INGOS," in *Constructing World Culture: International Nongovernment Organizations Since 1875*, edited by John Boli and George Thomas (Palo Alto: Stanford University Press, 1999), pp. 222 – 248; and Leslie Sklair, "Sociology of the Global System," in *The Globalization Reader*, edited by Frank Lechner and John Boli (Malden, MA: Blackwell Publishing, 2004), pp. 70 – 76.

[11] For example, Michael Goldman, *Imperial Nature: The World Bank and Struggles for Social Justice* (New Haven, CT: Yale University Press, 2005); and Richard Peet, *Unholy Trinity: The IMF, World Bank and WTO* (London: Zed Books, 2003).

[12] See Manuel Castells, *The Rise of the Network Society* (Oxford: Blackwell, 2000), pp. 77 – 147, 216 – 247.

[13] Bjorn H. Nordtveit, "World Bank Poetry: How the Education Strategy 2020 Imagines the World," in *The World Bank and Education: Critiques and Alternatives*, p. 29.

[14] International Bank for Reconstruction and Development/World Bank, *Learning for All: Investing in People's Knowledge and Skills to Promote Development - World Bank*

Group Education Strategy 2020（Washington, DC: International Bank for Reconstruction and Development/World Bank, 2011）, p. 5

[15] Gita Steiner-Khamsi, "For All by All?" p. 5.

[16] Ibid.

[17] International Bank for Reconstruction and Development/World Bank, *Learning for All*, p. 7.

[18] Ibid., p. 6.

[19] Ibid.

[20] World Bank, "Education: Overview." Retrieved from http://web. worldbank. org/WBSITE/EXTERNAL/TOPICS/EXTEDUCATION/0,, contentMDK: 20575742~menuPK: 282393~ pagePK: 210058~ piPK: 210062~ theSitePK: 282386, 00. html on October 8, 2013.

[21] The three other members of the World Bank Group are the International Finance Corporation, the Multilateral Investment Guarantee Agency, and the International Centre for Settlement of Investment Disputes.

[22] Goldman, *Imperial Nature*, p. 69.

[23] World Bank, "Education Overview." Retrieved from www. worldbank. org/en/topic/education/overview on April 21, 2014.

[24] World Bank, *Annual Report* 2013, p. 7. Retrieved from http://web. worldbank. org/WBSITE/EXTERNAL/EXTABOUTUS/EXTANNREP/EXTANNREP2013/0,, menuPK: 9304895~ pagePK: 64168427~ piPK: 64168435~ theSitePK: 9304888, 00. html on October 7, 2013.

[25] Ibid.

[26] World Bank, *A Guide to the World Bank: Second Edition* (Washington, DC: World Bank, 2007）, pp. 11 - 12.

[27] Ibid., p. 43.

[28] United Nations, *We Can End Poverty: Millennium Development Goals and Beyond 2015: Education*. Retrieved from www. un. org/millenniumgoals/education. shtml on October 8, 2013.

[29] United Nations, *We Can End Poverty: Millennium Development Goals and Beyond 2015: Gender*. Retrieved from www. un. org/millenniumgoals/gender. shtml on October 10, 2013.

[30] UNESCO, "Education for All（EFA）International Coordination: The Six EFA Goals and MDGs." Retrieved from http://portal. unesco. org/education/en/ev. php-URL_ID = 53844URL_DO = DO_TOPIC&URL_SECTION = 201. html on October 5, 2007.

[31] UNESCO, "Education for All（EFA）International Coordination: The EFA Movement." Retrieved from http://portal. unesco. org/education/en/ev. php-URL_ID = 54370&URL_DO = DO_TOPIC&URL_SECTION = 201. html on October 5, 2007.

[32] UNESCO, "Education for All（EFA）International Coordination: Mechanisms Involving International Organizations." Retrieved from http://portal. unesco. org/education/en/ev. php-URL_ID = 47539&URL_DO = DO_TOPIC&URL_SECTION = 201. html on October 5, 2007.

[33] UNESCO, "Education for All（EFA）International Coordination: Collective Consultation of NGOs." Retrieved from http://portal. unesco. org/education/en/ev. php-URL_ID = 47477&URL_DO = DO_TOPIC&URL_SECTION = 201&reload = 114567740 on October 5, 2007.

[34] International Bank for Reconstruction and Development/World Bank, *Learning for All*, p. v.

[35] Ibid.

[36] Ibid. , p. 3.

[37] Ibid.

[38] Ibid. , p. 5.

[39] Ibid. , p. 9.

[40] Ibid. , p. 13.

[41] Ibid.

[42] Ibid. , p. 33.

[43] Ibid.

[44] Ibid.

[45] Ibid. , p. 31.

[46] Ibid. , p. 33.

[47] Robin Shields, Globalization and International Education（London: Bloomsbury Academic, 2013）, p. 89.

[48] World Bank, *Constructing Knowledge Societies: New Challenges for Tertiary Education*（Washington, DC: The World Bank, 2002）, p. 7.

[49] Ibid.

[50] The World Bank Education, "Education for the Knowledge Economy." Retrieved from http://web. worldbank. org/wBSTIE/EXTERNAL/TOPICS/EXTEDUCATION/0, , contentMDX: 20161496~ menuPK: 540092~ pagePK: 148956~ piPK: 216618~ theSitePK: 282386, 00. html on October 10, 2007.

[51] Ibid.

[52] See Brian Keeley, *Human Capital: How What You Know Shapes Your Life*（Paris: OECD, 2007）, pp. 28 – 35; and Phillip Brown and Hugh Lauder, "Globalization, Knowledge and the Myth of the Magnet Economy," in *Education, Globalization & Social Change*, edited by Hugh Lauder, Phillip Brown, Jo-Anne Dillabough, and A. H. Halsey（Oxford: Oxford University Press, 2006）, pp. 317 – 340.

[53] As quoted in Keeley, *Human Capital*, p. 29.

[54] Gary Becker, *Human Capital*（New York: Columbia University Press, 1964）.

[55] Gary Becker, "The Age of Human Capital," in *Education, Globalization & Social*

Change, edited by Hugh Lauder, Phillip Brown, Jo-Anne Dillabough, and A. H. Halsey (Oxford: Oxford University Press, 2006), p. 292.

[56] Ibid.

[57] Daniel Bell, *The Coming of the Post-Industrial Society* (New York: Basic Books, 1973).

[58] Peter Drucker, *Post-Capitalist Society* (London: Butterworth/Heinemann, 1993). The World Bank 61

[59] Robert Reich, *The Work of Nations: A Blueprint for the Future* (New York: Vintage, 1991).

[60] Castells, *The Rise of the Network Society*, p. 77.

[61] Ibid.

[62] Ibid.

[63] World Bank, Constructing Knowledge Societies, p. 9.

[64] Ibid., p. 10.

[65] World Bank, *Lifelong Learning in the Global Knowledge Economy: Challenges for Developing Countries* (Washington, DC: World Bank, 2003).

[66] William Rideout, Jr., "Globalization and Decentralization in Sub-Saharan Africa: Focus Lesotho," in *Globalization and Education: Integration and Contestation across Cultures*, edited by Nelly Stromquist and Karen Monkman (Lanham, MD: Rowman & Littlefi eld, 2000), pp. 255 - 274.

[67] World Bank, "Public-Private Partnerships in Education." Retrieved from http://web. worldbank. org/WBSITE/EXTERNAL/TOPICS/EXTEDUCATION/0,, contentMDK: 20756247~ menuPK: 2448342~ pagePK: 210058~ piPK: 210062~ theSitePK: 282386~ isCURL: Y~ isCURL: Y, 00. htmlon April 21, 2014.

[68] Directorate-General for Education and Culture, *Education and Training in Europe: Diverse Systems, Shared Goals for* 2010 (Luxembourg: Offi ce for Offi cial Publications of the European Communities, 2002), p. 7.

[69] Commission of the European Communities, "Communication from the Commission, Mobilizing the Brainpower of Europe: Enabling Universities to Make Their Full Contribution to the Lisbon Strategy" (Brussels: The European Commission, April 4, 2005).

[70] Directorate-General for Education and Culture, *Education and Training in Europe*, p. 12.

[71] World Bank, *Lifelong Learning in the Global Knowledge Economy*, p. 21.

[72] Quoted by Stephen Stoer and António Magalhaes in "Education, Knowledge and the Network Society," *Globalisation, Societies and Education* 2(3), 2004 p. 325.

[73] For a summary of character traits in individualist and collectivist societies, see Harry C. Triandis, "Individualism and Collectivism: Past, Present, and Future," in *The Handbook of Culture and Psychology*, edited by David Matsumoto (New York: Oxford University Press, 2001), pp. 35 - 50.

[74] Shigehiro Oishi, "Goals as Cornerstones of Subjective Well-Being: Linking Individuals and Cultures," in *Culture and Subjective Well-Being*, edited by Ed Diener and Eunkook M. Suh (Cambridge, MA: Massachusetts Institute of Technology Press, 2000), p. 100. Puerto Rico is actually listed as the sixth most individualist society. However, Puerto Rico is not a country but a possession of the United States, and it has been infl uenced by U.S. culture since the early twentieth century.

[75] Ibid.

[76] World Bank, *Lifelong Learning in the Global Knowledge Economy*, p. 22.

[77] Ibid.

[78] Ibid., pp. 3 – 4.

[79] Hassan M. Fattah, "Saudis Rethink Taboo on Women Behind the Wheel," New York Times (September 28, 2007). Retrieved from www. nytimes. com/2007/09/28/world/28drive. html? _r = 0 on September 28, 2007.

[80] World Bank, *Lifelong Learning in the Global Knowledge Economy*, p. 22.

[81] Organization for Economic Cooperation and Development, "Adult Literacy." Retrieved from http: www. oecde. org/dataoecd/27/24/2345257. pdf on October 16, 2007.

[82] Ibid.

[83] World Bank, *Lifelong Learning in the Global Knowledge Economy*, p. 23.

[84] Ibid., p. 25.

[85] Ibid.

[86] Ibid.

[87] Ibid., p. 27.

[88] Ibid., p. 32.

[89] Ibid.

[90] Ibid., p. 33.

[91] Ibid.

[92] Ibid., p. 36.

[93] Ibid., p. 43.

[94] Michael Trucano, Mobile Learning and Textbooks of the Future, E-reading and Edtech Policies: Trends in Technology Use in Education in Developing Countries, Excerpts from the World Bank's EduTech Blog, Volume IV (Washington, DC: The World Bank, 2013).

[95] See Carmel Borg and Peter Mayo, "The EU Memorandum on Lifelong Learning. Old Wine in New Bottles?" *Globalisation, Societies and Education* 3 (2005), pp. 203 – 225; and Spring, Education and the Rise of the Global Economy.

[96] World Bank, *Lifelong Learning in the Global Knowledge Economy*, p. xix.

[97] CEC, *Commission Staff Working Paper. A Memorandum on Lifelong Learning* (Brussels: The European Commission, 2005), p. 3.

[98] Kai Ming Cheng and Hak Kwong Yip, *Facing the Knowledge Society: Reforming Secondary Education in Hong Kong and Shanghai* (Washington, DC: World Bank, 2006), p.34.

[99] Cedefop and Eurydice, *National Actions to Implement Lifelong Learning in Europe* (Brussels: Eurydice, 2001), p.31.

[100] UNESCO, "Education for All (EFA) International Coordination: Public-Private Partnerships." Retrieved from http://portal. unesco. org/education/en/ev. php-URL_ID = 47544&URL_DO = DO_TOPIC&URL_SECTION = 201. html on October 5,2007.

[101] Gita Steiner-Khamsi, "For All by All?" p.6.

[102] Tiphaine Bertsch, Rebecca Bouchet, Joanna Godrecka, Kiira Karkkainen, and Tyra Malzy, *A Study for UNESCO: Corporate Sector Involvement in Education for All: Partnerships with Corporate Involvement for the Improvement of Basic Education, Gender Equality, and Adult Literacy in Developing Countries* (Paris: Fondation Naionale Des Sciences Politiques/Institut D'Etudes Politiques De Paris, 2005).

[103] Ibid. , p.12.

[104] Ibid.

[105] Ibid.

[106] Ibid. , p.4.

[107] International Finance Corporation World Bank Group, "EdInvest." Retrieved from www. ifc. org/wps/wcm/connect/Topics _ Ext _ Content/IFC _ External _ Corporate_/EdInvest_Home/on October 11,2013.

[108] International Finance Corporation World Bank Group, "Education." Retrieved from http//www. ifc. org/ifcext/che. nsf/Content/Education on October 9,2007.

[109] Human Development Network, "About HDN." Retrieved from www. hdn. org. ph/abouthdn. html on October 9,2007.

[110] Human Development Network, "What Is Sustainable Development?" Retrieved from www. hdn. org. ph/whatis. html on October 9,2007.

[111] World Bank, "Public-Private Partnerships in Education: Overview." Retrieved from http://web. worldbank. org/WBSITE/EXTERNAL/TOPICS/EXTEDUCATION/0, , contentMDK: 21317057 ～ menuPK: 282391 ～ pagePK: 64020865 ～ piPK: 51164185 ～ theSitePK:282386,00. html on October 9,2007.

[112] International Finance Corporation World Bank Group, "SABIS School, Lebanon: Flagship of IFC Education Activities in MENA." Retrieved from http//www. ifc. org/ifcext/che. nsf/Content/Attachments By Title/Factsheet_SabisSchoolLebanon/ $File/Sabis + School + Lebanon-Fact + Sheet. pdf on October 9,2007.

[113] Carl Bistany, "True Partners in Public-Private Partnerships," in *Mobilizing the Private Sector for Public Education: A View from the Trenches*, edited by Harry Patrinos and Shobhana Sosale (Washington, DC: World Bank, 2007), p.31.

[114] Ibid. , p. 33.

[115] Brown and Lauder, "Globalization, Knowledge and the Myth of the Magnet Economy," p. 320.

[116] Ibid. , p. 323.

[117] Ibid. , p. 324.

[118] Ibid. , p. 329.

[119] Frédéric Docquier and Abdeslam Marfouk, "International Migration by Education Attainment, 1990 - 2000," in *International Migration, Remittances & the Brain Drain*, edited by Çaglar Özden and Maurice Schiff (New York: Palgrave Macmillan, 2006), pp. 175 - 185.

[120] Çaglar Özden, "Educated Migrants: Is There Brain Waste?" in *International Migration, Remittances & the Brain Drain*, p. 238.

[121] World Bank, *Constructing Knowledge Societies*, p. 11.

[122] Ibid.

[123] Ibid.

[124] Peet, *Unholy Trinity*, p. 120.

[125] Ibid.

[126] Robin Shields, Globalization and International Education, p. 88.

第三章　世界"教育部"与人权教育：
经合组织与联合国

经合组织被海因茨·迈耶（Heinz Meyer）戏称为世界"教育部"。[1] 经合组织，与联合国、世界银行互有联系。与世界银行一样，经合组织支持经济教育模式，而联合国则关注人权与和平教育。这两类组织虽站在不同的教育视角，但均为世界教育文化发展做出了贡献。

经合组织

经合组织有着和世界银行一样的全球影响力。该组织在 1961 年的创始文件中规定了自己的目标："实现经济增长率与就业率的可持续发展，提高成员国的生活水平，维持财政的稳定性，从而对世界经济的发展做出重要贡献。"[2] 该组织成员国从成立时的 20 个，现已扩大到 34 个（译者注：截至 2017年为 34 个，截至 2021 年为 38 个）。此外，经合组织还向非洲乃至世界 100 多个贫困国家提供专业知识，促进交流。2013 年，经合组织提供了关于其活动的说明：

> 经合组织提供这样一个平台，各国政府可以在其中合作分享经验，共同寻求解决问题的办法。我们与各国政府合作，了解推动经济发展、促使社会与环境变化的因素。我们关注生产力和全球贸易及投资的动向。我们分析和比较数据来预测未来的趋势。从农业、税收到化学品安全，我们在很多方面制定了国际标准。[3]

经合组织对其教育工作的描述为："我们比较不同国家的学校系统是如何让其年轻人适应现代生活的。"[4]

经合组织在试图影响国家政策方面发挥了积极作用："根据事实和现实生活经验，我们建议采取旨在改善普通人生活的政策。"[5] 与世界银行一样，经合组织致力于推动教育促进经济增长和发展。伴随着经济增长，该组织的领导者希望成员国具有共同的价值观，以预防社会的动乱和犯罪发生。经合组织陈述了教育的价值："个人和国家都会从教育中受益。就个人而言，其潜在的好处在于能够拥有较高的生活质量，持续的经济回报以及满意的就业岗位。对于国家，其潜在的好处在于经济的持续增长和社会共同价值观的发展，从而巩固社会的凝聚力。"[6]

为了帮助成员国和其他合作国家获得这些教育福利，经合组织承诺：

· 不断发展与评估教育政策，以提升政策的效率和有效性，评估这些政策实施以后所带来的价值共享程度

· 收集详细的教育系统信息与数据，包括个人的能力水平测试

· 评价和分析有关经合组织成员国为扩展教育而制定的一系列政策，并将这些政策在发展中国家进行推广[7]

经合组织运行着四个重要的教育项目：教育研究与创新中心（Centre for Educational Research and Innovation，CERI）项目，高等教育机构管理项目（Programme On Institutional Management in Higher Education，IMHE），教育建筑项目（Programme On Educational Building，PEB），以及国际学生评估项目（PISA）。经合组织支持在自由市场的背景下实施教育事业的私有化。里兹维（Rizvi）和林加德（Lingard）表示："经合组织……在很大程度上正以一种有效的方式建构全球化……（包括教育的全球化），一方面通过推行教育的市场化和私有化，另一方面通过建立强大的责任制度。"[8]

经合组织通过 PISA，在全球教育标准化方面发挥着重要作用，正如我在下一节所描述的，它还在促进教育的经济模式发展方面发挥着重要作用。[9] 通过成为国际标准，PISA 可以影响当地的教育政策。该组织还通过其所谓的教育全球定位系统（Education GPS），收集教育数据，并称"教育全球定位系统，是关于教育政策和实践、机会和结果的国际可比数据的来源。教育全球定位系统随时向您提供各国发展高质量和公平教育的最新信息"。[10] 教育全球定位系统向其用户分享其收集的各个国家的数据，供用户比较和评估相关的教育政策。

| 要点 | 劳动力市场和经合组织成员国对教育的关注点 |

1. 在竞争激烈的知识经济时代人力资本的发展

　与第 2 章讨论的世界银行推广的政策相同

2. 出生率下降和人口老龄化所带来的劳动力短缺问题

　a. 在劳动力短缺的背景下对移民与外国劳工的需求

　　（1）问题：当地居民和外来移民，以及外国劳工之间的紧张

　　　　关系

　　（2）解决方案：通过教育提升个体社会资本

　b. 让更多的妇女参加工作

　　（1）问题：确保高出生率，并维持稳定性

　　（2）解决方案：推广学前教育，让母亲可以参加工作

　　（3）问题：妇女缺乏平等的受教育机会

　　（4）解决方案：制定相关政策确保和支持妇女享有平等的受教

　　　　育机会

　c. 提高退休年龄并延长人们的工作年限

　　（1）问题：退休人员劳动力比重的增加

　　（2）解决方案：推广终身学习并制定延迟退休政策

教育经济化：更好的技能、更好的工作、更好的生活

　　与世界银行类似，经合组织将学校教育和就业市场所需技能联系起来。经合组织 2012 年的报告《更好的技能、更好的工作、更好的生活：技能政策的战略方针》宣布："技能已成为 21 世纪的全球货币。"[11] 此外，报告称"技能也是解决不平等和促进社会流动性的关键"。[12]

　　经合组织为什么使用"技能"一词？回答这一问题要考虑经合组织的国际成人能力评估（International Assessment of Adult Competencies，IAAC）的内容。经合组织在 2013 年公布了这项国际调查的第一个结果，当时提供了以下描述："成人技能调查是在 33 个国家进行的国际调查，是国际成人能力评估计划的一部分。它衡量了个人参与社会和推动经济繁荣所需的关键认知和工

作技能。"[13] 关于教育评估,经合组织指出:"本调查的数据将帮助各国更好地了解教育,帮助教育系统培养这些技能。教育工作者、决策者和经济学家将利用这些信息制定经济、教育和社会政策,以继续提高成年人的技能。"[14] IAAC "评估关键技能(识字、算术、在技术丰富的环境中解决问题)水平和工作场所中这些技能的使用情况,并收集关于技能发展和使用的前因、结果,以及背景信息"。[15]

经合组织在学校课程的经济化中区分了技能、知识和性格(软技能)。"知识"这个词,常与新技术联系在一起。经合组织 2007 年的《人力资本》(*Human Capital*)一书指出:"在发达经济体中,各种形式的知识和信息的价值日益显示出重要性,信息技术的迅猛发展正在加速这一趋势。"[16] 经合组织声称,在学校学习的知识应反映劳动力市场的需求。经合组织还强调:"就业发生了根本变化,对非常规认知和人际交往技能的需求增加,对常规认知、工艺技能、体力劳动和重复性劳动的需求减少。"[17]

重新设计 21 世纪课程的提议,是建立在劳动力市场需求变化基础上的。关于"知识"的范畴,"重新设计计划"(redesign plan)建议学校的科目与现实世界的情况挂钩。根据这一标准,"重新设计计划"的课程提出了改变学校课程以使其更贴近工作环境的要求。例如,"工程学应该成为标准课程吗?"因为这门课可以满足就业的需要。

关于"重新设计计划"的一个问题是,要放弃一个科目,用一个更贴近工作需要的科目来代替它,如"几何应该被统计学取代吗?"[18] 此外,诸如"应该向每个人讲授个人理财吗? 从哪个年级开始?"[19] 以及"创业精神应该是强制性的吗?"[20] 换句话说,学校应该为学生创业做好准备吗?

课程的经济化导致了对某些学科相关性的质疑,比如:"历史上什么是有意义的和相关的?"[21] 经合组织提出了关于其他主题相关性的问题:"道德是否应该重新评估? 艺术的作用是什么? ——它们能用来培养所有学科的创造力吗?"[22]

在教学技能方面,"重新设计计划"将它们与工作绩效联系起来:"更高层次的技能('21 世纪的技能'),如创造力、批判性思维、沟通、合作和其他技能,对于吸收知识和提升工作绩效都是必不可少的(作者强调)。"[23] 如此一来,"重新设计计划"又认为,课程内容过多,学生负担过重,应通过更深入的研究以更少的学科来增加技能教学。"关于这些技能是什么,以及如何通过项目教学法习得这一技能,全球应有一个合理的共识。但考虑到要涵盖的内容非常多,在学年期间几乎没有时间讲完"[24]，经合组织计划通过职业预测系统，监测就业市场工作技能要求的变化。这些技能重点是管理和专业技能，而不是服务行业或常规工厂工作所需的技能。

经合组织的真正目标是让训练有素的工人涌入劳动力市场，以压低工资，降低工人要求。该组织在《更好的技能、更好的工作、更好的生活：技能政策的战略方针》报告中提到了这一点。报告警告称："技能短缺可能通过对劳动生产率的影响而阻碍经济增长。短缺，增加了每个熟练工人的雇佣成本，导致企业转而雇佣低生产率的非熟练工人。短缺，还可能使工人在要求更轻松的工作节奏时处于更有利的谈判地位（作者着重强调）。"[25]

经合组织与人格的经济化

与世界银行类似，经合组织强调经济所需，而不考虑文化的差异。在前面提到的关于重新设计 21 世纪课程的建议中"性格（行为、态度、价值观）"一栏类别下，经合组织提出了以下主张："随着复杂性的增加，人类正在重新发掘人格特征的重要性，如与业绩有关的特征（适应性、持久性、复原力）和与道德有关的特征（正直、正义、移情、伦理）。"[26]

经合组织在《人力资本》一书的开篇几页讲述了一个关于特殊性格特征的教育案例。[27] 主人公是住在巴黎郊区的琳达（Linda），一位来自北非的移民。郊区总是出现青年骚乱，发生焚烧汽车的事件。琳达是在一个"思想传统的北非家庭"里长大的。[28] 在当地的社区中心，男人们无所事事地听着说唱音乐，琳达和其他三名不同种族的失业妇女正同就业辅导员交谈。所有的妇女都在抱怨由于交通问题、种族偏见和歧视而造成的就业困难。

虽然琳达是位模范生，但遗憾的是她很早就辍学了。因为她的父亲认为女性不应该工作，而应该留在家里，直到结婚。因此，她的父亲在她毕业之前就让她离开了学校。此后，琳达未成年便结了婚，后与丈夫分居。同时，她还面临潜在的失业危机。面对这种情况，作者称："为了找到一份工作维持生活，她们需要接受教育。"[29]

但是，在这个故事里，教育不只是为了找工作。教育同时是为了扑灭法国移民社区更多的潜在骚乱。通过学校教育，缓解社区的矛盾。而人力资本也正是和工作技能，以及降低社区紧张形势紧紧联系在一起的。"的确，"作者写道，"甚至社会关系和共同的价值追求也可以被看作是资本的一种形式，使人们更容易协同工作,实现经济上的收益。"[30] 这种形式的资本通常被称为"社会资本"。

经合组织国家担心的是移民人口增长所造成的文化紧张。经合组织成员国希望教育能增强社会凝聚力,以减少移民社区和东道国人口之间的冲突。

因此,经合组织的政策制定者对社会资本,尤其是人力资本给予了高度重视。通过使用网络语言,经合组织将社会资本定义为"通过网络将共同的体制、价值观和认识互联,以促进社区内部以及社区之间的合作"。[31] 该组织将社会资本分为三大类。第一类是纽带,即通过家庭、亲密的朋友和文化联系周围的人,从而获得一个共同的身份。第二类是桥梁,即连接那些具有不同身份的人。最后一类是联结,即连接来自社会上层和下层的人。或者换句话说,连接那些来自不同社会阶层的人。

第一类的一个问题是,通过一个共同的理念建立起来的纽带虽可能非常牢固,但也阻碍了与外界的进一步联系。对此,经合组织声称,其成员国一些移民社区会出现这样的问题。因此,学校要确保向学生教授构建与他人联系的桥梁和联结的方法,以减少社会阶层之间的冲突。经合组织警告道:"公司和组织也可能会遭受这种情况,如果他们有错误的社会资本理念,即过于关注自己的圈子,而没有考虑外面更广泛的世界正在发生的事情的话。"[32]

家庭生活的经济化

近年来,经合组织的成员国纷纷招聘外国工人,以弥补由低出生率带来的本土工人短缺的问题。经合组织称,妇女平均生育子女的个数为 2.1 才能维持一个国家的人口。(20 世纪)70 年代以来,经合组织的成员国人口出生率已经远远低于这个比率。例如,在奥地利、德国、意大利和韩国,妇女的平均生育率已经下降到 1.3 左右。随着出生率的下降,经合组织的成员国只能通过移民政策或聘用外国工人来填补劳动力的短缺。如上面所列举的,这种做法导致的结果是:不断增加的移民家庭和当地居民之间的紧张关系。

除了出生率下降,死亡率不断下降也同样威胁着社会。随着经合组织成员国居民寿命的延长,青壮年劳动力在萎缩,社会对退休人员的依赖性越来越大。经合组织就这一情况表示:"让女性工作能够缓解这一问题。"[33] 经合组织的政策制定者们对现有的状况表示很欣慰,因为成员国内越来越多的女性在工作,这有助于扩大劳动力供给。经合组织在《2006 年就业展望》(*Employment Outlook*

2006）中为这样一个现象感到庆幸，即"在过去的几十年里，数量日益增长的女性工作者，已经成为劳动力供给增长中的重要组成部分"。[34]

我们该如何平衡妇女参与工作与生养更多婴儿之间的关系？从教育政策的角度来看，答案是开办更多更好的学前班，从而让母亲能够自由地进入劳动力市场。那么这些学前班应该怎么开呢？经合组织的研究表明，以法语和英语为母语，且关注孩子们入学前适应性的成员国，以及那些让孩子们花很多时间在户外学习的北欧国家的学校，都在建设幼儿园方面采取了一系列的措施。在芬兰，儿童7岁入学前会进入日托中心，这些日托中心仅提供一些有限的知识训练。

从人力资本的角度来看，经合组织的政策支持开设为学生上小学做准备的学前班。经合组织呼吁成员国制定更多有助幼儿园发展的政策。同时，呼吁"更多地考虑儿童的生活和学习需要，并确保儿童从幼儿园进入小学学习的连续性"（作者强调）。[35]

从人口年龄角度看，经合组织提倡延长人们的工作年限，以此作为保证充足劳动力供给和保持工作人员与退休人员之间平衡的一种手段。在经合组织的成员国中，普遍存在一种担忧，当退休人员超过工作人员时，政府的退休金和其他退休计划金是否能够保障退休人员的生活。"毫无疑问，"经合组织表示，"发达国家的政府都在鼓励人们延长工作年限。"[36]

终身学习，就是一个可以让人们延长工作年限的方法。这里补充了第二章讨论的关于世界银行终身学习政策的另一个维度。读者会想到，推广终身学习能够应对技术变革冲击并满足职场需求。知识经济时代背景下的工人，在这种瞬息万变的社会中，必须做好不断更新技术和学习新技能的准备。在经合组织的经济发达成员国的社会环境里，终身学习不仅能让工人为不断变化的工作要求做好准备，还能确保年长的工人仍然可以继续参加工作。

愤世嫉俗者可能会说，利用终身学习延长退休年龄解决劳动力短缺的问题和降低退休保障金是同一种手段，都是对工人的剥削。过去，提前退休被认为是有益之事。但是近来，经合组织称，提前退休会缩短人的寿命。该组织援引了壳牌石油公司（Shell Oil）的一项研究结果，即55岁退休的工人在退休的十年里逝世的概率要比60岁或65岁退休的工人高一倍。按照此推理框架，经合组织得出的结论是："如果我们需要去工作更长的时间，那么我们必须在整个一生中，不断地提升我们的技能、教育水平和能力，即我们的人力资本。"[37]

综上所述，与世界银行侧重关注发展中国家不同的是，经合组织更强调关注其发达成员国的人力资本教育政策的实施。这两个组织关于人力资本教育在知识经济时代的重要作用有着相同的理念。由于劳动力的短缺，经合组织的成员国强调知识经济环境下教育的同时，也关注来自国外移民劳工的多元文化教育，以及可以让妇女进入劳动力市场的学前教育和可以延长人们工作年限的终身教育。

国际测试与世界教育文化

经合组织通过发展和实施 PISA，以及 TIMSS 测试，为创造世界教育文化作出贡献。国际教育成就评价协会（International Association for the Evaluation of Educational Achievement，IEA）证明了进行国际测试和比较的可行性。IEA 的成立源于 1958 年联合国教科文组织的一次会议，1967 年其成为合法实体。该机构试图通过测试找出各国（地区）可以共享的有效教育方法。根据该组织的官方历史，最初的心理测量学家、教育心理学家和社会学家认为教育是一项全球性的事业，通过各国测试分数的比较可进行评估。他们"把世界看作一个自然的教育实验室。在那里，不同的学校系统以不同的方式进行实验，以获得教育的最佳结果"。[38] 他们认为国家（地区）之间的教育目标是相似的，但实现这些目标的方法是不同的。人们相信，国际考试将向国际社会展示最好的教育实践。该组织在 1959 年至 1962 年间试图证明，大规模的跨文化测试是可行的。他们对 12 个国家（地区）的 13 岁儿童进行了数学、阅读理解、地理、科学和非语言能力测试。根据 IEA 的一份声明，该项目的结果表明，"可以构建跨文化的'有效'的常见测试和问卷"。此外，"语言差异的影响可以通过精准的翻译降到最小"。[39]

除了证明全球测试项目的可行性外，IEA 声称其项目研究还对参与国（地区）的课程产生了影响。1970 年 IEA 举办了一次有 23 个国家（地区）参加的课程开发和评估研讨会。之后其声称，"这次研讨会对参加的至少三分之二的国家（地区）课程开发产生了重大影响"。[40] 这些年，国际教育协会开展了一些国际测试和研究，包括第一次国际数学研究（FIMS）、第二次国际数学研究（SIMS）、国际科学研究（ISS）、学前教育（PPE）、教育研究中的计算机（COMPED）、教育中的信息技术（ITE）、公民教育研究（CIVED）和教育研究中的语言（LES）。

1995 年，国际教育成就评价协会与经合组织合作，收集数据进行了第三次国际数学和科学研究。IEA官方将1995年的第三次国际数学和科学研究称为"对比较教育进行的最大规模、最雄心勃勃的研究"。[41] 他们声称，"这得益于IEA机构的经验和专业知识，这些经验和专业知识是通过多年连续的研究发展起来的，我们看到了研究与教育决策者定义的实际需求相结合的美好愿景"。[42]

今天，IEA仍然在不遗余力地推动世界各地统一教育实践。该组织的既定目标是创建全球教育基准，通过这些基准判断和衡量教育系统。事实上，IEA的使命声明就包括建立一个全球教育评估网络。

IEA 任务说明

通过推行比较研究和评估项目，IEA旨在实现以下目标：

（1）提供国际基准，以协助决策者查明其教育制度的相对优势和弱点；

（2）提供高质量的数据，提高决策者对影响教学和学习的学校和非学校的关键因素的理解；

（3）提供高质量的数据，作为确定关键领域和行动，以及准备和评价教育改革的资源；

（4）发展和提高教育系统参与国家教育监测和改进战略的能力；

（5）促进世界范围内教育评价研究人员群体的形成与发展。[43]

国际学生评估项目（PISA）：全球测试与世界教育文化

PISA测试已经创建了一个全球的学术型奥林匹克竞赛，各国（地区）都在争夺最高分数。海因茨·迈耶和亚伦·贝纳沃特指出，PISA"可以通过一项评估活动来评估一个国家（地区）的学校系统质量，该评估活动自称是一项政治和意识形态中立的事业——一种技术理性行为——它产生了公正的数据来激励全球的教育改革"。[44]

经合组织指出，PISA是为了响应"成员要求提供关于其学生知识和技能学习以及教育系统表现的、定期和可靠的数据"。[45] 该测试始于1997年。经合组织声称："PISA的优势在于全球范围和常规性举行（regularity）。迄今为止，已有70多个国家（地区）和经济体参加了该项目的评估，每三年一次的评估使它们能够跟踪自己在实现关键学习目标方面的进展。"[46] PISA正在为经合组织所称的在全球经济生活中发挥作用所需的知识制定全球标准。通过将教育重点从国家课程转向全球需求,PISA 定义了全球经济教育模式标准。

国际评估的全球影响是什么? 为了给本国(地区)领导人留下深刻印象,各地学校都希望自己的学生在这些考试中比其他国家(地区)表现优异。其结果是,随着各地学校努力让学生做好考试准备,世界课程趋于统一。关于 PISA 和 TIMSS 对世界教育文化的影响,戴维·贝克和杰拉尔德·兰德尔认为,"在第一组 TIMSS 结果公开之后,美国开始了自我反省(soul searching)……最近发布的经合组织国家 PISA 国际研究报告导致德国陷入教育危机。世界各国(地区)都在把国际考试作为一种学术奥林匹克竞赛,以考试结果为依据对本国(地区)学校系统的表现投票"。[47]

根据经合组织的数据,PISA 潜在的全球效应是巨大的,因为参与的成员国(地区)和合作伙伴占世界经济总量的 90%。[48] 这些评估从 2000 年开始,每三年一个周期,每次评估都有特定的专题。经合组织推动 PISA 测试,其提供的数据将影响国家政策:"公共政策问题:政府、校长、教师和家长都希望得到答案,如'我们的学校是否为年轻人应对成人生活的挑战做好充分的准备?''某些类型的教学和学校是否比其他学校更有效?''学校能为改善来自移民或弱势背景的学生的未来做出贡献吗?'"[49]

然而,教育成绩受到校外许多因素的影响,如家庭生活、文化和经济条件。一个国家(地区)真的能接受另一个国家(地区)的学校实践并将它们移植到自己身上吗? 例如,2009 年 PISA 测试的成绩,在阅读和数学上中国上海、韩国和芬兰排名前三。这些地方的学校嵌套在一个特定的文化、政治和经济体系中。此外,与美国相比,这些地方的人口相对较少,而且地理区域很小。上海属于中国,中国是世界上拥有人口最多的国家,其学校在中国共产党的领导下运作。韩国和芬兰是人口相对单一的小国。这三个地方的学校以不同的方式运作,并嵌套在不同的文化和经济体系中。一些学者质疑芬兰学校的做法实际上是否可以移植到其他国家(地区)。[50]

创造全球教育统一性的潜力体现在 PISA 对读写能力的定义中:"该评估侧重于年轻人运用知识和技能应对现实挑战的能力,而不仅仅是他们掌握特定学校课程的程度。"这种方法被称为"读写能力"。[51] 这种定义区分了在学校掌握的读写能力和"现实生活挑战"所需的读写能力。

如第二章所讨论的,世界银行具有在全球进行信息共享的巨大影响力,它对读写能力的定义建立在经合组织与其他组织合作建立的国际成人识字调查基础上。因此,PISA 对阅读素养的定义,与世界银行的定义非常相似。对世界银行来说，识字标准包括在一个复杂、先进的社会中应对日常生活和工作需求的能力，具备成功完成中学学业和进入大学所需的技能水平。与世界银行类似，PISA对读写能力的定义关注的是现代社会的工作和生活，而没有建议读写能力应该包括理解有争议的政治和社会思想的批判性读写能力（critical literacy）。换句话说，这两个机构都强调实用性的素养（functional literacy）。

必须强调的是，经合组织对读写能力的定义忽略了国家课程，而更倾向于它所认为的生活在全球经济中所需的识字技能。无独有偶，PISA的数学评估也是针对日常生活中的问题，而不是作为对国家课程的评估。

> PISA中的数学测试，旨在评估学生利用数学能力应对当前和未来日常生活挑战的能力。公民的数学使用表现在许多日常情况下，如当各类媒体以表格、图形的形式提供主题广泛的信息时、阅读时间表时、进行货币交易时，以及确定市场上的最佳购买点时。[52]

经合组织/PISA的科学评估，包含了对日常生活中使用的知识的类似强调："PISA中的科学问题，旨在评估学生如何将科学思维方式应用于他们日常生活中可能遇到的情况。"[53]

经合组织与世界银行

经合组织和世界银行都在全球网络中强化了这样一种观点，即知识经济所需的全球核心课程应包括读写能力、数学、科学、终身学习所需的技能以及使用信息和数据工具的能力。这两个组织都表示，需要调整某些多元文化的教育形式以应对全球移民现象。经合组织不强调教授外语或公民教育来强化法治。尽管经合组织和世界银行的观点存在这些微小的差异，但正在传播类似的观点。

这两个组织观点的主要区别是，世界银行注重个人能力与价值（自主性），而经合组织更关注社会关系与社会资本。如今有很多相互矛盾的信息在全球网络上传播，这也许就是导致这两个组织关注点不同的原因。世界银行致力于在发展中国家灌输个人主义的竞争精神，强调其与市场经济的关系，而发达的经合组织成员国关心的是移民和常住人口之间的冲突以及犯罪。

经合组织与世界教育

综上所述,经合组织的 PISA 通过为其成员国(地区)和合作伙伴制定公认的评估标准,对世界教育文化的推广做出重大贡献。但这些评估忽略了每个国家自己特定的课程,而将重点放在了评估的设计者所认为的全球知识经济背景下应该具备的基本技能上。当然,一些国家的学校负责人会把 PISA 得出的分数,作为对他们学校教育系统的质量评判。为此,他们可能会倾向于调整学生的课程,从而让学生在评估中取得更好的成绩。这可能会导致全球范围的学校系统教给学生越来越多相似的技能。换句话说,会形成一个全球单一的教育文化。另外,PISA 有助于培养全球知识经济环境下所需的理想人才。关于 PISA 的全球影响,社会学家戴维·卡门斯说:"考试分数成为一个国家在现代世界生存能力的象征,从而影响国家的自我观念……其结果是,当这些国家的学龄儿童在特定类型的国际测试中表现不佳时,测试产生了国家内部和国家之间的改革周期。此外,感知到的'失败'比'成功'要明显得多。"[54] 表 3.1 总结了世界银行和经合组织/PISA 对知识经济环境下所需的理想人才的构想。

表 3.1　经合组织和世界银行所认可的知识经济时代的理想人才

世界银行 社会资本	经合组织/PISA 社会资本	世界银行 教育资本	经合组织/PISA 教育资本
自主能力	通过家庭、亲朋和文化建立一个纽带,从而使他们共享一个身份	掌握信息的基本能力	在现代全球社会中发挥作用的能力
交互式使用工具	拥有知识和技能,能够在知识经济潮流下为未来生活作出努力和贡献	学生能够重视科学与数学,从而使他们的科学素养在全球经济中发挥作用 外语教学,尤其是英语语言教学	在现代全球社会中运用科学和数学发挥作用的能力
能够在混杂的社会群体中发挥作用(多元文化劳动力和社区)	通过搭建桥梁连接那些没有共同身份或者来自不同阶层的人	终身学习 能够实现法治的公民教育以及能够实现经济发展的政府	终身学习

联合国教科文组织与终身学习：不同的视角

联合国教科文组织（UNESCO），与经合组织、世界银行共享全球教育网络，但其提供了另一种全球论述和观点。世界银行和经合组织并不是塑造全球教育话语和实践的"唯二"力量。

相比于世界银行和经合组织赤裸裸的经济争辩，联合国教科文组织则支持更为人性化愿景的终身学习。这个差别意味着全球化教育争论中的竞争理念。在审视终身学习的理念时，联合国教科文组织教育研究所的马杜·辛格（Madhu Singh）对世界银行和经合组织等机构以及一些国家的政府领导人的观点表达了看法："官方发言限于经济话题，且作用不大。只不过是再培训，促成短期适应能力。大多数政府，更加关注国家的竞争力和经济增长，而非个人发展。"[55]

从 1972 年国际教育发展委员会主办的关于终身学习的主题报告开始，联合国教科文组织就将有关终身学习的话题聚焦到个人的全面发展上。该报告《学会生存：教育世界的今天和明天》（*Learning to Be：The World of Education Today and Tomorrow*）[56] 的主要建议是，构建一个学习型社会以及促进终身学习。该报告的主要作者，国际教育发展委员会的主席兼法国前总理——埃德加·富尔（Edgar Faure）呈述了"学会生存"（Learning to Be）相关论点的四个基本设想。第一个设想，世界正朝着文化和政治组织的共同统一前进。换句话说，该报告赞同"世界文化理论"学派的观点，但更加强调将人权作为学习型社会以及终身学习的组成部分。

第二个设想，教育是民主的支撑。国际教育发展委员会将民主理解为"使一个人有实现他自己潜力和享有他自己未来的权利。民主主义的关键……是教育"。[57] 但是，该委员会并不认为任何形式的教育都将促进民主。毕竟，教育也可能会被用来支持专制的政府。因此，他们想要一个学习化的社会来教导并支持民主的发展。

第三个设想，相对于关注经济发展，更关注个人的发展。这里对发展的理解远超世界银行和经合组织的解释。该报告指出，人类发展的目的在于使人日臻完善；使他的人格丰富多彩，表达方式复杂多样。

发展的目标是人的全面实现，包括他的个性的丰富、他的表现形式的复杂性和他的各种承诺——使他作为一个人、作为一个家庭成员和社会成员、作为一个公民和生产者、作为技术发明者和有创造性的理想家，承担各种不同的责任。[58]

第四个也是最后一个设想，将终身学习视为解决由来自他人疏远和社会意识丧失而引发的个人及社会问题的一种有效措施。该报告强调，唯有终身学习才能够培养完善的人，而这种需要是随着个人发展的需要而逐渐增长的。[59] 报告中所描述的"完善的人"，将为个人政治行为而学习。该报告表明，教育为政治行动，应该成为新的信息时代背景下教育的重要组成部分。正如该报告中所争论的那样：信息和媒体时代的结果便是西方代议制民主被淘汰。该报告认为，西方代议制民主，"不具备在这个不断变革的世界里为个人提供充分的享有扩展利益以及影响个人命运的可能性；也不允许个人最大化地发展其自身的潜力"[60]。在信息和媒体时代，个人必须发挥自己的监察权力。该报告认为，行使个体民主权的要求改变了教育。该报告宣称的"新人"，"必须有能力领会个人行为所产生的全球性后果，有能力率先想到并承担人类命运连带责任中的个人份额"。[61]

那么，什么样的教育能够培养出这种"新人"呢？该委员会提出一种基于科学人文主义的教育，其重点是利用科学和技术进步来增进人类的幸福和民主。该委员会对科学人文主义教育的陈述，是为了强调个人的权利。

由于这些原因，该委员会认为科学和技术有必要成为教育的根本，成为在任何教育事业中为儿童、青少年和成人所设计的所有教育活动里永存的因素，以帮助个人不仅掌控自然和生产力，同时掌控社会力量。通过这样做来掌控自我，行使自由选择权和行动权，最终帮助人类形成科学的思维框架，使得科学不会被奴役（作者强调）。[62]

为了实现科学人文主义，该报告指出并要求实现动机和教学方法的改变。鉴于世界银行和经合组织强调的以经济增长为目的的终身学习，国际教育发展委员会在一次精彩的发言中指出："现代民主教育，需要人们对知识的自然驱动的复兴。"[63] 委员会明确拒绝将对未来就业的诉求作为学习动机。根据该委员会的报告，基于就业的教育快速将学校教育变得无趣乏味。无法快乐地学习，大多是因为过分强调理论学习和死记硬背。然而，委员会认为，应该强调学会学习。教育制度不应该是关心教育是否和劳动力市场的需求相匹配这个问题，应该强调的是学习的兴趣，学会学习和人的全面发展。在这方面，委员会指出："教育的目的是使人成为真正的自己……与就业和经济发展有关的教育目的不应该耗费如此多的时间去实施……对于一个具体的、终身的职业，应该是能为职业间提供'最合理'的流动功能，刺激保持长久的学习动机和接受职业训练的欲望。"[64]

从国际教育发展委员会的角度来看，对学习的热爱能够促进对终身学习的渴望，并能维持一个学习型社会。在此背景下，终身学习的目标是培养人民民主管理经济、科学和技术发展的能力。终身学习为确保科学技术的进步并造福世间万物提供了工具。学习型社会，需要人不断发展技能和所需知识来提高自身的福祉，并确保社会的民主。

20世纪90年代，联合国教科文组织对终身学习的人文主义方法认识被知识经济和人力资本发展的论调所淹没。联合国教科文组织的报告，没有提到终身学习的经济理由。1996年由欧盟委员会前主席（1985—1995年任职）、法国前经济和财政部长雅克·德洛尔（Jacques Delors）任主席的国际21世纪教育委员会向联合国教科文组织提交了一份关于终身学习的报告《教育：财富蕴含其中》（*Learning：The Treasure Within*），其持续的人本主义关怀在其中彰显无疑。[65]

这份报告的完成涉及了广泛的全球网络。相较于经合组织和世界银行，这个网络是关于终身学习所持有的不同话语。国际21世纪教育委员会由来自14个国家的代表组成，其中许多人是现任或曾任的政府官员。据我所知，只有3名成员未曾担任过政府职位。[66] 该委员会的8名成员是在任或前任的（美国）教育部、社会发展部和家庭事务部的部长。[67] 另外3名成员，一名曾是总理，一名是国会议员，还有一名是国际管理组织的成员。[68]

雅克·德洛尔在报告的序言部分提到委员会与世界银行和经合组织之间的全球话语的差异，并将该报告恰当地命名为"教育：必要的乌托邦"（Education：the Necessary Utopia）。德洛尔认为，教育"看来是使人类朝着和平、自由和社会正义迈进的一张必不可少的王牌"。[69] 关于国际21世纪教育委员会的使命，德洛尔陈述为，促进"更和谐、更可靠的人类发展，减少人类社会的贫困、排斥、不理解、压迫、战争等现象"。[70]

国际21世纪教育委员会提出终身学习可以解决多种教育问题。委员会将终身学习定义为：能够适应技术革新，是"整个人类——知识、态度、行事的关键能力和技能形成的"一个持续过程。[71] 在知识经济背景下,委员会要求教育授予人们在信息社会中习得、更新和应用知识的方法。委员会认为,应对信息社会需要学会数据的甄选、整理、管理和使用。世界银行和经合组织也有类似的观点。因此,委员会宣称终身学习需要一个基本的教育,包括:

- 学会认知
- 学会做事
- 学会生存[72]

据国际 21 世纪教育委员会称,这些知识技能可为终身学习和学习型社会的构建提供工具。"学会认知"和"学会做事"类似于世界银行和经合组织对人力资本的定义。根据委员会的定义,"学会认知",意味着需要有广泛的普通文化知识,并有机会深入地学习研究少量的学科。委员会认为,如此便会形成稳固的能力,对继续学习产生渴望。"学会做事",涉及工作技能和"让人们处理一系列不可预见的情况的能力……当他们保持终身学习时,这种能力在工作计划或者社会工作中获得"。[73]

"学会生存",更多地反映了联合国教科文组织的人文推力。"学会生存",解决了人格独立和共同目标的潜在紧张关系。委员会担心市场竞争可能破坏团结感,希望通过发展"每个人没有开发的宝藏"来统筹个人与团体的目标。[74]委员会宣称,释放这个宝藏,将创设一个为完成共同目标工作的愿望。委员会认为,社会的团结来源于个人的内在心理结构。教育,是释放内在文化统一的动力。这些固有的心理特征是什么?委员会将其罗列为"记忆力、推理能力、想象力、体能、审美观、与他人沟通的能力和非凡的团队领导力"。[75]

创设一个世界文化,是国际 21 世纪教育委员会关于社会团结讨论的一个重要组成部分。委员会宣称,世界正在"朝着确定团结的方向不稳定地前进"。[76]委员会成员认为,教育应该在这个世界团结的必然进程中发挥重要作用。怎么做?他们的回答是"强调道德教育和文化维度",使每个人能够理解他人的个性,向着文化统一的世界发展。[77]委员会认为,强调道德和文化维度教育应该从"通过内心的认知、调解和自我批评的践行实现自我理解"开始。[78]

可持续发展与世界文化

创造世界教育文化的另一个例子是 2002 年 12 月召开的联合国大会,大会要求联合国教科文组织在 2005 年至 2014 年领导联合国教育促进可持续发展。联合国教科文组织被要求利用其全球网络关系,制定十年的国际实施方案。联合国教科文组织可持续发展教育的计划体现"以终身学习的视角,开发所有可能的学习空间,正式的和非正式的,从童年到成年"。[79]

联合国教科文组织的努力,可能会产生一种共享环境信仰的世界文化。为了实现项目的全球性,联合国教科文组织的计划申明："网络和联盟将是至关重要的因素,这些因素可以帮助形成相关论坛中的共同议程(作者重点强调)。"[80] 在另一个文献中,联合国教科文组织宣布其领导角色将作用于"促进与私营企业、年轻一代和媒体集团间的合作伙伴关系的建立"。[81] 通过这些有意识创造的全球网络,联合国教科文组织支持的教育议题,包括早期在终身学习和环境教育方面的主张,以及现在关注的与教育民主权利和社会凝聚力相关的问题。

与世界银行和经合组织的观点相比,联合国教科文组织关注的是环境,而不是经济增长。促进可持续发展的教育要素包括如下内容。

· 社会：对社会制度和这些制度在变化和发展中的角色的理解,以及对民主及其参与系统的认识。这些为意见的表达、共识的形成和差异的解决提供了渠道

· 环境：意识到资源短缺、自然环境的脆弱性,人类活动和决策对自然环境的影响。承诺把环境问题纳入社会和经济政策发展

· 经济：经济增长的有限性和潜在性,及其对社会和环境的影响。承诺出于关心环境和社会正义评估个人和社会的消费等级[82]

如上所述,联合国教科文组织在全球的教育话语包括培育公民积极行使政治权利并理解环境问题。

全球可持续发展教育,旨在使人们认识到经济增长对环境的潜在负面影响,并关注社会正义。通过其全球网络,联合国教科文组织提供了一种区别于世界银行和经合组织的教育话语。根据联合国教科文组织的计划,可持续发展教育要求如下。

· 跨学科性和整体性：在整个课程当中嵌入学习可持续发展的内容,而不是相独立的主题

· 价值驱动：以共享的价值观和原则支撑可持续发展

· 批判性思维和解决问题的能力：引导建立解决可持续发展遇到的困境和挑战的信心

· 方法多样化：单词、艺术、戏剧、辩论、经验……不同的教学方法有不同

的教学过程

- 参与性决策：学习者参与关于他们如何学习的决策
- 本地相关性：解决本地和全球问题，并使用学习者最常使用的语言[83]

表 3.2 反映了联合国教科文组织可持续发展教育与世界银行知识经济教育之间关于教育全球竞争的论述。

表 3.2　全球教育话语区别：世界银行和联合国教科文组织

世界银行	联合国教科文组织
以学习者为中心：教学以学生已有知识为基础	参与性：学习者参与关于他们如何学习的决策
知识学习：围绕一个主题深入而不是广泛涉猎	跨学科和整体教学：在整个课程当中嵌入学习可持续发展的内容，而不是相独立的主题
做中学：学生运用新获得的知识解决实际或者模拟的问题	批判性思维和解决问题的能力：引导树立解决问题的信心，应对可持续发展的挑战
评估驱动的教学	多样学习：语言、艺术、戏剧、辩论、实践……
小组合作：与他人一起分享信息，处理现实问题	价值驱动：共享的价值观和原则支撑可持续发展
信息和通信技术（ICT）：采用全球通用的信息技术去适应学习	本地价值：使用学习者熟知的语言解决本地乃至全球问题

表 3.2 显示了世界银行传播世界教育文化和联合国教科文组织之间的显著差异。首要的不同在于，学生在掌握教学方法方面，世界银行主张以学习者为中心，立足于学生现有的知识，而学习应包括解决现实世界问题的能力。与此相反，联合国教科文组织呼吁在掌握教学方法方面，学生应参与进来，并应具有批判性思维和解决问题的能力。人们可能会把世界银行对解决现实世界问题的关注解释为类似于批判性思维和解决问题。然而，只依据学生已有的知识给予的指导和在采用指导方法的时候让学生积极地参与，这两者是不一样的。其次，两个组织主张的课程方式完全不同，世界银行关注的主题很狭窄。而联合国教科文组织呼吁采取跨学科和整体的方法，使所有主题都与可持续发展问题相结合。世界银行呼吁小组合作，学生共享操作的信息和处理现实生活中的问题。而联合国教科文组织希望学生学会分享可持续发展的价值观。关于学习当地的文化，作出调整以适应环境的问题，世界银行主张用信

息和通信技术来实现，而联合国教科文组织则希望指导学生考虑当地的问题和使用他们本身的语言。

有没有描述这些差异的一个简洁的方式？有人可能会说，世界银行的教学方法，在于培养一个具有全球经济知识的工作者，这样的工作者使用全球信息流来解决现实世界的问题。相反，联合国教科文组织的教学方法，可以被描述为让学生行使政治权利，并思考如何解决威胁地球和人类生活的环境问题。这些差异在联合国网站"网络校车"（Cyberschoolbus）（中国：联合国青少年天地）中得到进一步体现。

一种全球文化课程:"网络校车"

联合国的"网络校车"在其网站上列出了其职责与目标：
- 创建一个全球在线教育社区
- 创建教育行动项目，向学生展示其在解决全球问题方面的作用
- 让学生在全球问题上有发言权
- 以低成本高效益的方式向教育工作者提供高质量的教学资源[84]

"网络校车"实现全球范围的覆盖有以下证明（以下为网站留言）：

> 这是我见过的最好的网站！！！！！
> 棒极了！

——埃内斯·卡扎济齐（波黑）

哇！我得说你们让我看起来像是年度最佳教师的候选人。感谢你们针对老师设立的项目，让我能够在学习的同时准备优秀的课程，了解世界上的一些问题。我的学生非常欣赏我的授课，你真的让我们感到自己可以有所作为。

——保罗·布吉（加拿大魁北克）

这个项目已经成为我们社会研究课程的重要组成部分！
它以世界公民和全球伦理为中心！

——罗伯特·西格尔（智利 圣约瑟夫学校 校长）

谢谢你们所有的邮件。我们大学里有一个蓬勃发展的和平项目，这些信息在运行过程中是无价的。

——理查德·拉瑞亚（加纳 SOS-Hermann Gmeiner 国际学校）[85]

"网络校车"列出的主要项目如下：

· 我们的互动数据库 InfoNation 每月有成千上万名用户访问，他们从中获得关于世界各国教育相关的最新官方信息和统计

· 我们的学校排雷学校项目（Our Schools Demining Schools Project）使学校围绕地雷问题聚集在一起。在了解到这个话题后，各个学校发起了筹款活动，为清除校园里的地雷筹集资金。学生可以通过与阿富汗和莫桑比克排雷小组的电子邮件交流来了解他们行动的结果

· "模拟联合国讨论区"吸引了成千上万的学生，他们聚集在这里讨论国际问题，获取信息和交换意见

· 在健康模块中，来自世界各地的人组成班级在一个讨论板上相互联系，进行讨论，然后定义健康，在网上交流，向来自泛美卫生组织（Pan American Health Organization）和世界卫生组织（World Health Organization）的专家咨询他们关心的问题

· "今天的城市，明天的城市"由关于城市问题的 6 个综合教学模块组成，涵盖了从城市发展的历史到今天重要城市的概要再到未来城市所面临问题的全部内容[86]

"网络校车"网站，于 1996 年创建，是联合国全球教学项目在线教育的一部分。作用是为教育（小学、中学为主）提供素材和培训教师。其课程和课程计划主题包括和平教育、贫困、学校排雷学校、人权、世界城市、贫困与饥饿、原住民、工作权利、族裔歧视和种族歧视等。[87]"网络校车"课程的一个重要部分是人权。其 ABC 人权课程的目标之一是将人权纳入全球文化。[88]

《芝麻街》：风靡全球的学龄前儿童电视教育节目

《芝麻街》（Sesame Street）的创建者设想了一种学前教育，创造一种和平、宽容、和谐的世界文化。该项目跨越全球，向世界儿童传递类似的信息。最初的《芝麻街》于 1969 年播出，是美国反贫困战争的一部分。创建低收入家庭学龄前儿童教育项目的想法，是由劳埃德·莫里塞特（Lloyd Morrisett）提出的，他当时是卡内基公司主管。莫里塞特的想法，是基于他对儿童认知发展的重要考虑。"学前教育发展缓慢，如果达到所有孩子的需求，尤其是贫困儿童，那么幼儿园的设施可能不够用。"他觉得解决这个问题的方法在于利用电视，使大量儿童的需要得到满足。[89]

格拉尔德·莱塞（Gerald Lesser）当时在哈佛大学任教育与发展心理学教授，被确定为该项目的首席顾问。他认为电视的某些因素，使它优于学校。他坚持认为，学校可能有他人对学生的控制、当众的羞辱以及失败的持续威胁存在；在电视机前，孩子们完全不需要担心这些。因此，莱塞认为电视是一个理想的教育家。这不是惩罚性的，相反，它提供了一个远离社会情感压力的庇护所。"我们可能会对当今社会的现状感到遗憾，因为社会条件既使得庇护所成为必要，又必须防止孩子们永远退缩到庇护所里去，"他指出，"然而需要庇护所，电视是儿童为数不多的庇护所之一。"[90]

后来《芝麻街》制作者考虑到电视学习也可作为世界贫困儿童的教育方式，特别是那些在很小的年龄就被强制要求工作的。例如，在制作节目的孟加拉国——世界上最贫穷的国家之一，据估计虽然大多数儿童不在学校，但几乎80%都看了该电视节目。[91] 在这种情况下，电视被认为是能让任何形式的教育都惠及贫困儿童的最大希望。

可以影响世界各地儿童的另一个方式是《芝麻街》人物为孩子们展示的行动模式。最初，莱塞认为大量的学习是通过建模进行的。根据莱塞的说法，孩子们可以不互动，而只是模仿电视人物来学习。事实上，建模符合莱塞提出的非惩罚性教育形式的概念。"孩子，"莱塞写道，"在没有被诱导或强迫的情况下模仿。……通过电视塑造的模型，判断社会上可取和不可取的行为。"通过电视上的学前教育和使用适当的模型，莱塞断言"它肯定能……帮助他们（孩子）树立人性化的生活观"。

《芝麻街》的创始人简·库尼（Jane Cooney）以传教士的形象强调了创造世界文化的尝试："我们的制片人就像老式的传教士一样……只是他们传播的不是宗教，而是学习、宽容、爱和相互尊重。在某种程度上，你必须说这是世界上最棒的工作。"[94]

芝麻街工作室致力于在全球努力，以适应当地文化设定电视框架。通过聘用当地的专家，开设立足当地文化的教育。该计划的一个基本要素是使用木偶。例如，合作生产商为南非计划推出的布偶卡米是 HIV 阳性。南非的节目制作者关心的是大量 HIV 阳性的南非儿童，目标是创造对 HIV 阳性儿童的包容和传播有关疾病信息。[95] 孟加拉国节目制作者的目标是促进各社会阶层、性别、种族和宗教间的平等。[96]

总而言之，《芝麻街》是另一个努力创造和平与和谐的世界文化的节目，类似于"网络校车"，这一项目通过向全球幼儿家庭提供服务达到目的。

联合国与千年发展目标：一张世界教育文化网

联合国千年发展目标强调制定全球教育政策，这一观点在 2000 年联合国千禧年大会上得到 189 个国家的认可。[97] 正如第二章所讨论的，世界银行是这些目标的支持者，经合组织也是。[98]

消除世界贫困的千年目标，既符合世界银行和经合组织的经济目标，也符合联合国对人权教育的关注。如第二章所述，千年教育发展目标如下。

·目标 2.A：确保到 2015 年，世界各地的儿童，不论男女，都能上完小学全部课程[99]

·目标 3.A：争取到 2005 年消除小学教育和中学教育中的两性差距，最迟于 2015 年消除各级教育中的两性差距[100]

这两个教育目标是八项目标的一部分，被描述为：

> 八项千年发展目标（MDGs）——在 2015 年目标日期之前，从将赤贫人口减半到制止艾滋病毒/艾滋病蔓延和普及初等教育——构成了世界各国和世界所有主要发展机构商定的蓝图。它们激发了前所未有的努力，以满足世界最贫困人口的需求。[101]

除目标 8 外，其他六项千年目标是人类福利目标：

·目标 1.A：1990 年至 2015 年间，将每天收入低于 1.25 美元的人口比例减半

·目标 4.A：1990 年至 2015 年间，将 5 岁以下儿童死亡率降低三分之二

·目标 5.A：1990 年至 2015 年间，将产妇死亡率降低四分之三

·目标 6.A：到 2015 年遏制并开始扭转艾滋病毒/艾滋病的蔓延

·目标 7.A：将可持续发展原则纳入国家政策和方案，扭转环境资源的损失

·目标 8.A：进一步发展开放的、基于规则的、可预测的、非歧视性的贸易和金融体系[102]

目标 8 重申了一种信念，即全球化的市场将造福于所有国家，并有助于增加全球财富。

经合组织支持千年发展目标，并在为这项工作收集数据方面发挥了重要

作用：

> 自 2000 年以来,经合组织在跟踪千年发展目标(MDGs)进展情况的工作中发挥了关键作用。它是机构间专家组的创始成员,对千年发展目标各项指标进行了测试和修订,并为联合国千年发展目标年度进展报告和专门针对目标 8 的千年发展目标"差距"报告作出了贡献。该报告跟踪记录了成员国支持千年发展目标的努力。这项工作的一个重要部分,是提供关于援助的统计数据及其评论。[103]

支持联合国千年发展目标的全球网络,将来自从阿富汗到赞比亚的 160 多个国家和地区的代表联系在一起,为世界教育文化作出了贡献。此外,还有 50 多个不同的全球发展组织,从阿布扎比发展基金(Abu Dhabi Fund for Development)到世界可持续发展商业理事会。这些国家(地区)和组织代表于 2011 年在韩国釜山通过了《有关新的全球合作关系的釜山宣言》(简称《釜山宣言》)。[104]

釜山援助效率论坛开幕宣言显示了全球网络的存在："我们,发展中国家和发达国家的首脑、政府部长和代表,多边和双边机构的领导人,不同类型的政府机构、民间团体、私营机构、议会、地方和区域组织会议的代表……共聚一堂。"[105]《釜山宣言》还强调了共同的行动目标："推进人权、民主和善政是我们发展努力的组成部分。"[106]

因此,联合国千年目标建立或增加了与现有全球网络的更多联系。这个网络的成员内部也有教育政策方面的分歧,特别是联合国强调人权、环境保护与和平教育,世界银行和经合组织注重经济的增长。可以说,经济教育与环境保护之间也存在着内在的冲突。教育的经济化侧重为消费主义文化培养生产工人。然而,一次性消费文化可能是环境问题的一部分。

结论：传播世界教育文化

连接世界银行、经合组织和联合国的全球网络系统,促进了世界教育文化的发展,但侧重点各不相同。

表 3.3 概括了世界银行、经合组织、联合国教科文组织、联合国"网络校车"网站和芝麻街工作室在传播世界教育文化上的不同做法。以两性平等为

例,这是它们的共同目标,但这些组织支持这一目标又是出于不同的理由。世界银行主张性别平等,特别是在教育方面,作为确保儿童健康和扩大全球劳动力市场的关键。此外,经合组织提倡性别平等,以扩大发达国家的劳动力供应,换句话说,让女性自由工作。联合国教科文组织、联合国"网络校车"和芝麻街工作室则在人权方面支持性别平等。无论原因是什么,这些组织创造了一种重视两性平等的世界教育文化。但地方文化的反应,各不相同。性别公平因其对传统家庭结构和性别角色的影响,可能被当地文化排斥或修改。

表3.3　世界教育文化:培育世界公民

	目标	教学
世界银行	知识经济下的工作者教育;多元文化下的社会和劳动力;性别平等;社会凝聚力	标准化课程;评估驱动;信息和通信技术;以学习者为中心;多技能;小组合作
经合组织	知识经济下的工作者教育;多元文化下的社会和劳动力;性别平等;社会凝聚力	标准化课程;评估驱动;信息和通信技术;以学习者为中心;多技能;小组合作
联合国教科文组织:可持续发展	可持续发展的全球公民;维持和保护文化和语言;性别平等;公民权利	参与决策;跨学科和全面;批判性思考,与本地的关系;价值驱动的可持续发展
联合国:"网络校车"	社会正义:和平,人权,反贫困;性别平等;反种族主义;多元文化合作;公民权利	互联网学习;提供有关和平、公正、人权等方面素材的教育项目、信息及课程资料
芝麻街工作室	为了促进社会正义而建立儿童模型使之具有生活在一个多元文化中的能力;为贫困儿童提供未来教育的基本工具	电视作为摆脱生活、情感压力的"避难所";基本教育观念的教学;非惩罚性的;行为模型

观察表3.3中的一些差异——世界银行和经合组织的目标是培养知识经济下的工作者;联合国教科文组织关注的是可持续发展教育、保护文化和语言以及塑造积极公民;"网络校车"强调社会正义,反种族主义,注重多元文化合作和公民权利;芝麻街工作室的目标,是为贫困儿童提供未来教育的基本工具,并在多元文化世界中教授社会正义与和谐。教育文化是世界文化,但教育文化内部既存在关联又存在分歧。此外,当地文化对这种世界教育文化的接受程度也各有不同。

● 注释

[1] David H. Kamens, "Globalization and the Emergence of an Audit Culture: PISA and the Search for 'Best Practices' and Magic Bullets," in *PISA, Power, and Policy: The Emergence of Global Educational Governments*, edited by Heinz-Dieter Meyer and Aaron Benavot (Oxford: Symposium Books, 2013), p.123.

[2] OECD, *Internationalization of Higher Education* (Paris: OECD, 1996), p.2.

[3] OECD, "Our Mission." Retrieved from www.oecd.org/about/on October 14, 2013.

[4] Ibid.

[5] Ibid.

[6] OECD, "Education: About." Retrieved from www.oecd.org/about/0,3347,en_ 2649_37455_1_1_1_1_374,00.html on November 7,2007.

[7] Ibid.

[8] Fazal Rizi and Bob Lingard, "Globalization and the Changing Nature of the OECD's Educational Work," in *Education, Globalization & Social Change*, edited by H. Lauder, P. Brown, J. Dillabough, and H. Halsey (Oxford: Oxford University Press, 2006), p.259.

[9] Ibid., p.248.

[10] OECD, "Education GPS." Retrieved from http://gpseducation.oecd.org/on October 14,2013.

[11] OECD, *Better Skills, Better Jobs, Better Lives: A Strategic Approach to Skills Policies* (Paris: OECD, 2012), p.10. Retrieved from http://dx.doi.org/10.1787/ 9789264177338-en on October 14,2013.

[12] Ibid., p.11.

[13] OECD, "About the Survey of Adult Skills (PIAAC)." Retrieved from www. oecd.org/site/piaac/surveyofadultskills.htm on October 14,2013.

[14] Ibid.

[15] OECD, *Better Skills, Better Jobs, Better Lives*, p.12.

[16] Brian Keeley, *Human Capital: How What You Know Shapes Your Life* (Paris: OECD, 2007), p.14.

[17] OECD, *Better Skills, Better Jobs, Better Lives*, p.21.

[18] Ibid., p.27.

[19] Ibid.

[20] Ibid.

[21] Ibid.

[22] Ibid.

[23] Ibid.

[24] Ibid.

[25] Ibid., p.21 - 22.

[26] Ibid., p.27.

[27] Keeley, *Human Capital*, p. 10 - 11.

[28] Ibid., p. 10.

[29] Ibid., p. 11.

[30] Ibid.

[31] Ibid., p. 103.

[32] Ibid., p. 104

[33] Ibid., p. 45.

[34] As quoted in Ibid., p. 46.

[35] Ibid., p. 56.

[36] Ibid., p. 82.

[37] Ibid., p. 81.

[38] International Association for the Evaluation of Educational Achievement, "Brief History of IEA." Retrieved from www. iea. nl/brief_history_iea. html on January 28, 2008.

[39] Ibid.

[40] Ibid.

[41] Ibid.

[42] Ibid.

[43] International Association for the Evaluation of Educational Achievement, "Mission Statement." Retrieved from www. ies. nl/mission_statement. html on January 28, 2008.

[44] Heinz-Dieter Meyer and Aaron Benavot, "Introduction," in *PISA, Power, and Policy: The Emergence of Global Educational Governments*, p. 11.

[45] PISA, "Background and Basics." Retrieved from www. oecd. org/pisa/pisaproducts/Take%20the%20test%20e%20book. pdf on October 17, 2013.

[46] Ibid.

[47] David Baker and Gerald LeTendre, *National Differences, Global Similarities: World Culture and the Future of Schooling* (Palo Alto, CA: Stanford University Press, 2005), p. 150.

[48] OECD, PISA—*The OECD Programme for International Student Assessment* (Paris: OECD, 2007), p. 4.

[49] PISA, "Background and Basics."

[50] See Jane Varjo, Hannu Simola, and Risto Rinne, "Finland's PISA Results: An Analysis of Dynamics in Education Politics" pp. 51 - 76; and Tilna Silander and Jouni Valijari, "The Theory and Practice of Building Pedagogical Skill in Finnish Teacher Education," pp. 77 - 99 in *PISA, Power, and Policy: The Emergence of Global Educational Governments*.

[51] PISA, *Take the Test: Sample Questions from the OECD's PISA Assessments* (Paris: OECD, 2009), p. 13. Retrieved from http://unesdoc. unesco. org/images/0014/001486/148654e. pdf on October 18, 2013.

［52］Ibid. , p. 98

［53］Ibid. , p. 188.

［54］Kamens, p. 135.

［55］Madhu Singh, "The Global and International Discourse of Lifelong Learning from the Perspective of UNESCO, " in *Lifelong Learning: One Focus, Different Systems*, edited by Klaus Harney, Anja Heikkinen, Sylvia Rahn, and Michael Shemmann (Frankfurt am Main: Peter Lang, 2002), p. 18. The World Ministry of Education 91

［56］Edgar Faure, Felipe Herrera, Abdul-Razzak Kaddoura, Henri Lopes, Arthur V. Petrovsky, Majid Rahnema, and Frederick Champion Ward, *Learning to Be: The World of Education Today and Tomorrow* (Paris: UNESCO, 1972).

［57］Ibid. , p. vi.

［58］Ibid.

［59］Ibid.

［60］Ibid. , p. xxv.

［61］Ibid.

［62］Ibid. , p. xxvi‑xxvii.

［63］Ibid. , p. xxix.

［64］Ibid. , pp. xxxi‑xxxii.

［65］Jacques Delors, *Learning: The Treasure Within: Report to UNESCO of the International Commission on Education for the Twenty-First Century* (Paris: UNESCO, 1996).

［66］William Gorham (United States), President of the Urban Institute in Washington, DC; Aleksandra Kornhauser (Solvenia), Director, International Centre for Chemical Studies; and Rodolfo Stavenhagen (Mexico), Professor at the Centre of Sociological Studies, El Colegio de Mexico.

［67］In'am Al Mufti (Jordan), former Minister of Social Development; Isao Amagi (Japan), Adviser to the Minister of Education; Roberto Carneiro (Portugal), former Minister of Education and Minister of State; Fay Chung (Zimbabwe), former Minister of Education; Marisela Quero (Venezuela), former Minister of the Family; Karan Singh (India), several times Minister for Education and Health; Myong Won Suhr (Republic of Korea); former Minister of Education; and Zhou Nanzhao (China), Vice-President, China National Institute for Educational Research.

［68］Other members, in addition to Jacques Delors, are Bronislaw Geremek (Poland), Member of Parliament; Michael Manley (Jamaica), Prime Minister (1872 ‑ 80); and Marie? Angelique Savane (Senegal), member of the Commission on Global Governance and Director, Africa Division, UNFPA.

［69］Delors, *Learning*, p. 11.

［70］Ibid.

[71] Ibid. , p. 19.

[72] Ibid. , pp. 86 – 97.

[73] Ibid. , p. 21.

[74] Ibid.

[75] Ibid.

[76] Ibid. , p. 17.

[77] Ibid.

[78] Ibid.

[79] UNESCO, "International Implementation Scheme (IIS)." Retrieved from http://portal. unesco. org/education/en/ev. php-URL _ ID = 23280&URL _ DO = DO _ TOPIC&URL_SECTION = 201. html on November 17, 2013.

[80] Ibid.

[81] UNESCO, *Education for Sustainable Development United Nations Decade* 2005 – 2014: *Highlights on ESD Progress to Date April 2007* (Paris: UNESCO, 2007), p. 2.

[82] UNESCO, "International Implementation Scheme (IIS)."

[83] Ibid.

[84] United Nations Cyberschoolbus, "Mission Statement." Retrieved from www. un. org/Pubs/CyberSchoolBus/miss. html on October 21, 2013.

[85] United Nations Cyberschoolbus, "About Us." Retrieved from www. un. org/cyberschoolbus/aboutus. html on October 21, 2013.

[86] United Nations Cyberschoolbus, "About Us: Project Highlights." Retrieved from www. un. org/cyberschoolbus/aboutus. html♯project on October 21, 2013.

[87] United Nations Cyberschoolbus, "Curriculum." Retrieved from www. un. org/cyberschoolbus/index. shtml on October 21, 2013.

[88] United Nations Cyberschoolbus, "ABC Human Rights." Retrieved from www. un. org/cyberschoolbus/index. shtml on October 21, 2013.

[89] Lloyd Morrisett, "Introduction," in Gerald S. Lesser, *Children and Television: Lessons from "Sesame Street"* (New York: Vintage, 1975), p. xxi.

[90] Lesser, *Children and Television*, p. 23.

[91] Information provided in *The World According to Sesame Street: A Global Documentary of Local roportions*, DVD, produced and directed Linda Goldstein Knowlton and Linda Hawkins Costigan (New York: Participant Productions, 2006).

[92] Lesser, *Children and Television*, pp. 24 – 25.

[93] Ibid. , pp. 254 – 255.

[94] PBS, "The World According to Sesame Street." Retrieved from www. pbs. org/independentlens/worldaccordingtosesamestreet/film. html on October 21, 2013.

[95] For a documentary on the South African production, see "The World According to Sesame Street."

[96] For a documentary on the Bangladesh production, see "The World According to Sesame Street."

[97] United Nations, "We Can End Poverty: Millennium Development Goals and Beyond 2015." Retrieved from www. un. org/millenniumgoals/on October 22,2013.

[98] OECD, "The OECD and the Millennium Development Goals." Retrieved from www. oecd. org/dac/theoecdandthemillenniumdevelopmentgoals. htm ♯ DAC_role on October 22,2013.

[99] United Nations, "We Can End Poverty: Millennium Development Goals and Beyond 2015: Education." Retrieved from www. un. org/millenniumgoals/ education. shtml on October 8,2013.

[100] United Nations, "We Can End Poverty: Millennium Development Goals and Beyond 2015: Home." Retrieved from www. un. org/millenniumgoals on October 10,2013.

[101] United Nations, "We Can End Poverty: Millennium Development Goals and Beyond 2015: Background." Retrieved from www. un. org/millenniumgoals/ bkgd. shtml on October 22,2013.

[102] United Nations, "We Can End Poverty: Millennium Development Goals and Beyond 2015: Home."

[103] OECD, "The OECD and the Millennium Development Goals." Retrieved from www. oecd. org/dac/theoecdandthemillenniumdevelopmentgoals. htm ♯ DAC_role on October 22,2013.

[104] OECD, "Countries, Territories and Organizations Adhering to the Busan Partnership for Effective Development Co-operation." Retrieved from www. oecd. org/dac/effec tiveness/busanadherents. htm on Octobr 22,2013.

[105] OECD, "The Busan Partnership for Effective Development Co-operation." Retrieved from www. oecd. org/dac/effectiveness/49650173. pdf on October 22,2013.

[106] Ibid.

第四章　世界贸易组织与全球
高等教育文化

　　2013 年《华盛顿邮报》(*Washington Post*)报道称:"现在全球教育市场的价值约有 4.4 万亿美元,而且这个数字在未来五年还会大幅增长。"[1] 迪拜教育服务自由贸易区的创立印证了这一点。该自由贸易区被称为迪拜知识村 (Dubai Knowledge Village，DKV),[2] 称得上是世界范围内高等教育市场营销以及跨国教育企业活动的典范。这里的企业为全球教育实践、教育政策以及世界教育文化演变的全球上层建筑提供了另一种范式。许多跨国公司支持教育的经济模式。在迪拜知识村的网站上有"增强人力资本"的字样,在其描述中这样写道:"迪拜知识村是世界上唯一的免费知识村,它致力于人力资源管理……目的是建立区域人才库,并将阿联酋视为一个知识型的经济体来发展。"[3]

　　全球教育产品贸易适用于世界贸易组织(WTO)的《服务贸易总协定》(GATS)和《与贸易有关的知识产权协定》(TRIPS,简称《知识产权协定》)。WTO 通过批准教育产品的销售促进全球教育文化的发展。然而,正如我在第三章中指出的,这种全球教育文化并不是统一的,而是包含着矛盾的观点。而且,正如我在第一章中提到的,在有着更为普遍趋势的世界教育文化外,还有全球性的宗教教育模式。

　　教育服务贸易在 WTO 批准之前,就已经存在。在以前,表现为传教士和殖民者向其他国家输入教育文化,国与国之间的学生和学者相互访学游历,一些国际学校在其他国家开办分校。这种早期的故事,不应该被认为是西方文化帝国主义的又一个例子。当然,西方不但在出资发展国际教育产业方面,而且在许多西方以外国家的教育产业贸易的发展方面也发挥了重要作用。国际教育过去的历史固然很重要，但我的重点是讲目前全球化的教育服务贸易。[4]

服务贸易总协定（GATS）与知识产权协定（TRIPS）

　　1995 年创建的世界贸易组织（WTO），打开了教育资源、教育产业，以及高等教育市场自由贸易的大门。WTO 的前身是 1948 年临时适用的关税及贸易总协定（GATT）。WTO 被称为继世界银行、国际货币基金组织之后的"第三部门"，其宗旨是减少国家关税，以促进商品自由贸易。1986 年开始到 1994 年结束的乌拉圭回合谈判，给我们带来了 GATS 和 TRIPS。GATS 将服务自由贸易囊括进自由贸易的理念。TRIPS 为知识相关产品的全球销售提供了保护。

　　TRIPS 保护个人、大学、企业和其他机构出售的知识产权，范围广泛，涵盖了软件、数据编辑、媒体记录、数字网络媒体，以及工业专利、健康和农业技术，还包括集成电路设计、实用模型、外观设计、商标、商品名和地名等。[5]

　　那么，有多少个国家（地区）加入了 GATS 和 TRIPS 呢？截至 2013 年，WTO 已有成员 159 个，另有 25 个观察员国家（地区）。[6]WTO 遵循协商一致原则，即该组织所有重大决定均需要经过所有成员协商，达成一致意见后方可作出。而 GATS 和 TRIPS，是由 WTO 成员的三项基本义务进行管理的。第一项义务是平等、一致地对待所有贸易伙伴。例如，如果一个国家允许一所外国大学建立分校，那么这个国家必须允许其他国外高校建立分支机构。对其他教育产业也是如此。第二项义务是教育产业的所有外国供应商将在东道国内得到平等的待遇。第三项义务是每个国家决定外国供应商的市场准入程度。换句话说，如果一个国家决定允许一所外国大学在其国内建立分校，那么它必须允许其他国外大学也来设立分校。同样的义务包括知识产权协定下的知识产权保护。[7]

　　GATS 和 TRIPS，可以将高等教育转型成销售服务和知识的商业型企业。[8] 正如海伦·拉杜茨（Helen Raduntz）所解释的那样：

　　　　对于那些涉及电信、计算机、电子和生物技术的知识型行业来说，作为创意生产地的大学是投资的主要目标。作为有利可图的投资场所，它们的潜力因对创意的保护而得到增强。这些创意与由研究产生的知识产权，都将根据版权法、专利法和全球贸易协定而受到保护。[9]

全球自由贸易催生世界教育文化。贸易会引发文化产品和知识的流动。自由贸易可能会改变本土文化和催生世界文化。法律学者克里斯托弗·阿勒普(Christopher Arup)对 GATS 的全球影响是这样描述的:"服务产业,尤其是那些有知识容量的产业,带来的信息比商品更为深刻。"[10] 阿勒普担心的是"服务在提升国际贸易比例的同时,也会带来经济总量下降、政治主权削弱和本土文化丧失的潜在负面影响"。[11]

要点	WTO,GATS 和 TRIPS

WTO

1. 起源与结构

   a. 前身是 1948 年的关税及贸易总协定

   b. 1986 年开始到 1994 年结束的乌拉圭回合谈判带来了 WTO、GATS、TRIPS。

   c. 截至 2007 年,WTO 有 151 个成员和 31 个观察员

   d. 由成员制定规则

2. 一般贸易义务

   a. 平等、一致地对待所有贸易伙伴

   b. 所有外商和境外公司在东道国都会被平等对待

   c. 每个成员都有权决定境外公司和外商的市场准入程度

GATS

1. 服务贸易遵循 WTO 的一般贸易义务

2. 协议包括生产、分销、营销、销售和交付服务

3. GATS 下的教育产业分类

   a. 跨境供给,例如远程教育、在线学习、虚拟大学

   b. 留学生的境外消费

   c. 在其他国家设置商业机构,例如在其他国家设置分校和特许经营机构

   d. 作为自然人存在,包括学者的游历、研究者和教师到另一国工作

TRIPS

1. 保护个人、大学、企业和其他机构出售知识产权

2. 知识产权包括受版权保护的印刷材料、软件、数据编辑、媒体记录、数字网络媒体、工业专利、健康以及农业技术、集成电路设计、实用模型、外观设计、商标、商品名和地名

服务贸易总协定(GATS)与高等教育全球化

GATS 的条款，影响高等教育的全球营销。简·奈特(Jane Knight)在《高等教育贸易：GATS 的影响》(*Trade in Higher Education：The Implications of GATS*)中指出："GATS 定义了服务交易的四种方式，统称为'供应模式'。这四种贸易模式适用于 GATS 的所有服务部门。"[12] 表 4.1 展示了奈特所认定的四种教育贸易模式。她使用了"无边界教育"(borderless education)这个术语来形容这四种贸易模式。

表 4.1　GATS 与高等教育贸易

GATS 的供应模式	描述	高等教育案例	潜在市场
跨境供应	服务是跨境的	远程教育、在线学习、虚拟大学	巨大的持续增长潜力
境外消费	消费者到供应国的流动	在他国学习的学生	全球教育服务市场的主要份额
商业存在	服务供应商在他国确立商业存在	在他国建立分校、与他国机构的伙伴关系、本地机构的特许代理安排	增长的主要领域
自然人存在	中介服务	教授、教师访问交流以及在国外工作的研究者	侧重于专业流动的强大市场

来源：摘自"Chart One：Mode of Supply," in Jane Knight, *Trade in Higher Education：The Implications of GATS*（London：The Observatory on Borderless Higher Education, 2002），p.5.

跨境供应：数字化学习与世界教育文化

全球在线高等教育课程，有助于促进世界高等教育文化的发展。在表 4.1

中的"跨境供应"一栏中,在线学习和虚拟大学都在 GATS 的保护之下,并且是全球市场增长的重要领域。其中一个方面是大规模开放在线课程(慕课)。例如 2011 年,来自 190 个国家的 16 万名学生参加了斯坦福大学的人工智能课程。该课程需要译成 44 种语言,并支持在脸书小组学习以及在线讨论。[13] 斯坦福大学支持该课程的建设,其教务长约翰·艾奇蒙迪(John Etchemendy)在一项声明中指出,教育是一项全球性的业务:"我们的业务是教育,并且我百分百赞同支持任何能帮助世界上更多人享受教育的事情。"[14]

在斯坦福大学参加慕课学习的学生,不需要离开自己的国家便能与他人共享人工智能的知识并在线发表观点参与全球性讨论。该课程由优达学城(Udacity),一家营利性的在线教育机构制作并发布,其秉持的愿景是:"为世界带来易操作、价格实惠、参与度高且高效的高等教育。我们相信,享受高等教育是基本的人权。我们尝试去赋能我们的学生,让他们在学习和工作中遥遥领先。"[15]

像优达学城这样的营利性企业在慕课的市场中扮演着主要角色,并推动着全球高等教育文化的发展。自从优达学城在 GATS 的保护下发布斯坦福大学的人工智能课程以来,它正式成立机构并不断扩展慕课的供应。该公司称:"总的来说,高等教育费用不断攀升,对学生和我们社会都是不小的开销,如此只会让它走向毁灭。教育不再是一次性的体验,而是终身的经历。教育中应该少去被动地听(不需讲太久的课),多去主动地做。教育应当赋能学生,让他们不仅在学校,也在生活中取得成功。"[16]

从教育经济化的角度,优达学城这样阐述他们的使命:"我们通过弥合现实世界的技能、相关教育以及就业三者之间的缝隙来为 21 世纪重塑教育。我们的学生将能熟练运用新技术,熟知现代数学、科学以及具有批判性思维。他们能够将技能、创造力以及做人三者结合起来学习、思考并实践。优达学员们是富有好奇心且积极参与的世界公民。"[17] 2013 年优达学城提供了 29 门课程。大部分课程都是与计算机软件相关的,如网络开发、算法之集群社交网络、HTML5 游戏开发、移动网络开发、软件测试、软件调试、计算机程序设计以及人工智能。[18]

优达学城是全球众多互联网教育项目中唯一一家由私营企业和大学联合创办的。有一些教育项目由营利性企业运营,例如凤凰城大学和美国公共大学(American Public University)。凤凰城大学标榜自己要做一个全球在线项目:"一个为全世界打造的全球化课堂……外国学生拥有在线取得学位的机会。我们的使命是让有工作的成年人也能接受高质量的高等教育。"[19] 美国公共大学称他们的目标是："国际社会的关联……我们为 50 个州、100 多个国家超过 10 万的远程学习者提供教育。"[20]

作为创造世界高等教育文化的重要一步,美国国务院与 Coursera 签署了一项协议,即在世界各地创建"学习中心"。由此,学生可以通过互联网获取免费的在线课程,并参与由当地教师主持的讨论。在 2013 年协议签订时,Coursera 已为 500 万名学生提供了免费在线课程。[21] 学习中心还将为没有互联网的人提供互联网接入。

每个学习中心还会通过聘请当地教师或其他辅助人员帮助全球课程本土化。"我们的使命是为所有人提供教育,"Coursera 的总裁利拉·易卜拉欣(Lila Ibrahim)说,"我们可以把一个学习者社区和一个辅导员或老师放在一起,后者能调动学生的积极性,这样做会提升学习体验并提高学习完成度。"根据易卜拉欣的说法,这些当地的辅助人员,"会随着地点和组织的不同而变化,但我们希望让一些老师或辅导员参与进来,因为他们能够成为课堂的黏合剂"。[22]

美国国务院为支持全球在线课程所做的努力有着文化帝国主义的意味。连同 Coursera 和其他在线课程供应商,国务院已经在全球试点"优先领域的在线课程,包括科学和技术学科、美国文化(Americana)和创业"。[23] 这些课程中"美国文化"的元素是为了传播对美国文化的积极情感。当然,科学、技术和创业课程反映了为全球经济培养技能的重要性。

美国国务院称这一努力为慕课训练营(MOOC Camp),并将其纳入教育和文化事务局。2013 年慕课训练营被描述为"一项国务院的新举措,以加速有关大规模在线开放课程在美国大使馆、领事馆、美国太空以及其他世界范围内公共空间的进一步拓展"。[24] 美国驻 40 个国家的大使馆和领事馆参加了此次活动。一位政府人员这样描述慕课训练营:"课程内容来自主要的慕课提供商,包括 Coursera 和 edX(大规模开放在线课堂平台),以及多个开放课程供应商。"[25] 做这些努力的目的是建立教育的经济模式,以"满足世界各地年轻人的志向,并帮助他们获得在生活中取得成功的技能和知识"。[26]

慕课训练营的另一个目标,是吸引外国学生来美国院校就读。在表 4.1 的"境外消费"一栏中可以看出这一点。在下一节,我们将详细讨论这部分内容。慕课训练营一直努力吸引国外学生,其称"致力于为外国学生提供一个体验美国高等教育的机会。项目参与者也将通过教育美国(EducationUSA)了解更多在美国学习的机会,该机构是美国国务院支持的由世界各地数百个学生咨询中心组成的网络。"[27]

与慕课训练营的合作体现了 Coursera 的目标,即"让人们接触优质教育,让世界上每一个人都可以无限制地学习"。[28]Coursera 将自己描述为"一家与世界顶级大学和组织合作的教育公司,致力于为每个人提供在线免费课程。我们的技术使我们的合作伙伴能够实现数百万而不是几百个学生的教学"。[29]Coursera 列出了其在全球范围内合作的 90 多所大学和教育机构名单。

Coursera 展示了在线教育在塑造全球高等教育文化中所扮演的角色。作为慕课的另一个合作伙伴,edX 创建了一个全球大学联盟来提供在线课程,其认为:"edX 联盟内的学院和大学是世界一流的,它们致力于线上线下双重的优质教育,它们向世界敞开数字大门。选择成为这项倡议的一分子,edX 对此感到非常荣幸。"[30]

像 Coursera 和 edX 这样的公司在提供免费在线课程的同时也以营利为目的。据《金融时报》报道,Coursera 的收入来源之一是以 30~100 美元的价格向学生出售"成就证明"。它也与大学分享收入和利润:"在这种合作模式中,一节课 15% 的收入外加其毛利润的 20% 会支付给相应的大学。"[31]Coursera 的目标是售卖大部分课程的证书。edX 也采取了类似的模式,让学生向课程提供者付费以验证其身份,该验证将作为一种"成就证明"。此外,edX 也在为其慕课平台销售软件。[32]

总之,在 Coursera、优达学城和 edX 等营利性公司的助推下,全球在线学习规模将持续扩大。在美国国务院的支持下,这些美国在线教育供应商表现出一种文化帝国主义的样态。GATS 保护该贸易下的服务,在表 4.1 中表现为"跨境供应",即这里的在线学习。这种"跨境供应"促进了世界高等教育文化的发展。

境外消费:留学生与高等教育全球化

出国接受高等教育的学生促进了两国文化交流,也加速了世界高等教育文化的发展。国际学生还为留学的高校及其所在国家增加了收入。然而,只有几个特定国家拥有大规模的留学生。比起只拥有少数留学生的国家,这些国家对塑造世界教育文化会产生更大的影响。留学生们返回自己国家时,会带有其留学目的地高等教育及文化的理念。

根据经合组织的相关资料,2011 年美国拥有世界上最大规模的留学生,数量达 709 565 人。紧随其后的是英国(419 946 人)、澳大利亚(262 597 人)、德国(176 682 人)、日本(138 563 人)和加拿大(106 284 人),[33] 而其他国家只拥有有限数量的留学生。

需要注意的是,除了德国和日本,前面提到的其他几个国家的通用语言均为英语。这一事实有助于英语成为世界语言。到这些国家留学的学生在离开本国之前必须学会英语。

全球排名、英语及世界高等教育文化

《泰晤士高等教育》(*Times Higher Education*)的世界排名对全球高等教育标准化产生了重大影响。与 PISA 相似,如今该排名已经成为高等教育机构间竞争的标准之一。排名兴起于 2004 年,现在对所有想让自己学校荣登榜首的大学有很大的影响力。排名的标准,也会影响学校的教育决策。换句话说,高等教育政策的制定会帮助高校去迎合排名标准。这些排名也被用来定义世界一流大学。在《泰晤士高等教育》世界大学排名的网站上这样写道:

> 由路透社发布的《泰晤士高等教育》世界大学 2013—2014 年排名是唯一根据世界一流大学的核心使命来评判的全球大学排名。核心使命包括教学、研究、知识转化以及国际视野。大学排名采用了 13 个经过仔细校准的绩效指标来提供最全面与最公平的评比,深受学生、学者、高校校长、工业界和政府部门的信任。[34]

石川真由美(Mayumi Ishikawa)在研究这些世界排名对大阪大学的影响时写道:"全球排名以一种简单、明确、公然的方式展示了全球高等教育等级制度这一既有现实。它所描绘的世界一流大学的强大形象,在某种程度上会使极具竞争力的国内相应的同类高校黯然失色。"[35]

世界大学的排名是基于 13 个表现指标。这些指标促使那些想要提高学校影响力的人在制定政策时有所偏重。此外,它们还有助于全球高等教育机构的日益统一。13 个绩效指标分为以下领域。

(1)教学:学习环境(占排名总分的 30%)。

这里的主要指标采用了世界上最大规模的只有受邀才能参加的学术声誉

调查结果。

（2）研究：数量、收入和声誉（占 30%）。

这个类别由三个指标组成。最突出的一项（权重为 18%）是衡量一所大学在同行中的科研卓越度，该调查基于年度学术声誉调查的 1.6 万余份回复。

（3）引用：研究影响力（占 30%）。

a. 我们的研究，影响力指标是最重要的。它的权重为总分的 30%，是 13 个指标中最有分量的一个，它考察了大学在传播新知识和新思想方面的作用。

b. 我们将每年发表论文少于 200 篇的机构排除在排名之外，以确保我们有足够的数据进行有效的统计比较。

（4）产业收入：创新（占 2.5%）。

大学以创新、发明和咨询来促进工业发展，这已成为当代全球学术界的核心使命。

（5）国际展望：员工、学生和研究（占 7.5%）。

这一维度考察的是校园的多元性，以及科研项目的国际合作程度——这两个指标揭示了机构的全球视野。一所大学能否吸引世界各地的本科生和研究生来就读是其能否在世界舞台上取得成功的关键。[36]

评价标准中使用的声誉调查方法，可能只是揭示了过去人们对某一特定高等教育机构的看法。例如，"教学：学习环境"这一标准是基于一项声誉调查的结果。换句话说，是在被称作"世界上最大规模的只有受邀才能参加的学术声誉调查"中，人们被问及他们对某所特定学校教学质量的看法。这样一来，（在排名中）学校的教学质量，不是通过课堂观察或学生对课程的评价来评估，而是由学校的声誉决定的。例如，在随后的榜单中，加州理工学院（California Institute of Technology）在 2012—2013 年度的排名中名列第一。但实际情况也不排除虽然学校有良好的声誉，但教学质量可能很差。声誉调查法也被用作"研究"这一标准的评判方法之一，即"大学在同行中的科研卓越度"，"基于年度学术声誉调查的 1.6 万余份回复"。名列前茅的机构几乎可以维持在这些领域的良好声誉，并很可能继续获得高评级。

高等教育全球化的概念，业已嵌入"国际展望"这一维度的评判中，它基于学生的多元性和国际研究合作的情况。为了在这一标准上取得高分，学校必须招募外国学生，这样才能"在世界舞台上取得成功"。这使得寻求高排名的学校变得越来越国际化。

根据这些标准，2012—2013 年度的世界一流大学有哪些呢？排名中的前十名被认为是"世界级"的。[37] 以下是这类高校的名单（包括国别、分值）[38]：

1. 加州理工学院	美国	95.5
2. 牛津大学	英国	93.7
3. 斯坦福大学	美国	93.7
4. 哈佛大学	美国	93.6
5. 麻省理工学院	美国	93.1
6. 普林斯顿大学	美国	92.7
7. 剑桥大学	英国	92.6
8. 帝国理工学院	英国	90.6
9. 加利福尼亚大学伯克利分校	美国	90.5
10. 芝加哥大学	美国	90.4

不难看出，排名中存在一定程度的文化帝国主义，排名前十的国家都在美国和英国。重要的是，这些都是英语授课的机构，这加速了英语作为全球主导语言的发展，也导致了这场高等教育竞赛中的其他机构，试图通过评判标准有目的地提升自己从而提高排名。显然，这些排名影响了留学生的选择，而这些学校也希望吸引他们以确保自己的排名。由于"世界一流的"学校都是英语授课的，这加强了学生在学术方面对英语的使用，也巩固了英语在全球高等教育中的主导地位。

强化英语的作用

英语，作为世界语言的优势体现在高等教育机构排名、学生和学术的国际流动，以及学术出版物对它的依赖上。2013 年春天，法国爆发的示威活动说明了英语的重要性，当时法国的大学被提议开设英语课程，以吸引更多的外国学生。正如马妮亚·德拉鲍姆（Maïa De La Baume）所报道的那样，法律要求英语课程"只是用于增加留学生，尤其是新兴国家的学生，如印度、巴西和中国，这些国家的学生倾向于去英语国家留学"。[39] 法国议会称，缺少英语的使用是法国在世界经济中衰落的一个重要原因。法国高等教育部长吉纳维芙·菲奥拉索（Genevieve Fioraso）表示，法国正失去对外国学生的吸引力，因为"德国在开设英语课程方面超过了我们"。[40]

波士顿学院国际高等教育中心主任菲利普·阿尔特巴赫（Philip Altbach）在该中心出版的《国际高等教育》（*International Higher Education*）

杂志上发表了一篇题为"全球化与高等教育变革的力量"(Globalization and Forces for Change in Higher Education)的文章,指出英语在学术出版物中的重要性。在这篇文章中,阿尔特巴赫认为高等教育大众化(让大众接受高等教育)反映了全球的不平等,因为发展中国家正处于不利地位。他认为:"曾经在国内发展的学术体系和机构,现在需要在国际竞争中谋取一席之位。即使在国内,各民族语言也要与英语竞争。例如,国内学术期刊常常与国内学术体系内的国际出版物竞争,而且学者们有在国际期刊上发表论文的压力。"[41] 国际高等教育中心非洲网络的建立,在一定程度上,就是为了克服这些不平等。阿尔特巴赫认识到,高等教育的全球网络正在对英语的全球使用产生深远的影响:

> 信息技术(IT)的发展,创造了一个虚拟的全球学术和科学社区。作为交流学术知识的关键语言,英语日益占据主导地位(作者的主要观点)。全球学科使每个人都能即刻获得最新的知识。[42]

境外消费:高等教育的全球营销

如前所述,对于想要出国留学的学生来说,会说英语是很重要的。正如前面提到的法国希望在高校中用英语授课的例子,外国留学生的学费和生活费支出是其所在国国民收入的一项重要来源。如后面讨论的,各个国家及其高等教育体系都在采取措施努力吸引留学生,包括广告和公关。瑞芬德·斯德(Ravinder Sidhu)的《大学与全球化:走向市场,走向市场》(Universities and Globalization:To Market,To Market)一书指出,一些高校通过市场营销策略使高等教育商品化[43]。品牌,是市场营销的一个重要方面。品牌的概念可以追溯到20世纪初,制造商使用广告来建立人们的品牌意识使消费者信任特定品牌。[44] 同理,大学管理者试图通过创造符号和口号来吸引留学生。斯德调查了在美国、英国和澳大利亚这三个主要英语国家从事全球营销的大学中的这种品牌和营销现象。

斯德的第一个例子是斯坦福大学和纽约州立大学石溪分校。根据她的调查,斯坦福大学的营销方法是低调的,反映了学校的精英地位。它已经是全球大学中的知名品牌。市场营销重点在斯坦福大学的跨学科探究和文化创新上,口号是"自由之风劲吹"和"斯坦福大学的想法改变了世界"。[45]石溪分校发布了一份通用的宣传手册,上面全是突出教职工和学生的多元性的图片。据斯德介绍,该小册子将该校塑造为一个展示"多学科和多元文化人才"的窗口,旨在吸引外国学生。[46]

20世纪90年代,英国在全球教育市场树立了一个新形象。英国文化协会教育咨询服务在1998年的品牌报告中就涉及设立参与市场调研、公关和广告的公司。该英国教育品牌强调如精英、投资、野心、所有权和有影响力的人这样一类宣传语。留学生被刻画为"雄心勃勃……当他们回国时能呼风唤雨……他们知道,英语国家的教育是世界知识公民的护照"。[47]结合历史这张名片,英国院校向外国学生许诺经济上的成功,让他们"有机会成为最好的"。[48]斯德在她的书中收录了一个英国文化协会的广告,上面有一个普通的黑皮肤的男性盯着"研究生课程"与"尽你所能成为最好的"两个呈90度交叉的标语。中心点是"UK"的标识。[49]另一个广告画着一个日本学生,身上印有"UK"的标志:"我最开始有点紧张,但我现在定居在这里,并且和许多不同国家的人做了朋友。"[50]

澳大利亚的大学,尝试利用自己英语国家的优势接近亚洲国家。简·柯里(Jan Currie)是莫道克大学的副校长,他在1996年发表了《大学为21世纪做准备》(*Preparing the University for the Twenty-First Century*)的高等教育报告。基于这一设想,该大学开发了其所谓的"四大支柱",这些内容放到企业也同样适用:

(1) 提升市场吸引力;

(2) 实现收入来源的多样化;

(3) 建立管理效率和有效性;

(4) 营造创业文化。[51]

提升"市场吸引力"和多样化的"收入"这两点,反映出澳大利亚学校在吸引外国学生和在其他国家设立分支机构方面所做的努力。由此引发的是,他们会加大广告投放力度。例如,昆士兰理工学院(Queensland Institute of Technology)和开尔文格罗夫高等教育学院(Kelvin Grove College of Advanced Education)合并组建的昆士兰科技大学(QUT)的一则广告显示:一名跑步者穿着印有埃森哲(Accenture)名字的T恤。埃森哲被称为全球领先的管理和技术顾问之一,图片上到处都是"QUT商学院毕业生""真正的全球巨人"等字样。[52]QUT将自己定位为一所全球性大学,用"我们的校园是国际化的。我们有相当一部分学生至少会说 2 门语言"这样的广告吸引外国学生。[53]

商业的存在：分校

如表 4.1 所述，GATS 肯定了分校的商业存在。迪拜的知识村是高等教育服务贸易的一个例证。知识村自称是"世界上唯一一个完全专注于专业培训和学习支持服务的自贸区"。[54] 据迪拜的官方网站介绍，迪拜作为阿拉伯联合酋长国联邦的七个酋长国之一，它成立了迪拜知识村，"这是发展该地区人才库、加快其向知识型经济转型的长期战略的一部分"。[55] 政府邀请其他国家的教育服务机构参与，承诺保护他们的收入；"迪拜知识村合作伙伴的福利包括 100% 外资所有权、100% 免税、100% 资产和利润汇回，以及便捷的签证手续。"[56] 知识村由印度、俄罗斯、巴基斯坦、伊朗、英国和澳大利亚的大学分支机构组成。知识村的成员之一是 SAE 学院（SAE Institute），它是全球最大的教育媒体服务培训提供商，分支机构遍布亚洲、欧洲、北美和中东。SAE 的使命宣言表达了其目标：

> 作为世界上最大的传媒机构网络，SAE 学院将在现有的个人、企业和政府平台上继续引领高水平的高等教育和职业技术培训。我们会不断升级全球校区……此外，我们还将继续保持现有的国际公认的质量标准。[57]

附近的阿布扎比（Abu Dhabi），是阿拉伯联合酋长国的另一名成员。它与新加坡国立教育学院（NIE）签约以协同建立阿联酋高等教育学院（ECEA），其使命是："成为教师教育的中心，推动阿联酋和海湾地区的发展。"[58] 新加坡国立教育学院在其季刊《新闻》（News）的"企业发展"中，报道了其与阿布扎比的合作，认为这反映了在国际市场销售教育服务的商业性质。该刊物解释了其金融关系："在 2006 年 10 月与阿布扎比教育委员会（Abu Dhabi Education Council）签署合同后，新加坡国立教育学院是阿联酋高等教育学院筹建的关键，尤其是在提供启动学院的相关服务方面。"[59]

关于新加坡向阿布扎比出售教育服务及这一行为对世界教育文化发展的贡献，有几点值得注意。新加坡国立教育学院依托全球教育研究和自身研究，指导教育实践和服务。例如，在宣布与阿布扎比签订合同的同一期《新闻》中，有一篇文章宣布在 2007 年 8 月在国立教育学院成立一个世界范围的院长教育联盟。该学院先后接待了丹麦奥胡斯大学、北京师范大学、伦敦大学、墨尔本大学、首尔国立大学、安大略教育研究院、威斯康星大学麦迪逊分校的负责人。这个新的国际网络对其目标表述如下："联盟作为一个智库影响全球各行各业，汇集现有的专业知识和研究……这样做的目的是影响各国政府、国际机构、资助机构和广大公众，以提高自身国际教育的形象和质量。"[60]

阿布扎比还邀请纽约大学来开设分校，命名为"纽约大学阿布扎比分校"。一则 2007 年的纽约大学新闻稿自豪地发布了如下信息："（我们即将迈出）重要的一步，将纽约大学转变成一个'全球网络大学'"和"由美国主要研究性大学开发的第一所综合类文科海外分校"。[61]阿布扎比政府同意为该分校提供土地、资金、建设力量、设备及维护。纽约大学校长约翰·塞克斯顿（John Sexton）在提到研究型大学时使用了"创意资本"（idea capitals）这个词。你可以想象一张布满"创意资本"标记的世界地图。关于研究型大学的全球设立，塞克斯顿指出："全球动态的演变将导致一系列世界智力、文化和教育力量中心的出现，人们会认识到研究型大学将是这些创意资本的关键。"[62]

简而言之，高等教育急于从事公关活动、品牌推广、招募外国留学生并建立分校来营销自己的产品。无论是政府还是营利性的学校都倾向于沿着企业经营的路线进行操作。新的全球地图，会像纽约大学校长塞克斯顿所说的那样，标出新的类似企业的"创意资本"的位置吗？

高等教育的全球概念

在 GATS 出现之前，西方高等教育模式已经开始全球化。没有什么比联合国教科文组织（UNESCO）1998 年发表的《21 世纪的高等教育：展望和行动》（*Higher Education in the Twenty-First Century：Vision and Action*）更能表征高等教育在全球范围内的结构和教育实践都很相似这一假设。[63]与联合国其他教育文件假设所有国家学校系统都分为小学和中学类似，对这一宣言没有任何成员提出在世界范围里是否都该有所谓高等教育的东西存在，以及在各国是否都该有一个类似的组织。

对此趋势，也有一些批评。丹尼尔·苏格雷卡（Daniel Schugurensky）在西方的高等教育历史背景下对这些批评给出了一个有用的总结。[64]他把高等教育的历史分为三个时期。第一个是早期自由主义传统时期，大学扮演保护道德和文化价值的角色。第二个是大学作为一个服务站通过研究和教育参与培养企业和公共机构所需的人力资本时期。第三个是大学充当促进社会公平和社会转型方面的角色时期。这个角色适合在第一章进步主义教育模式中讨论。近年,人力资本模型结合服务型大学的理念,把学者变成企业家,把知识视为一种商品,一些机构不断扩大市场和赚钱。批评者哀叹高等教育失去了自由与社会正义的传统。[65]

关于高等教育的全球政策,我看到了苏格雷卡讨论的一些历史元素。但也有一些不同声音。例如,联合国教科文组织 1998 年的《21 世纪的高等教育:展望和行动》比经合组织的声明更强调社会正义问题。然而,正如我将在本节后面讨论的那样,21 世纪的高等教育体系似乎主要是为企业服务,同时也会像商业那样运作。

联合国教科文组织于 1998 年召开的世界高等教育大会,无疑是一场全球盛会,有超过 180 个国家的教师和学生代表参加。联合国教科文组织召开世界大会,目的是确立 21 世纪高等教育的改革原则。联合国教科文组织在会议中将目标定为广义的"人类",宣布有意建立和保持"联合国教科文组织为人类在知识和道德上的团结而制定的价值观念和原则",反映了对全球化形式的高等教育的接受和所有国家对高等教育的参与。[66]

大会宣言《21 世纪的高等教育:展望和行动》中"智力和道德上的团结"指的是什么? 让我们看看该宣言第 1 条,题目是"教育、培训并开展研究的使命"。

第 1 条　教育、培训并承担研究的使命。高等教育的基本使命和作用,特别是促进整个社会可持续发展和进步的使命应得到保持、加强和进一步的扩大。主要包括:

(1)培养合格的毕业生和满足人类各方面活动需要的负责公民;

(2)提供各种高等教育和终身教育机会,使学生有入学和退学时间上的灵活性以及个人发展和流动的机会;

(3)通过研究去推进、发展和传播知识;

(4)帮助在文化多元化和多样性的环境中理解、体现、保护、增强、促进和传播国家和地区文化,以及国际文化和历史文化;

(5)对青年进行奠定民主公民意识之基础的价值观培训,并提供加强人道主义批判性的和公正的看法,保护和增强社会价值观;

(6)促进各级教育,包括师资培训的发展和进步。[67]

首先,我要重申,该宣言的使命和目标是针对所有高等教育体系的,并假设它们在全球的结构和实践上是相似的。该宣言的前三个目标将高等教育列入苏格雷卡所谓的"大学的人力资本和服务职能"的范畴。第 1 条的目标（1）和（2）确定了高等教育的主要目标是发展人力资本和终身学习，这使高等教育发挥了让学生为知识经济做准备的作用。但是，目标（2）包含社会正义的价值。目标（3）确定高等教育作为知识创造者，具有"推进、发展和传播知识"的使命。

目标（4）和目标（5），可以连接到在第三章中讨论的经合组织的关注点与社会凝聚力方面。其中包括对全球移民导致的文化冲突，民族团结崩溃的担忧，以及在"文化多元化和多样性"的背景下保护历史文化的使命。目标（5），可被视为试图通过被苏格雷卡教授称为维持公民秩序自由主义和社会变革传统的高等教育来维持人类文明。最后一个目标（6）表明，高等教育应培养学生为当前全球化背景下的各级教育服务，包括教师的培训。

总之，联合国教科文组织《21 世纪的高等教育：展望和行动》很难说是一个革命性的文件。对之前提出的关于"智力和道德上的团结"的问题，其答案是，全球化的高等教育形式将教授所有学生相似的价值观。例如在目标（5），高等教育的工作是保护和增强"社会价值观"。

经合组织忽视了联合国教科文组织宣言的进步品质，将高等教育的目标与知识经济联系起来。经合组织这些目标在高等教育和全球区域中表达为：全球竞争、本土参与。2007 年该组织在《高等教育和区域：全球竞争与本土参与》（*Higher Education and Regions：Globally Competitive，Locally Engaged*）[68] 一书中，明确说明了高等教育在全球知识经济中的作用：

> 为了在全球化的知识经济中保持竞争力，经合组织国家需要在国家和区域层面投资创新体系。随着各国将生产转向评估细分市场和知识密集型产品和服务，人们更加依赖获得新技术、知识和技能……高校（高等教育机构）要做的，不是简单的教育和研究，而是加强合作，为终身学习提供机会，并有助于知识的发展。[69]

关于人力资本，经合组织称："高等教育能通过教育更广泛地促进人力资本的发展……通过教育当地更广泛的个人，确保他们毕业时能够受雇，通过新的技能要求来强化雇主对员工持续学习的支持，并帮助吸引外部人才。"[70]

经合组织认为，高等教育忽视了社会服务："区域发展不只是帮助企业繁荣，还需要更广泛的发展形式，这既符合经济目标，本身也是目的。长期以来，高等教育机构一直将社区服务视为其角色的一部分，但这一功能并不突出。"[71]这一声明不应被解释为经合组织支持高等教育在社会中的转型。从现有的一些大学系统提供社会服务的例子来看，成果非常有限。他们提供了四个例子。一是墨西哥大学生必须接受的社会服务。二是高等教育参与公共卫生问题。三是欧洲的大学在创建欧盟团结意识、支持多样性和多元文化方面的作用。最后，第四个，他们没有提及任何特定的大学或高等教育体系，而是认为高等教育可以在环境保护中发挥重要作用。[72]虽然公共卫生、多元文化主义和环保主义很重要，但三者很少强调承诺对社会有一定程度的人道主义，或希望毕业生为社会正义包括消除贫困和缩小贫富差距做出努力。经合组织和联合国教科文组织成员的高等教育体系在结构和课程方面具有相似性。这一全球性的同一性突出表现为大学在全球范围内销售其"产品"的能力。

营利性高等教育的全球营销

营利性高等教育，代表了创造世界高等教育文化的另一个因素。2013 年，世界银行旗下的国际金融公司（IFC）宣布向营利性机构桂冠教育公司（Laureate Education Inc.）投资 1.5 亿美元。桂冠教育公司在拉丁美洲拥有31 家机构，在中东和北非拥有 3 家机构。记者伊丽莎白·雷登（Elizabeth Redden）称："这是国际金融公司在教育方面有史以来最大的投资。国际金融公司是世界银行的一个分支机构，专门关注发展中国家的私营业务。"[73]

国际金融公司提供的这笔贷款，有助于促进全球营利性大学的发展。雷登引用了桂冠教育公司董事长兼首席执行官道格拉斯·L. 贝克尔（Douglas L. Becker）的一段话：

> 相对于我们公司的资本基础，这不是一个很大的投资。但对我们来说，它的意义在于我们与国际金融公司战略伙伴关系的建立。信誉对我们来说非常重要。很多人明白，国际金融公司和世界银行对他们所投资的公司有极高的环境和社会影响标准。一个公司必须高度可信才能有幸得到他们的投资。[74]

公司团体控制的营利性学校，是一个新兴的全球市场。2006 年《高等教育纪事》(*Chronicle of Higher Education*)报道说,营利性大学是高等教育中发展最为迅速的领域,八个最大的公司加起来市值达 260 亿美元。[75] 一些经济学家批评营利性高等教育机构比其他非营利性机构和私立大学花费更多的金钱在招生上。斯坦福大学经济学家塞缪尔·伍德(Samuel Wood)根据《高等教育纪事》报告指出:"比起亚利桑那州立大学和埃默里大学,营利组织与巴利的健康俱乐部有更多共同之处。"[76] 据他的计算,非营利性教育组织将其收入的 1%～2% 用在招生上,而营利组织在招生上花费了 23% 的收入。然而,正如伍德所指出的,这可能会改变非营利性院校的策略,使它们花更多的钱在广告和公关上以吸引外国学生,并在其他国家建立分校。我会在后面的章节讨论高等教育营销方面的问题。

教育公司(Educate Inc.)的企业结构,反映了现代营利性学校和知识产业的复杂性。自 2007 年从桂冠教育公司手中收购了西尔万学习中心(Sylvan Learning Centers)之后,教育公司拥有了经典拼读教材"Hooked on Phonics"系列品牌、Catapult Learning、教育在线和进行性治疗(Progressus Therapy)等产品。在欧洲,教育公司在"中小学生帮手"(Schülerhilfe)这一知名教育品牌下销售其产品。[77] 教育公司涉及复杂的金融关系,它为美国 Edge Acquisition LLC 所拥有,投资者为花旗(Citigroup)和斯特林(Sterling)的资本伙伴。[78]Edge Acquisition LLC 的董事长克里斯托弗·赫恩-萨里奇(Christopher Hoehn-Saric),也是约翰霍普金斯大学的受托人。[79] 政治和教育的相互作用,在教育公司的董事会上表现得很明显。其中一名负责人劳尔·伊扎吉雷(Raul Yzaguirre),是亚利桑那州立大学教授、墨西哥裔美国人,维权组织 LaRaza 的负责人,也是 2008 年希拉里·罗德姆·克林顿(Hillary Rodham Clinton)总统竞选团队的联合主席。[80] 另一位负责人道格拉斯·贝克尔(Douglas Becker),是一家教育公司的董事长兼首席执行官,也是巴尔的摩天然气和电力公司的负责人,以及 FIRST(For Inspiration and Recognition of Science and Technology)项目的执行人。[81] 另一位负责人谢丽尔·戈登·克朗加德(Cheryl Gordon Krongard)是马里兰大学的董事,也是美国航空集团的主管。[82] 公司的其他董事,也有类似的与工业、投资公司和高等教育机构千丝万缕的关系。

2007 年 9 月,桂冠教育公司为了抓住亚洲市场做出了惊人之举。其主席及行政总裁道格拉斯·L.贝克尔宣布,他和他的家人将移居中国香港以确保公司的扩张和建立亚洲总部。在一个以营利为目的的教育公司国际融资案例中,道格拉斯·L.贝克尔和一个国际投资集团在 2007 年的 6 月以 3.8 亿美元收购了一家私人公司。该国际投资集团成员包括哈佛大学、花旗银行、微软联合创始人保罗·艾伦（Paul Allen）、全球慈善家乔治·索罗斯（George Soros）、科尔伯格-克拉维斯-罗伯茨公司（KKR）、S. A. C.资本管理有限责任公司、SPG 俱乐部合作伙伴、安吉博瑞格投资公司、魁省储蓄投资集团、斯特林资产管理公司、麦凯纳资产管理公司、Torreal S. A. 公司以及 Brenthurst 基金管理公司。在报告的最新动向中，《高等教育纪事》的一篇评论指出："贝克尔先生将桂冠教育从一家以'西尔万学习系统'为基础的普遍教学型企业转型发展为一家专注于高等教育的国际化公司。"[83]

阿波罗集团与凤凰城大学：一种新的全球大学模式？

凤凰城大学（University of Phoenix，UOPX）和 UOPX 在线教育，是以消费者为导向的售卖预先包装知识的新型大学模式吗？以上两个营利性大学系统，均由阿波罗集团控股。阿波罗集团还拥有职业发展协会、财务规划学院、西部国际大学和洞察力学校（Insight Schools）。该集团位于美国俄勒冈州的波特兰，提供 K‐12 在线教育。[84] 凤凰城大学在美国的 26 个州以及波多黎各、加拿大和荷兰设有线下教学的实体校园，同时向 40 个不同国家的学生提供线上课程。[85]

凤凰城大学采用基于成人教育的消费模式。它建于 1973 年，那时在线学习尚未出现。它的创始人约翰·斯珀林（John Sperling）相信："单一雇主的终身雇佣将被多种雇主的终身学习和雇佣所取代。终身学习需要一个专门为在职的成年人提供教育的机构。"[86] 与此同时，斯珀林发现，高等教育的人口结构正在发生变化，从以年轻人为主转为成年人占一半。其中，80% 的人都有工作。在他看来，在职的成年学生在传统校园里常被忽视，他们被当作二等公民对待。[87]

最后，斯珀林把高等教育变成了一个以消费为导向的企业，并极大地改变了教师的工作。像工厂一样，凤凰城大学和 UOPX 在线教育销售预先包装好的课程。公司声称，"我们专注成年教育，为工作的成年人提供大学教育、服务，并构建相关学术和行政结构，指导它们满足成年学生的需要。"[88]

凤凰城大学负责管理工作的教务长兼学术事务高级副总裁克雷格·斯温森（Craig Swenson），描述了为消费者提供标准化教育体验的意义。和购物中心一样，"校园和学习中心位于高速公路附近，交通很方便"。[89] 课程被安排在每天下班之后或周末。随着在线课程的引入，这种模式发生了显著的改变，它允许学生在自己方便的时候选择性地学习。据斯温森说，学生们期望得到与24小时便利店一样的服务水平，这意味着要"全天候提供学生服务"，包括学生在线购买教科书和课程材料，以及获得学习项目。

　　凤凰城大学如何规范其课程呢？其中最重要的一步是改变教师的角色。斯温森将此称为传统教师模式的分拆和分解。在实践中，这意味他们扮演着传统教师角色的同时，还将其变为工厂模式下的专家。例如，传统模式下，教师个人对课程中阅读、课堂作业、话题和评价拥有自主决定权，唯一的要求是内容要与课程有关。

　　在凤凰城大学，有一个签约的教师团队，在"课程开发经理"和"教学设计师"的监督下工作，为每门课程创建教学大纲和教学模块。签约团队由核心的全职教员和兼职的"从业者"教员组成；凤凰城大学不喜欢对这些从业者使用兼职者这个词。课程开发经理监督课程规划过程，而教学设计者则负责教学大纲和教学模块中课程目标的设定。[90]

　　学校结合教学大纲和模块的设计过程、评估系统，严格控制教学的内容。凤凰城大学建立了评估系统，声称这些系统"给凤凰城大学带来了明显的公众认可"。[91] 这些评估系统让人想起人力资本教育者为公立学校设计的评估体系。教学质量管理体系主要包括两个方面：一是评价教师、课程和学生服务绩效的教学质量管理体系；二是成人学习成果评估，这意味着对学生学习情况的衡量。

高等教育网络

　　以营利为目的的高等教育机构，如桂冠教育公司和凤凰城大学，是由大学的管理者、政府教育官员、研究协会和国际学术组织组成的庞大全球网络的一部分。国际学术组织的名单太长，无法在本书中一一详述，它们涵盖的领域包括但不限于历史、文学、语言、科学、数学、经济学、教育学、社会学、哲学、政治学、地理学和人类学等学科。每个学科都有举办国际会议的子学科。这些全球学术组织和会议的存在，得益于英语的全球化和现代交通系统的便利。

　　利用国际网络展开的学术交流日益增多，这会有哪些影响呢？研究各学科确定这些全球学术交往的结果很有趣。一个项目将会采用来自各个学科专家的意见。然而,很容易想到可能的结果。第一,世界范围内的学术交流,可能导致在学科内形成共同的学术范式。第二,可能会形成一个共同的学术文化。第三,随着全球学术过程的共享,相互影响会从根本上改变学术文化的思维。在跨文化心理学领域这些已经发生了,因为研究人员始终关注文化的思想,结果是跨文化研究的学者往往倾向于双向文化学。[92] 在这本书中不可能探讨所有的学术网络,我将关注大学网络,它似乎在创造一个全球性的大学组织和文化。

国际大学协会(IAU),是一个促进高等教育交流与合作的全球组织。该组织成立于 1950 年,是联合国教科文组织的基础性组织。会员来自 150 个国家和地区,并与其他国际、区域和国家组织合作。该组织的使命宣言鼓励了高等教育实践的全球化。"通过鼓励成员共同努力",该组织的使命声明中称,IAU

(1) 促进经验和学习交流,并鼓励合作;

(2) 重申和捍卫支撑和决定大学和其他高等教育机构正常运作的学术价值观和原则;

(3) 致力于树立大学在社会中的角色和责任;

(4) 关注高等教育对联合国教科文组织、世界银行等国际组织政策的影响;

(5) 通过分析、研究和辩论,帮助人们更好地了解当前的趋势和政策发展;

(6) 提供有关全球高等教育体系、机构和资格认证的全面和权威信息。[93]

该使命声明倡导促进全球共同的学术价值观,例如捍卫"支撑和决定大学和其他高等教育机构正常运作的学术价值观和原则"的目标。这一声明中的假设是,在 100 多个成员中,对于"大学和其他高等教育机构的正常运作"有一个普遍的标准。此外,该组织还促进全球高等教育合作,以及政策发展和信息的共享。

波士顿学院(马萨诸塞州)的国际高等教育中心,作为全球高等教育网络的一环,提出其使命是"提高对当今世界高等教育中现实复杂问题的认识",同时,该中心认为"国际的、综合的视角对了解全球现实和国情至关重要"。[94] 作为这项工作的一部分,该中心出版了《国际高等教育》季刊,并运营着一个国际高等教育信息中心。这个信息中心可以连接到其他高等教育网络:"信息中心创建一个网站,为研究人员和从业人员提供一个基于'一站式购物'网络来寻找可用资源的完美的起点。"[95] 非洲的困境经常被教育研究忽视,而该信息中心通过为非洲高等教育提供一个广阔的国际网络来解决这个问题。[96]

菲利普·阿特巴赫认为,国家之间、学术之间的不平等与"一个世界性的学术团体的合作和学术发展"是不相称的。[97] 在他看来,只要这些不平等存在,就不会有全球化的高等教育体系。

通过高等教育网络建立一所全球性大学?

什么是全球性大学?这是 2007 年伦敦"实现全球大学"(Realizing the Global University)主题会议上提出的一个问题。[98] 与会者都是全球高等教育网络组织的成员。会议赞助商有句口号,"观察者:今天跨越明天的高等教育边界"(The Observatory:Crossing tomorrow's higher education borders today)。这是无边界高等教育观察者的座右铭。英国开放大学副校长布伦达·古尔利(Brenda Gourley)在下面的一篇感言中描述了高等教育管理者面临的全球压力以及他们对全球网络的使用情况,她说,全球网络"为忙碌且压力越来越大的高等教育领导者提供了非常重要的服务。它的目标是在一个复杂和快速变化的环境中为大学提供有关生存的基本战略的决策所必需的信息。强烈推荐"。[99] 无边界高等教育观察组织向约 50 个国家的高等教育管理者提供信息,并与英联邦大学协会、英国大学、联合国教科文组织、世界银行、英联邦学习联盟、美国远程教育协会、欧洲远程教育网和西方教育电信合作组织等众多国际组织结成伙伴关系。

"实现全球大学"主题大会的赞助商包括全球大学网络、英国大学、IAU 和英联邦大学协会。演讲者大多是来自英国、世界银行、美国、中国、澳大利亚、墨西哥和意大利的高等教育官员。[100] 为了寻找一个全球性大学的定义,该会议的公告宣称:"大学是属于全世界的,而且越来越国际化,但它们还不是'全球性的'。在一个迅速全球化的世界里,大学在知识经济和公民社会中的中心作用比以往任何时候都更加强烈和广泛地体现出来,我们对成为一所全球性大学需要什么或意味着什么都没有明确的认识。"[101] 根据该公告,未来高等教育网络将更多地吸引国际学生,并在海外设立分校;它"要求'国际化'渗透到大学的方方面面,并被纳入战略和运营框架中"。[102]

除了拥有外国学生和在国外设立分校之外,大学国际化还意味着什么?成为国际网络的一部分,是宾夕法尼亚州立大学校长格雷厄姆·斯帕尼尔

（Graham Sparnier）的一个回答："近年来，大学国际化的呼吁得到了关注。世界大学联盟（Worldwide Universities Network，WUN）这样的组织（斯帕尼尔是这个组织的创始人之一）为我们提供了跨越欧洲大陆的机会，并将教育领袖聚集在一起，集中关注国际教育。"[103] 此外，他认为，课程应该"国际化"，要教给学生全球视野。而且，作为全球性大学的一部分，大学应合作参与全球研究。

"全球品牌渗透"（Global brand penetration）是布里斯托大学副校长、世界大学联盟前主席埃里克·托马斯（Eric Thomas）在会议上提出的全球大学的另一个特色。他感叹道，世界上大多数人甚至英国布里斯托当地的一些人都从未听说过布里斯托大学。相比之下，大多数人都听说过英国最著名的品牌学校——剑桥和牛津。当然，他认为，这并不意味着每个人都要承认你的学校是一个全球品牌。但是他说，"我认为，如果你希望被认为是一所全球大学，国家的政策制定者和你的看法一致几乎是一个必要条件"。[105] 另一个有说服力的例子是，托马斯和斯帕尼尔声称："追求创新的全球性研究是首要特征。没有它，一所大学不能声称是全球性的。"[106]

全球大学会成为一所虚拟的大学吗？在表达他们对全球大学本质的看法时，托马斯和斯帕尼尔重申了他们与全球大学网络合作的努力。该网络致力于利用现代信息和通信技术将其成员融入一个"全球大学"，以促进电子学习、远程学习、合作研究和全球虚拟研讨会。截至2015年，该网络由16所成员高校组成。这些学校位于美国、英国、澳大利亚、加拿大、中国、挪威和荷兰。该网络的使命声明强调了全球大学的全球目标：

> 世界大学联盟（WUN）的存在，是为了在当前全球关注的知识和理解方面取得重大进展。通过促进和鼓励成员之间的合作，WUN汇集了解决当前社会、企业和教育面临的重大问题所需的经验、设备和专业知识。[107]

世界大学联盟正试图通过创建全球研究团体，并使用通信如网站、视频会议以及接入设备电网技术，实现这一使命。此外，学校还鼓励师生在联盟内的机构里学习。人们还试图通过"发展电子学习理论、实践和项目"来使课程国际化。[108] 最后，该联盟在会员机构之间组织在线研讨会。比如，2007—2008学年通过网络开展的"当代中国中心"（Contemporary China Center）会议。这些"虚拟研讨会"涉及管理和社会、媒体和安全、环境议题和可持续发展。全球各地的广告都标明了研讨会的开始时间。[109]

　　与世界大学联盟竞争的是 U21（Universitas 21）：一个国际高等教育网络。它包括来自澳大利亚、加拿大、中国、印度、爱尔兰、日本、墨西哥、新西兰、新加坡、韩国、瑞典、英国、美国等 13 个国家的 21 所大学。[139] 该组织自称是"全球领先的网络研究型大学"。[140] 作为全球化计划的一部分，2003 年该组织发布"上海 U21 学生流动宣言"，呼吁在本科和研究生项目中增加全球学生的流动性。[141] 在其论述的战略中，计划了四种方法来保证它是"国际领先的高等教育网络"。这些方法包括确保该组织被国家高等教育评论家认可为领先的高等教育网络，保持与"具有全球、国家或地区意义的决策者和舆论领导者"的联系，并就"对高等教育具有全球意义"的问题展开辩论。[113]

　　这些全球高等教育网络对全球大学概念有什么影响？基于高等教育网络，所谓的全球大学可能由来自世界各地的大学组成，它们共享学生和学院、参与合作研究、共享课程、在线学习、举办线上研讨会。最重要的是，据我所知，文凭将由网络组织，而不是成员大学颁发。人们可以想象，在这所全球大学里，当地学校将保留自己的身份，同时将授予学位的权利交给网络组织。所有国家的学生都将学习公共课程，同时利用整个网络的教学，通过在线课程和研讨会开展学习，或者从一个校园转移到另一个校园。全球大学可能源于无边界高等教育观察组织、世界大学联盟、国际高校协会和 U21 等组织。

结论：品牌和全球大学

　　第一章中讨论的世界体系论者，可能会将目前高等教育的发展趋势解释为通过将最富有的国家的教育价值观强加给其他国家来使自身的权利合法化。从这个角度来看，高等教育的全球化，可能被视为一种特定的经济和政治议程，以牺牲世界上的穷人为代价而惠及富裕国家。

　　世界体系论者一致认为，WTO 和 GATS 的自由贸易规则适用于高等教育，确保了英语国家学校的全球主导地位和英语的全球使用。在 GATS、TRIPS 和世界排名的帮助下，世界教育和知识相关产品贸易可能会以富裕国家的模式为基础，促进高等教育机构的统一。高等教育的全球营销和分校的建立，提高了那些富裕国家的影响力。学生的国际流动推动了教育帝国主义的进程。

　　由于英语国家的学校占主导地位，英语在全球的使用得到加强。此外，英语语言帝国主义也体现在非英语国家以英语教授的课程中,以及在国际研究出版物和互联网上使用英语。全球英语的通用化,有利于营利性教育机构在全球市场上销售其产品。

无论是内部运作,还是外部营销系统运作或建立分校方面,高等教育都是一项全球性的业务。我们进入了大学品牌与快餐连锁店相似的时代吗?所有这些活动都发生在由学者、大学管理机构、营利性出版公司、政府间组织和高等教育组织组成的全球网络中。这些趋势有利于讲英语的国家和大学、成熟的出版公司、测试机构,以及名牌大学。全球高等教育的发展趋势,支持了世界体系论者的观点,即富裕国家继续主导着高等教育的全球化。

● 注释

[1] Valerie Strauss, "Global Education Market Reaches $4. 4 Trillion—and Is Growing," *Washington Post* (February 9, 2013). Retrieved from www. washingtonpost. com/blogs/answer-sheet/wp/2013/02/09/global-education-market-reaches-4-4-trillion-and-isgrowing/on October 27, 2013.

[2] Dubai Knowledge Village, "Home." Retrieved from www. kv. ae/on October 26, 2013.

[3] Ibid.

[4] There are many histories of the international trade in educational services. For an introduction to different aspects of the field, see John Willinsky, *Learning to Divide the World: Education at Empire's End* (Minneapolis: University of Minnesota Press, 1998); Theodore Vestal, *International Education: Its History and Promise for Today* (Westport, CT: 1994); Joel Spring, *Pedagogies of Globalization: The Rise of the Educational Security State* (Mahwah, NJ: Lawrence Erlbaum, 2006); and Joel Spring, *Education and the Rise of the Global Economy* (Mahwah, NJ: Lawrence Erlbaum, 1998).

[5] Christopher Arup, *The New World Trade Organization Agreements: Globalizing Law through Services and Intellectual Property* (Cambridge: Cambridge University Press, 2000), pp. 177 - 213.

[6] World Trade Organization, "Members and Observers." Retrieved from www. wto. org/english/thewto_e/whatis_e/tif_e/org6_e. htm on October 28, 2013.

[7] Jane Knight, "Higher Education and Trade Agreements: What Are the Policy Implications?" in *Universities and Globalization: Private Linkages, Public Trust*, edited by Gilles Breton and Michel Lambert (Quebec, Canada: UNESCO, 2003), pp. 87 - 89; and Arup, *The New World Trade Organization Agreements*, pp. 95 - 214.

[8] Gary Rhoads and Sheila Slaughter, "Academic Capitalism and the New Economy: Privatization as Shifting the Target of Public Subsidy in Higher Education," in *The*

University, State, and Market: The Political Economy of Globalization in the Americas, edited by Roberts Rhoads and Carlos Torres (Palo Alto, CA: Stanford University Press, 2006), pp. 103 – 104.

[9] Helen Raduntz, "The Marketization of Education within the Global Capitalist Economy," in *Globalizing Education: Policies, Pedagogies, & Politics*, edited by Michael Apple, Jane Kenway, and Michael Singh (New York: Peter Lang, 2005), pp. 231 – 245.

[10] Arup, *The New World Trade Organization Agreements*, p. 97.

[11] Ibid.

[12] Jane Knight, Trade in Higher Education: The Implications of GATS (London: The Observatory on Borderless Higher Education, 2002), p. 5.

[13] Tamar Lewin, "Instruction for Masses Knocks Down Campus Walls," *New York Times* (March 4, 2012). Retrieved from www. nytimes. com/2012/03/05/education/moocslarge-courses-open-to-all-topple-campus-walls. html?_r = 3&hpw&pagewanted = print on October 28, 2013.

[14] Ibid.

[15] Udacity, "Our Mission." Retrieved from https://www. Udacity. com/us on October 28, 2013.

[16] Ibid.

[17] Ibid.

[18] Udacity, "Course Catalog." Retrieved from https://www. Udacity. com/courses on October 28, 2013.

[19] University of Phoenix, "International Division." Retrieved from www. phoenix. edu/colleges_divisions/global. html on October 29, 2013.

[20] American Public University System, "Who We Are." Retrieved from www. apus. edu/about-us/on October 29, 2013.

[21] Tamar Lewin, "U. S. Teams Up with Operator of Online Courses to Plan a Global Network," *New York Times* (October 31, 2013). Retrieved from www. nytimes. com/2013/11/01/education/us-plans-global-network-of-free-online-courses. html?ref = education&_r = 0&pagewanted = print on October 31, 2013.

[22] Ibid.

[23] Ibid.

[24] The U. S. Department of State, Bureau of Educational and Cultural Affairs, "MOOC Camp." Retrieved from http://eca. state. gov/programs-initiatives/mooc-camp on November 4, 2013.

[25] Ibid.

[26] Ibid.

[27] Ibid.

[28] Coursera, "About Coursera." Retrieved from https://www. coursera. org/# about on November 4, 2013.

［29］ Ibid.

［30］ edX, "Schools." Retrieved from https://www. edx. org/schools on November 4,2013.

［31］ Adam Palin, "Mooc Platform Coursera Continues Its Expansion," *Financial Times* (February 21, 2013). Retrieved from www. ft. com/cms/s/2/a59cc418-7b54-11e2-8eed-00144feabdc0. html on November 4,2013.

［32］ Robinson Meyer, "Harvard and MIT's Online Education Startup Has a New Way to Make Money: Even Non-Profits Need to Eat," *The Atlantic* (October 21, 2013). Retrieved from www. theatlantic. com/technology/archive/2013/10/harvard-and-mits-online-education-startup-has-a-new-way-to-make-money/280700/on November 4,2013.

［33］ OECD, "Foreign/International Students Enrolled," StatExtracts. Retrieved from http://stats. oecd. org/Index. aspx? DataSetCode = RFOREIGN on November 5, 2013.

［34］ The World University Rankings, "World University Ratings 2013 – 2014 top 40." Retrieved from www. timeshighereducation. co. uk/world-university-rankings/on November 10,2013.

［35］ Mayumi Ishikawa, "University Rankings, Global Models, and Emerging Hegemony," in *Universities and the Knowledge Sphere: Knowledge Building in the Era of Globalization*, edited by Brian Pusser, Ken Kempner, Simon Marginson, and Imanol Ordorika (London: Routledge, 2012), p. 88.

［36］ The World University Rankings, "The Essential Elements in Our World-Leading Formula." Retrieved from www. timeshighereducation. co. uk/world-university-rankings/2012-13/world-ranking/methodology on November 8,2013.

［37］ Ishikawa, "University Rankings, Global Models, and Emerging Hegemony," p. 86.

［38］ The World University Rankings, "World University Rankings 2012 – 2013." Retrieved from www. timeshighereducation. co. uk/world-university-rankings/2012-13/world ranking on November 10,2013.

［39］ Maïa De La Baume, "Bid in France to Add Courses in English Raises Fear for Language," *New York Times* (May 5,2013). Retrieved from www. nytimes. com/2013/05/24/world/europe/french-upset-over-more-english-proposal. html? ref = todayspaper&_r = 0&pagewanted = print on May 6,2013.

［40］ Ibid.

［41］ Philip G. Altbach, "Globalization and Forces for Change in Higher Education," *International Higher Education* 50 (Winter 2008), p. 1.

［42］ Ibid.

［43］ Ravinder Sidhu, *Universities and Globalization: To Market, To Market* (Mahwah, NJ: Lawrence Erlbaum, 2006).

［44］ For a history of schools, advertising, and brand names, see Joel Spring, *Educating the Consumer-Citizen: A History of the Marriage of Schools, Advertising, and Media*

(Mahwah, NJ: Lawrence Erlbaum, 2003).

[45] Sidhu, *Universities and Globalization*, p.91.

[46] Ibid., p.106.

[47] Ibid., p.130.

[48] Ibid., pp.131 – 132.

[49] Ibid., p.135.

[50] Ibid., p.134.

[51] Jan Currie, "Australian Universities as Enterprise Universities: Transformed Players on a Global Stage," in *Universities and Globalization: Private Linkages, Public Trust*, edited by Gilles Breton and Michel Lambert (Quebec, Canada: UNESCO, 2003), pp.185.

[52] Sidhu, *Universities and Globalization*, p.202.

[53] As quoted in Ibid., p.206.

[54] Dubai Knowledge Village, "About Dubai Knowledge Village."

[55] Ibid.

[56] Ibid.

[57] SAE Institute, "Mission Statement." Retrieved from http//www.sea.edu/mission_statement on December 18, 2007.

[58] Emirates College for Advanced Education, "Mission and Vision." Retrieved from www.ecae.ac.ae/English/Mission.aspx on December 19, 2007.

[59] Ibid.

[60] "Corporate Developments: Senior NIE Staff Helms Emirates College for Advanced Education," *News* (October 2007) No.62, p.4.

[61] Press Release, "NYU to Open Campus in Abu Dhabi, Friday, Oct. 12, 2007." Retrieved from www.nyu.edu/public.affairs/rreleases/detail/1787 on January 8, 2008.

[62] Ibid.

[63] UNESCO, "World Declaration of on Higher Education for the Twenty-First Century: Vision and Action." Retrieved from www.unesco.org/education/educprog/wche/declaration_eng.htm#world%20declaration on January 10, 2008.

[64] Daniel Schugurensky, "The Political Economy of Higher Education in the Time of Global Markets: Whither the Social Responsibility of the University?" in *The University, State, and Market: The Political Economy of Globalization in the Americas*, edited by Roberts Rhoads and Carlos Torres (Palo Alto, CA: Stanford University Press, 2006), pp.301 – 320.

[65] Ibid.

[66] UNESCO, "Higher Education: Milestone-World Conference on Higher Education." Retrieved from http://portal.unesco.org/education/en/ev.php-URL_ID = DO_Topic&URL_SECTION = 201.html on January 11, 2007.

[67] UNESCO, "World Declaration of on Higher Education for the Twenty-First

Century: Vision and Action."

[68] OECD, *Higher Education and Regions: Globally Competitive, Locally Engaged* (Paris: OECD, 2007).

[69] Ibid., p. 11.

[70] Ibid., p. 15.

[71] Ibid., p. 16.

[72] Ibid.

[73] Elizabeth Redden, "Global Development and Profits," Inside Higher Ed (January 24, 2013). Retrieved from www. insidehighered. com/news/2013/01/24/world-bankaffiliate-invests-150-million-profit-college-provider#ixzz2jywCQXi5 on November7, 2013.

[74] Ibid.

[75] Stephen Burd, "Promises and Profits: A For-Profit College Is under Investigation for Pumping Up Enrollment While Skimping on Education," *Chronicle of Higher Education* (January 13, 2006). Retrieved from http://chronicle. com/weekly/v52/i19/19a02101. htm on January 18, 2008.

[76] Goldie Blumenstyk, "Why For-Profit Colleges Are Like Health Clubs: They Spend More on Recruiting and Less on Instruction than Their Nonprofit Counterparts Do, a Scholar's Model Shows, *Chronicle of Higher Education* (May 5, 2006). Retrieved from http://chronicle. com/weekly/v52/i35/35a03501. htm on January 18, 2008.

[77] Educate Inc. "About Us." Retrieved from www. educateinc. com/aboutus. html on July 15, 2007.

[78] Muckety, Listings, Edge Acquisition, LLC. "Edge Acquisition, LLC Full Screen Relationship." Retrieved from www. muckety. com/Edge-Acquisition-LLC/5016495. muckety? full = true on January 3, 2007.

[79] Ibid.

[80] Ibid.

[81] Ibid.

[82] Ibid.

[83] Goldie Blumenstyk, "The Chronicle Index of For-Profit Higher Education," *Chronicle of Higher Education* (August 17, 2007). Retrieved from http://chronicle. com/weekly/v54/i11/fptest. htm on January 18, 2007. 84 Apollo Group Inc. "About Apollo Group." Retrieved from www. apollogrp. edu/About. aspx on July 15, 2007.

[85] Craig Swenson, "New Models for Higher Education: Creating an Adult-Centred Institution," in *Universities and Globalization: Private Linkages, Public Trust* edited by Gilles Breton and Michel Lambert (UNESCO: Paris, 2003), p. 196.

[86] Ibid.

[87] Ibid.

[88] Apollo Group Inc. "History." Retrieved from www. apollogrp. edu/History. aspx on

January 6, 2008.

[89] Swenson, "New Models for Higher Education" p. 202.

[90] Ibid. , p. 204 – 206.

[91] Ibid. , p. 208.

[92] A good example of the development of bicultural perspectives by cross-cultural psychologists is Richard Nisbett's *The Geography of Thought: How Asian and Westerners Think Differently...and Why* (New York: Free Press, 2003).

[93] International Association of Universities, "General Information." Retrieved from www. unesco. org/iau/assocation/index. html on January 18, 2008.

[94] Center for International Higher Education, "Welcome." Retrieved from https:// www. bc. edu/content/bc/research/cihe/about. html on January 22, 2008.

[95] Ibid.

[96] International Network for Higher Education in Africa, "Welcome." Retrieved from www. bc. educ/bc_org/avp/soe/cihe/inhea/index. htm on January 22, 2008.

[97] Ibid.

[98] Realizing the Global University, "Conference, 15th November, 2007, Thistle Marble Arch Hotel London." Retrieved from www. wun. ac. uk/theglobaluniversity/conference. html on January 20, 2007.

[99] The Observatory on Borderless Higher Education, "About the Observatory." Retrieved from www. obhe. ac. uk/aboutus/on January 18, 2008.

[100] Realizing the Global University, "Conference, 15th November, 2007, Thistle MarbleArch Hotel London."

[101] Realizing the Global University, "Home." Retrieved from www. wun. ac. uk/ theglo baluniersity/index on January 20, 2008.

[102] Ibid.

[103] Graham Spanier, "Internationalizing Today's Universities" (Paper delivered at the Conference on Realizing the Global University, London, November 15, 2007). Retrieved from www. wun. ac. uk/theglobaluniversity/conference. html on January 20, 2008.

[104] Eric Thomas, "Defining A Global University" (Paper delivered at the Conference on Realizing the Global University, London, November 15, 2007). Retrieved from www. wun. ac. uk/theglobaluniversity/conference. html on January 20, 2008.

[105] Ibid.

[106] Ibid.

[107] Worldwide Universities Network, "About Us." Retrieved from www. wun. ac. uk/ aboutus. php on January 21, 2008.

[108] Ibid.

[109] Worldwide Universities Network, "Contemporary China Center Video Seminars." Retrieved from www. wun. ac. uk/chinacenter/documents/poster_USletter. pdf on January 21, 2008.

[110] Universitas 21: The International Network of Higher Education, "About Us." Retrieved from www.universitas21.com/about.html on January 21,2008.

[111] Universitas 21: The International Network of Higher Education, *Universitas 21 Strategic Plan* 2007 - 2012, p.5. Retrieved from www.universitas21.com/Strategic Plan.pdf on January 21,2008.

[112] Universitas 21: The International Network of Higher Education, "Shanghai Declaration on Universitas 21 Student Mobility." Retrieved from www.universitas21.com/shanghaideclaration.html on January 21,2008.

[113] Universitas 21: The International Network of Higher Education, *Universitas 21 Strategic Plan* 2007 - 2012, p.10.

第五章　全球教育的企业化：盈利机会与对企业化的抵抗

　　全球教育的企业化，将部分控制力从国家学校系统转移到了国际出版、国际测试机构以及技术和软件公司。此外，一些国际非政府组织（INGOs），如人权组织和环境组织，在结构上也已经企业化。[1] 企业化包括跨国教育公司向当地学校销售产品，并强调公司员工的培训。教育企业、国际非政府组织与支持教育企业化的全球慈善基金会联系在一起。正如史蒂芬·J.鲍尔所说，由于有盈利的机会，教育政策正受到鼓动。[2]

　　一些环境类的非政府组织拒绝以消费型工业社会为基础的发展，提供了一种替代企业化的激进方法。正如我将在本章的最后一部分所解释的那样，一些环保组织通过与跨国公司合作来展示积极的公众形象，而另一些环保组织则对企业化的世界说"不"。

　　如第四章所述，教育企业的经营是得到 WTO 与 GATS 认可的，该协定允许教育企业跨国界销售产品，并允许教育服务提供商在另一个国家建立商业存在。这一贸易安排的前提是教育服务自由贸易将改善全球教育。随着政策的演变，它支持以营利为目的的教育企业，认为市场竞争将改善教育服务。

　　包括教育在内的全球社会项目的企业化，涉及雅尼纳·韦德尔（Janine Wedel）所说的在国家政府、跨国公司、国际非政府组织和基金会之间流动的"影子精英"（shadow elite）。这种"影子精英"的潜在影响在韦德尔名为《影子精英：世界上新的权力掮客如何破坏民主、政府与自由市场》（*Shadow Elite：How the World's New Power Brokers Undermine Democracy，Government，and the Free Market*）的书中有所体现。[3] 史蒂芬·J.鲍尔在《全球教育公司：新政策网络与新自由主义想象力》一书中也给出了类似的阐述。鲍尔提到了新的全球政策网络,并指出:"政策网络确实构成了一种新的治理形式,尽管这不是单一和连贯的形式,它赋予政策制定以新的权威来源和一个切实的'权威市场'。"[4]

在这些政策网络中的人、机构和政策制定者,通常有相似的教育价值观,正如教育产品的销售商们拥有共同的经济利益和教育价值观。

共同的经济利益和教育价值观

(1)支持促进营利性办学、销售网络教学、购买教育产品的教育政策;

(2)推动有利于营利性学校和教育企业的全球贸易政策;

(3)推动支持营利性公司开设与国家课程相关的考试、培训类教育政策;

(4)以国家而不是地方的教育政策,为教育产品的销售创造统一的市场。

我将在下一节讨论鲍尔的著作时谈到这一点,即全球教育网络包括共同的经济利益和教育价值观。这些具有共同利益和教育价值观的网络系统包括营利性公司、基金会和智库、国际非政府组织和国家教育政策制定者。

史蒂芬·J.鲍尔:政策即利润

社会学家史蒂芬·J.鲍尔对商业、基金会、国际非政府组织和国家教育政策制定者之间的全球网络联系做了最完整的分析。[5]他介绍了几个研究全球网络的重要概念。其中一个概念是"政策是盈利的机会"。[6]这是指全球教育企业支持的政策将带来其利润的增加。举个例子,技术公司推动的全球政策,如在线学习,将增加公司硬件和软件的销量。在美国,"共同核心州立标准"(Common Core State Standards)受到美国商会和商业圆桌会议的支持,创建了一个供实施和评估的产品行业。像培生、苹果、三星和微软这样的老牌公司,它们能够从与"共同核心州立标准"配套的考试、软件及平板电脑销售中获利。[7]此外,还有其他人也盯上了这一新财源。最引人注目的当属鲁伯特·默多克(Rupert Murdoch)的新闻集团,2012年他们拟创建一个名为"放大"(Amplify)的新部门,关注在线教育,并正在营销"放大"旗下的平板电脑。[8]支持"共同核心州立标准"的还有基金会,诸如比尔及梅琳达·盖茨基金会、培生基金会和卓越基金会。[9]

鲍尔认为,全球企业和慈善机构对现有政策网络的影响,导致企业经营之手伸向教育政策规划和国家学校系统的运作中。[10]慈善组织向教育机构和政策制定者提供资金,并要求他们在商业上给予反馈。鲍尔断言,所谓的风险慈善事业旨在改变国家政策，希望"看到投入的时间和金钱产生明确和可衡量的结果"。[11] 这通常意味着向该慈善组织提供数据，如考试分数、出勤率和其他数字形式的成果。

在鲍尔展示的慈善事业、商业和全球学校之间相互作用的众多例子中，有一个是克林顿全球倡议论坛（Clinton global Initiative Forum）。该论坛在 2008 年说服了德意志银行美洲基金会（Deutsche Bank Americas Foundation）、凯洛格基金会（Kellogg Foundation），通过美国风险投资公司 Gray Matters 支持建立"新全球学校"，并向非洲提供低成本教育。"新全球学校"在肯尼亚和印度建立了连锁学校。它成为布里奇国际学院（Bridge International Academies）这一营利性机构的一部分，该学院随后接受了 eBay 创始人皮埃尔·奥米戴尔（Pierre Omidyar）所谓的"慈善投资"。在 2009 年，布里奇国际学院从投资公司那里得到了 435 万美元的收益。[12]

布里奇国际学院利用私人投资者和慈善组织的资金，专营了一个叫"盒子学校"（school in a box）的产品。当地企业家购买"盒子学校"时，被承诺以极低的成本获得利润。"盒子学校"附有一本"学校管理手册"，里面有处理财务和教学服务的详细方法。公司向当地企业家承诺可以帮助其在 5 个月内建立学校，且每间教室的成本不到 2 000 美元。在肯尼亚，每所学校预计招收约 1 000 名学生，家长每月只要支付大约 4 美元。"盒子学校"有望在一年内开始盈利。据鲍尔说："家长支付费用，学校拥有者使用 M-PESA 电子移动电话系统支付账单——在学校层面是没有资金流动的。"[13]

鲍尔讲的"盒子学校"的故事中，阐述了慈善机构、投资银行、营利性教育公司和当地学校之间错综复杂的关系。在这种情况下，自由市场的意识形态，渗透到通过依赖当地企业家经营"盒子学校"来扩大全球教育的努力中。这也说明了教育政策作为盈利机会的胜利。当然，经营方法是按照"学校管理手册"来实施的。

鲍尔表示，基于利润的教育政策的销售和输出，说明了"政策本身作为全球教育企业盈利机会的作用……政策和教育服务的（慈善）捐赠，以及这些（教育）企业在国家和国际教育政策共同体中的参与"。[14]

全球教育商业

全球跨国教育公司的发展和慈善机构、国家教育政策制定者、影子精英三者构筑的相互支持网络会引发怎样的结果呢？虽然实际影响难以衡量，但可以做出一定的假设。首先，由于全球大学的各类营销、测试产品的国际使用、全球数据库的构建以及最重要的，全球市场教科书的出版，全球知识产业可能在全球教育文化中创造一个统一的水平。其次，全球知识产业可能会试图让企业发挥对世界各地学校传播的意识形态的控制作用。虽然教科书总是有可能反映出不同的意识形态，但全球出版商似乎不太可能发行那些包含威胁到他们对全球市场控制的教科书。最后，全球市场营销的学校和全球信息及出版公司可能会改变和取代当地文化。同样，这些只是没有任何具体证据的推测性假设，是根据全球市场运作的常识推断而来。

有一个关于营利性知识公司在当地产生影响的案例，与公共图书馆有关。公共图书管理员担心，GATS 会导致政府减少对公共图书馆的支持，转而支持营利性知识公司。[15] 国际图书馆协会和机构联合会在 2001 年就警示道，GATS "有可能使一国经济的各个方面向外国竞争者开放，包括图书馆这样的公共服务部门"。[16]

在《遏制公共图书馆：世界贸易组织的服务贸易总协定》(*Constraining Public Libraries：The World Trade Organization's General Agreement on Trade in Services*)一书中，萨穆埃尔·绰索(Samuel Trosow)和基尔斯蒂·尼尔森(Kirsti Nilsen)详细阐述了图书馆的服务被营利性公司取代的过程。比如，对书籍的选择。目前越来越多的书籍由私营国际供应商来提供。英格拉姆内容集团(Ingram Content Group)就是其中之一，该集团号称是全球最大、最值得信赖的实体出版物和数字内容分销商。"（截至 2013 年，）我们为 195 个国家的超过 38 000 家零售商、图书馆、学校和分销伙伴提供书籍、音乐和多媒体内容。超过 25 000 家出版商使用英格拉姆的方案和程序来激发图书的商业潜力。"[17] 英格拉姆图书集团的另一个成员库茨信息服务公司(Coutts Information Services)则提供完整的配套服务。

库茨信息服务公司，为世界范围内的图书馆提供最广泛的印刷品和电子内容、低廉的填充费率以及专业的管理程序和服务。我们为超过 150 个国家的 5 000 多家图书馆及其他专业机构提供服务，引领行业发展方向，并致力于塑造全球高等教育图书和电子内容获取的未来，包括提供图书"收藏管理和即刻上架服务"。[18]

此外，还有其他的信息和出版服务能取代图书馆，例如所谓的全球知识公司，包括从全球自由市场获益的出版商们，如贝塔斯曼（Bertelsmann）公司、HCIRN 公司、霍尔茨布林克出版社（Holtzbrinck Publishers）、英富曼（Informa）集团、培生教育、励德爱思唯尔（Reed Elsevier）集团、麦格劳-希尔集团（The McGraw-Hill Companies）和汤姆逊（Thomson）公司。[19] 所有这些公司都含有出版服务和庞大的信息系统。

全球出版和信息集团体量巨大。总部设在德国斯图加特的霍尔茨布林克出版集团描述其公司为："活跃在 80 多个国家，提供信息，传播知识，服务于教学、科研以及一般读者市场。"[20] 单单在美国，公司旗下子机构包括音频复兴（Audio Renaissance）、贝德福德/圣·马丁家（Bedford/St. Martin's）、法劳·斯特劳斯·吉罗（Farrar, Straus & Giroux）公司、亨利·霍尔特（Henry Holt）公司、帕尔格雷夫·麦克米伦（Palgrave Macmillan）、皮卡多（Picador）、圣马丁出版社（St. Martin's Press）、托尔出版（Tor Books）公司、W. H. 弗里曼（W. H. Freeman）、贝德福德（Bedford）、弗里曼和沃斯出版集团（Freeman and Worth Publishing Group）以及沃斯出版社（Worth Publishers）。[21] 英富曼集团标榜自己提供了"面向全球市场的专业信息"，拥有包括泰勒-弗朗西斯出版集团（Taylor & Francis Group）在内的一系列出版商，而泰勒-弗朗西斯出版集团又由劳特利奇（Routledge）、加兰科学（Garland Science）和心理学出版社（Psychology Press）组成。[22]

总部设在英国的培生集团，自称"世界领先的教育公司"，"从学前教育到高中，从早期学习到专业认证，我们的课程材料、多媒体学习工具和测试项目比任何其他私营企业都更能帮助全球数百万人接受教育"。[23] 培生对其全球业务范围作了如下描述："尽管我们 60% 的销售额来自北美，但我们的业务遍及 70 多个国家。我们的课程发布由一系列声誉极佳的出版社支持，包括斯考特·福斯曼（Scott Foresman）、普伦蒂斯·霍尔（Prentice Hall）、艾迪森·维斯理（Addison Wesley）、阿林和培根（Allyn and Bacon）、本杰明·卡明斯（Benjamin Cummings）以及朗氏（Longman）。"[24] 在鲍尔看来，培生在广告中声称提供"与个人机会和国家竞争力相联系的高标准，国家教育政策改善的解决方案……（它）是一个全球化的参与者……通过出版、评估……（提供）英语教学及行政管理产品"。[25]

2013 年，麦格劳-希尔教育集团在其网站上自豪地宣布，该集团的全球影响力已延伸至 44 个国家，并拥有 60 多种语言的出版物。

麦格劳-希尔教育集团,与世界各地的学生、教育工作者、管理人员和其他专业人士合作,提供有吸引力的、适应性强和个性化的解决方案,以提高效率和成绩。我们将经过验证的、基于研究的内容与最好的新兴数字技术相结合,以指导评估、教学和学习,为学生、教师和机构实现可能的最佳结果。麦格劳-希尔教育集团在 44 个国家雇用了 6 000 多名员工,以60 多种语言出版书籍。[26]

2013 年,麦格劳-希尔教育集团被卖给"隶属于阿波罗全球管理有限责任公司的投资基金"。[27] 同年,它通过一个称为"智慧图书"(SmartBook)的自适应电子书赶上了科技潮流,宣布"这是世界上第一种自适应电子书,将通过使学生专注于最重要的学习内容来彻底变革大学的阅读"。[28]

许多这样的全球信息服务和出版企业瞄准了发展中国家,比如施普林格科学＋商业媒体(Springer Science＋Business Media),在其"发展中国家的倡议"中称:"作为全球科学、技术和医学出版商,我们知道我们在科学信息分布和知识研究获取中应该承担的责任。我们要勠力同心,确保我们手中的知识也能让世界上那些仍在发展中的区域获得。"[29]

全球测试服务:学校科目与英语的标准化

全球使用同样的测试,是信息服务和出版公司在世界范围内扩张的结果之一。什么是学生准备统一考试的文化影响因素?国际组织测试方案的全球营销,是否有助于世界教育文化的统一并推广英语作为全球语言?是世界性的测试导致了专业领域内的全球知识标准化吗?

目前,任何答案都是推测性的,因为没有具体的证据表明国际测试项目的影响。然而,有人可能会说,如果世界各地的学生正在准备参加类似的考试,那么他们就会接触到一种统一的教育和考试文化,这可能有助于创造一个世界文化。

专业知识在世界范围内的标准化,可能是培生集团市场营销的结果。我将在最后一节讨论这个全球性公司。培生旗下的虚拟大学企业(Virtual University Enterprises,VUE)是全球最大的计算机化考试和测评公司。根据公司的官方介绍,1994 年 VUE 由三位电子考试领域的先驱建立,其中包括开发了世界上第一个电子考试系统的 E. 克拉克·波特(E. Clarke Porter)。

2000 年,培生收购了 VUE。2006 年,培生收购了 Promissor,一家为不同领域的专业人士提供认证的知识测量服务提供商。培生 VUE 专注于专业人士认证,(截至 2013 年,)已在全球 175 个国家设有 4 500 个培生 VUE 测试中心。"今天,"根据其公司描述,

> 培生 VUE(www.pearsonvue.com)是全球领先的电子测试服务提供商,为信息技术、学术、政府和专业客户提供从测试开发到数据管理的全套服务。从美国、英国、印度到日本和中国的运营中心,公司为电子测试市场提供各种服务。目前,培生 VUE 在全球 175 个国家拥有 4 500 家培生 VUE 授权考试中心,规模仍在迅速扩张。培生 VUE 还在全球拥有和运营超过 400 家培生专家中心,为专业许可和认证机构提供服务。[30](译者注：以上信息引自培生官网,2013 - 11 - 26)

培生所提供的基于计算机的测试涉及的范围是惊人的,限于篇幅就不一一列举了。该公司给出的名单中包括学术/招生、IT 认证、金融服务、政府服务、健康和医药以及政府监管许可这些领域。[31]

当我在写本书的第一版时,我们学校纽约市立大学皇后学院的技术培训中心发给教职工一封电子邮件,说"现在皇后学院是培生 VUE 考试中心这个大家庭的一员了"。[32] 该电子邮件称："我们的技术培训中心将与培生 VUE 测试一道,提供更好的考试服务技术、业务和其他专业行业认证。我们还提供参加独家促销活动和获取考试券的先进与可靠的技术。"[33] 按照计划,未来皇后学院 VUE 考试中心将为学校录取、专业许可和约 48 个组织和公司的就业提供测试服务。

尽管培生 VUE 可能帮助促进全球行业及政府许可的标准化,但世界范围的语言测试可能会导致全球英语语言的标准化,而不再是与特定文化或国家有关的英语形式。正如我随后所讨论的,全球英语标准化,似乎是以一种全球商务英语的形式出现的。这让不同文化的人在世界各地的工作场所能够交流,这在一定程度上与美国教育考试服务中心(ETS)的全球影响力有关。由于主要集中于在工作场合用语,可能会导致教授的词汇量有限。这种形式的英语,"可能",我想再次强调"可能"这个词,限制了工作的人们用英语表达他们对经济、政治和社会状况变化的不满和要求的能力。这种全球英语的框架,我在上海看到的一个标牌上就有所体现,上面写着"学老板想听的英语单词!"

2000 年之前，ETS 主要着眼于美国的考试市场。2000 年，商人库尔特·兰德格拉夫（Kurt Landgraf）成为中心总裁兼首席执行官。他将一个非营利性组织，转变成一个年收入超过 8 亿美元的"营利性组织"。作为兰德格拉夫规划的一部分，中心的业务版图扩展到 180 多个国家/地区。"我们的使命不只在美国，而在全球，"引用兰德格拉夫的话，"我们可以向全世界提供教育服务，而要做到这一点，则必须在商业世界吸取经验教训（作者的重点）。"[34] 对该全球市场营销方式的官方描述是"ETS 每年在全球超过 180 个国家、9 000 多个地点进行超过 5 000 次考试的开发、管理和评分，其中包括托福和托业考试、GRE 的综合和科目性考试以及实践性的系列考试"（2013）。[35]

全球英语语言的企业化

ETS 的一个重要功能，是使英语作为一门全球性语言。它的许多产品是针对英语学习者的。它对广泛使用的托福（TOEFL）、托业（TOEIC）以及英语口语测试（TSE）进行营销。托福考试是一种评估工具，用于评估想到英语国家大学学习的外国学生的英语语言能力。在推广英语方面，ETS 表示："我们进行教学研究、教育政策研究，并为教师资格认证、英语语言学习和小学、中学、高等教育开发各种定制服务和产品。"[36]

2013 年 9 月在罗马召开的第六届"英语作为一种通用语"年度会议凸显了全球英语的发展。[37] 英语作为通用语是指不同国家的人都用英语进行交流。据估计，世界上讲英语的人只有四分之一母语也是英语。[38] 正如芭芭拉·赛德霍夫（Barbara Seidlhofer）认为的："英语作为通用语言可以成为没有共同母语和民族文化的人们之间的一种'联络语言'，对于他们来说，英语是一种被选择用来沟通交流的外语。"[39]

将英语视为通用语的后果之一，就是全球英语的标准化。世界上有各种各样的英语，包括在非洲国家、印度、巴基斯坦、英国和美洲国家使用的英语。这使得以英语为第二语言的学习者的全球交流变得更加复杂。因此，英语作为全球交流的通用语被标准化，可以确保其可理解性。赛德霍夫认为，将英语作为一种通用语的教学，应该把重点放在国际文化理解上。她写道："英语的特征往往对国际交流的可理解性至关重要，因此需要教授……英语与学习者母语的区别，往往不会引起误解，因此不需要特别关注……主要是让学习者在国际交流的环境下去学习。"[40]

英语教育机构在全球教育服务贸易中的主导地位,有助于英语作为全球语言的发展。英语也主导着全球的学术话语。国际高等教育中心主任菲利普·阿特巴赫(Philip Altbach)在一篇文章中描述了英语在全球教育服务贸易中的主导作用。该文章有一个描述性标题,即"帝国的舌头：英语作为主导的学术语言"(The Imperial Tongue：English as the Dominating Academic Language)。[41] 除了作为全球商业语言,阿特巴赫称,"现在英语也是主要的国际学术语言"。[42] 英语在学术界占据主导地位的原因很明显。美国的研发经费约占世界的一半,而英语国家(美国、加拿大、英国和澳大利亚)容纳了世界一半以上的留学生。此外,据他所言,主流学术期刊的编辑,一般都在以英语授课的大学工作,这些期刊也都是用英语出版的。此外,英语是世界上学习最广泛的第二语言,在教育的各个层次都有所体现。大多数学术网站都是英文的。几乎全世界的大学都提供英语的学位课程。[43]

因此,英语国家在其他国家设立分校也走在了前列。正如阿特巴赫所言："在很大程度上,全球分校运动在使用英语作为教学媒介。美国、澳大利亚和英国在建立分校方面最为活跃,英语作为教学语言也就不足为奇了。"[44] 甚至非英语国家的大学分支机构,也经常使用英语作为教学媒介。此外,他认为,高等教育的课程开发也是用英语进行的,而且通常是在英语国家开发的。

这有助于全球教育文化的发展,阿特巴赫预测,英语将继续占据主导地位,其结果是,英语国家的教育服务贸易将继续占据主导地位。他总结说："如果全球化决定了世界经济、科学和其他方面的方向,那么在可预见的未来,英语作为全球科学和学术语言的发展是不可避免的。"[45] 他认为,在 WTO《服务贸易总协定》的背景下,各国将被迫接受外国教育服务。他断言："如果《服务贸易总协定》被广泛实施,这将不可避免地意味着英语语言机构和项目将进一步在世界范围内得到加强。"[46]

总之,英语是全球教育服务贸易中的主要语言,这使得英语国家在全球教育服务营销中处于领先地位。此外,承认英语是一种与各国自己的英语不同的通用语,可能有助于它的全球标准化。国际考试的扩张,可能会导致英语的全球标准化。分析培生所提供的关于专业知识标准化的各种测试的内容,会是一件很有趣的事情。通过在线测试,培生能够进行全球营销。ETS 的一系列英语考试及其英语作文在线服务,对英语的说写方式产生了全球性的影响。英语作为一种全球语言,是否会被标准化,从而脱离某一特定文化或民族语言的刻板印象呢？全球英语会被商业化而成为国际企业的语言吗？

国际非政府组织：是影子精英的一部分吗？

关于国际非政府组织（INGOs）扮演的全球角色，是存在争议的。"世界文化理论"派认为，国际非政府组织对于全球共同文化的发展至关重要。两位"世界文化理论家"约翰·波利（John Boli）和乔治·托马斯（George Thomas）在他们的著作《构建世界文化：1875 年以来的国际非政府组织》（*Constructing World Culture：International Nongovernment Organizations since 1875*）中，强调了国际非政府组织对"世界文化理论"的重要性。[47] 他们写道："按我们的分析，国际非政府组织被描述为是个人主义、唯意志理性权威、进步主义和世界公民身份的体现。"[48] 根据约翰·波利、托马斯·洛亚（Thomas Loya）和特蕾莎·洛夫廷（Teresa Loftin）的观点，世界公民身份，是国际非政府组织发展的结果。他们发现，在国际非政府组织的成员中，西方国家是不占主导地位的。然而，在 19 世纪国际非政府组织是倾向于以西方国家为中心的，直到 21 世纪，研究人员找到了国际非政府组织的参与方式，"在全世界，致力于新旧国家和每个占主导地位的宗教的发展"。[49] 关于西方国家的影响，作者这样总结："世界文化是日益全球化的，在早期阶段欧洲人和盎格鲁-撒克逊美国人统治世界文化，而如今在呈递减趋势。"[50]

与"世界文化理论"派不同的是，国际非政府组织的批评者将其标榜为一种为"全球资本主义治理"的利益服务的"人道主义帝国主义"的形式。[51] 按照世界体系论者的传统观点，国际非政府组织支持全球资本主义。作为国际非政府组织中最大的组织之一，人权组织因支持"西方自由国际主义"的议程而受到批评，这种议程"大体上与维护世界现有的权力和财富的地缘政治结构相一致"。[52] 也有人认为，"非政府组织领导的人权干预进程，往往具有固有的帝国主义和殖民主义性质"。[53] 作为国际非政府组织的另一大组织，国际环境非政府组织因把"资本主义"剥削人性化和"经常为精英阶层的经济和政治利益服务"而受到批评。[54]

国际非政府组织倾向于代表西方国家和跨国企业的利益，这一点从他们同世界银行的友好关系也可以看出来。与世界银行合作的国际非政府组织领导人可能被视为全球"影子精英"中的一员。世界银行将国际非政府组织归入"公民社会"范畴。世界银行将其与"公民社会"组织的工作描述如下：

世界银行最早是在 20 世纪 70 年代通过与非政府组织（NGOs）就环境问题进行对话开始与公民社会互动的。今天，世界银行与世界各地数以千计的公民社会组织（CSOs）成员交换意见和合作，这些组织包括社区组织、非政府组织、社会运动组织、工会、宗教团体和基金会。[55]

世界银行明确表示，他们与包括国际非政府组织在内的公民社会组织的合作是为了推进自身的工作议程。

通过这几十年的互动合作，世界银行认识到，公民社会组织参与政府发展项目和规划可以通过了解当地文化、提供技术专长和利用社会资本来提高运营绩效。此外，公民社会组织还可以为解决地方问题带来创新的想法、好的解决方案，并能参与实践。[56]

世界银行将其与公民社会团体的互动，描述为从政策讨论到参与世界银行活动的积极合作："在提供森林保护、艾滋疫苗、小额信贷和互联网服务以及解决农村贫困等领域有许多友好合作的例子。"[57]

当然，人权和环境组织更同意文化主义者的描述，说他们是"世界公民"的化身。他们可能不同意"人道主义帝国主义"这个词所体现的意味。当然，正如我在本章后面所讨论的，生态保护团体，例如"地球第一！"（Earth First!），他们认为自己在与全球企业化的消费-工业模式背道而驰。这些组织的教育特征往往不遵循人力资本教育模式，而是依靠进步主义的教育方法。

与其他世界各地的组织类似，国际非政府组织的全球化理论与实际政策的执行之间是有差异的。一名对这种差异进行研究的调查人员达纳·伯德（Dana Burde）赞同"世界文化理论"派的观点："国际非政府组织在世界迅速崛起，其对民间的社会影响条件已经成熟，这使得它们已经能够促进世界文化的发展。"[58] 然而，在对一项由国际非政府组织在前南斯拉夫成立的"家长—教师协会"的个案研究中，他发现了全球化理论与执行结果之间的差别。国际非政府组织的目标是通过家长—教师协会联盟，形成高质量的幼儿教育。除了在儿童发展早期对父母进行培训，各协会还为儿童早期教育项目提供团队支持。这一案例理论上支持"世界文化理论"中教育的发展："国际非政府组织模式改革似乎与国际化水平一致——大多数的国际非政府组织……分享项目模式的干预措施和最佳的做法……甚至包括当地的工作人员……其言辞……趋于一致。"[59] 但是,当涉及实际执行时:"项目受益人……似乎要么以他们熟悉的旧方式参与进来……或者被完全排除在这个过程之外。"[60]

国际非政府组织与全球公民社会

国际非政府组织通常被认为是全球公民社会的一部分,正如之前关于世界银行的讨论所例证的那样,它们试图影响政府的行动,或作为与国家政府平行的权利体系。这表明,国际非政府组织的领导人实际上可能是与全球组织和国家政治机构合作的影子精英。

有些作者将国际非政府组织、政府间组织(IGOs)和跨国公司联系起来,作为全球公民社会的关键要素。在《全球共同体:国际组织在构建当代社会中的角色》(Global Community:The Role of International Organizations in the Making of the Contemporary World)(以下简称《全球共同体》)一书中,入江昭(Akira Iriye)对传统的国际关系主要集中在各国政府和政府外交上(这一观点)进行了反驳。[61] 他认为,从历史角度来看,传统的观点忽视了由政府和国际非政府组织之间错综复杂的相互关系组成的全球公民社会的发展。19世纪以来,国际非政府组织的全球网络化,已经促成了一个全球公民社会。这个社会,有时会对民族国家造成竞争压力。在全球化社会的历史进程中,入江昭根据功能对全球公民社会组织进行了划分,如人道主义救济、文化交流、和平与裁军、发展性救援、宗教、人权和环境保护主义。[62] 与全球公民社会交织在一起的是世界银行等国际政府组织。这些因素共同构成了入江昭的《全球共同体》一书的基本结构。入江昭将红十字国际委员会作为国际非政府组织与各国政府紧密联系的一个纽带。1864年,瑞士政府召开了一次国际领导人会议,拟签署一项确保战争中的伤员得到更好治疗的协议。而在这之前,瑞士人亨利·杜南个人的努力已经促成了红十字会总部在日内瓦的创建。这一年,各国政府代表出席会议并签署了这项协议,而这也致使红十字会卷入国际政治之争。例如,当时,日本坚决不允许20世纪初作为其殖民地的朝鲜作为一个独立国家加入条约,国际红十字会同意了日本的要求,朝鲜红十字会被置于日本红十字会的管辖之下。入江昭总结道:"国家机器和非国家组织之间的界限从来就不清楚。"[63]

在全球公民社会中,人权组织是国际非政府组织最大的组成部分。人权组织和其他国家非政府组织在第二次世界大战后迅速发展。自1850年以来,有超过 35 000 个非营利性国际非政府组织出现在了世界舞台上。然而，这些组织中的大多数后来都解散了。但是，解散消失的速度在第二次世界大战之后明显下降。例如，1969 年大约成立了 134 个新的国际非政府组织，后来只有约 20% 的组织解散了。[64] 人权组织的数量从 1953 年的 33 个增加到 1993 年的 168 个，它们占国际非政府组织的 26.6%。第二大国际非政府组织是环保组织，它有 90 个成员，数量占全球组织的 14.3%。国际非政府环保组织是 1953 年成立的两个组织中发展最快的一个。紧随环保组织之后的是国际非政府妇女权利组织，其组织数量从 1953 年的 10 个增长到 1993 年的 61 个。然而其他有关和平、世界语言、世界秩序发展、民族团结/团体权利和国际法的国际非政府组织，在组织总数中所占的数量正在呈下降趋势。[65]

国际非政府人权组织与进步主义教育

大多数人权和环境类国际非政府组织的教学项目都采用进步主义的教育方法，强调小组合作和团队意识，注重社会参与和行为主义教育。我后面会详细说明，许多环保团体担忧的不是人类发展要经历的必然"过程"，而是人类和地球可能因工业消费主义而毁灭。

国际人权组织使用进步主义的教育方法，试图创造一种全球人权文化。这一目标要求教育工作者培养学生的人权保护意识与受虐待的反抗意识，以及捍卫人权的其他方面。在这种背景下，对人权的保护意识，需要所有的人去思考和理解人权的内涵。通过使用一套共同的人权价值观，创造一种全球文化来分享一种解释性的视角，从而使社会行动有意义。换句话说，在人权文化中，人们需要考虑自己的行为和别人的行为怎样会或者不会侵犯人权。教育是用来告诉学生，如何避免侵犯人权和如何采取行动保护人权的。此外，它还让学生通过支持或反对侵犯人权来理解自己的行为。

人权教育包括住房、饮食、医疗保障和工作待遇等福利问题。许多人权教育工作者认为，如果人们都有福利权利观念，那么人们就会相互理解，也会对其他人的福利待遇进行评估作为人权的一部分。这意味着要通过一个框架来看待世界，这个框架要问所有人的人权是否得到保护，他们的住房、饮食、医疗保障和就业等需求是否得到满足。[66]

大多数的人权教育，是使人们对他人的权利给予保护的一种积极行动方式，这代表着进步主义教育模式是社会活动的组成部分。加拿大人权基金会为培训人权教师所设立的"全球人权内涵"指导性教学模块就是一个例子。该培训模块的目标是把"全球化对人权的影响"和"与全球治理和全球化对公民社会影响的有关问题"[67]介绍给人权教师们。在教学模块中,全球化呈现出了积极和消极的影响。在教学模块的第一单元中,受教育者需要阅读报纸的头条新闻和文章的摘要。比如文章的标题可能是"亚马逊部落的生存诉求""语言濒临灭绝""21世纪的信息技术""警方说多伦多是世界儿童色情作品的中心",以及"艾滋病防治新战线"。[68]然后,他们被要求列出感受到的全球化的积极和消极影响,并将这些展示在课堂上。有两个问题要讨论:"采用何种方式才能使全球化更好地促进和保护人权?[69]以何种方式来确定全球化对人权构成的威胁或危险?"第二个和第三个活动,需要人权教师评估全球化对世界不同区域的影响,中心问题是"在这种情况下,如何尝试促进你所在的社区或区域对人权的尊重?"[70]

正如这些培训模块所示,他们想教导受教育者参与规范全球化对人权的影响。在"全球化人权背景"(The Global Human Rights Context)模块的第二单元,受教育者要通过绘制"势力范围"(Spheres of Influence)图来构建具体的组织。在模块开始时,人权教师们会被告知,"对于权利关系和社会(即国际、国家和地方)各级结构的理解认识,是保护人权和社会变革的重要工具。这一活动旨在确定主要行为者和他们对全球化进程的影响",[71]然后培训者要求班级成员思考他们可能如何影响全球化进程中的组织发展。这些组织包括:全球化的经济机构、世界银行、国际货币基金组织、区域开发银行、多边贸易组织(如世界贸易组织)、跨国公司、各国政府、国际贸易部门、教育部门、财政部门、国际非政府组织和全球通信行业。

权利关系是人权教育课程的核心。在完成"势力范围"图后,受教育者将得到一份声明,旨在引发其对人权教育者在全球社会中影响权利关系的角色的讨论。该声明摘自《人权教育的教学基础国际协商宣言》(*International Consultation on the Pedagogical Foundations of Human Rights Education Declaration*)的"走向人权教育的教学法"(Towards a Pedagogy of Human Rights Education)。该声明在开头部分说:"人权教育应该以这样一种方式进行,即对权利关系和社会力量的分析、理解和解读,以使一场斗争能够改变那些妨碍充分实现人权的权利关系。"[72]

另一个积极促进人权行为主义的例子,是美国人权和和平教育的领军人物贝蒂·里尔登(Betty Reardon)。她写了一本书《为了人的尊严而教育:认识有关权利与责任》（*Educating for Human Dignity*：*Learning about Rights and Responsibilities*）。[73] 这本书作为大学教材提供了从幼儿园到十二年级课堂中使用的有关人权问题的教学指导方针和教学模式经验。比较激进的一个例子是十二年级的课程，题为"道德发展——从意识到承诺，创造人权英雄"。[74] 与之相适应的是对"道德发展阶段理论"的认定。这些"道德阶段"是从"旁观者"向"参与者/受害者/殉道者"发展的过程。该理论强调建立一个全球道德共同体："普遍承认世界所有人民的全面人权，在很大程度上取决于我们的道德共同体的范围，要将其边界扩大到包括所有人类。"[75] 据推测，全球人权组织的成员将积极捍卫，甚至达到殉道（martyrdom）的程度，以保护普遍人权。"道德包容"被定义为"一种可以通过经验学习和学术学习来发展的能力"。[76]

根据里尔登的理论，适当的指导可以把单纯的旁观者变成一个殉道者。在她的道德包容步骤中，前三阶段涉及人权问题的参与程度，从"旁观者""观察者"到"证人"的逐步发展过程。在下一阶段，"倡导"对人权的道德关切使得他们"加入宣传小组，进入报社、学校、教会团体等。他们倡导对受害者予以关注"。当人们"接受承担责任和风险（在捍卫人权方面）"之时，"倡导"会得到"维权人士"的响应。[77] "维权人士"承担个人责任，是为了试着阻止侵犯人权的行为。在"参与者/受害者/殉道者"的道德阶段，人们开始冒着个人风险来维护人权。里尔登对"参与者/受害者/殉道者"的道德发展阶段作了以下的说明：

> 行为主义经常是在内部产生的。但是，实际上也有一些维权人士作为受害一方的成员加入了团结受害者的人权工作之中。比如会有维权人士为了捍卫人权不惜冒着自己被迫害甚至失去生命成为殉道者的危险。你知道这种被视为人权英雄的殉道者吗？[78]

贝蒂·里尔登利用儿童的兴趣和基于指令的活动来发展儿童的人权观念。在这种情况下，人权被视为人类的需要。在她模拟的二年级课堂主题"构建适合儿童的世界——理解人类需求"下，里尔登指导教师们，"告诉孩子们，当我们许下愿望时，我们会使用自己的想象力。当我们想象美好的事物和更美好的世界时，我们就开始让世界变得更美好"。[79] 在课堂中，孩子们将写下自己想要给新生婴儿的礼物，这些礼物代表着新生婴儿的实际需要，如一张床、衣服和其他物品。这些愿望是为了让孩子的生活更安全、更快乐。关于愿望和需求的课堂讨论会产生两个列表："孩子的需要"和"构建一个更美好的世界"。课程最后,老师要求二年级学生"看看愿望清单,思考我们需要学习什么才能创造一个更美好的世界"。[80]

将"需要"与"想要"分开,是学生构建自己人权清单的另一种方法。接下来的这节课,是人权教育者网站和美国国际特赦组织发表的《人权的此时此地:庆祝世界人权宣言》(*Human Rights Here & Now*:*Celebrating the Universal Declaration of Human Rights*)文本内容的一个组成部分。[81]此文的一个重要特点是将人权概念与儿童成长的发展阶段联系起来。在发展心理学的背景下,学习区分"需要"和"想要"是 8—11 岁小学生的一项活动。在这个年龄段中,强调的是对社会责任和区分"需要"与"想要"概念的教学。"需要"与"想要"的概念不同,它与人权有着密切的联系。所有的课程都是为了培养维权公民而开设的。在幼儿时期,包括学龄前和小学低年级,人权教育倡导从教育孩子尊重自我、尊重父母、尊重教师和他人开始。对于这一年龄组的孩子,关键是通过其加入团体表达自我主张和倾听他人来培养他们的社会责任感。适龄儿童的教育,包括种族主义、性别歧视、不公平现象和伤害他人等内容,介绍关于个人与群体权利、自由、平等、正义和法治的概念,学生学习尊重多样性并辨别各种观点。此外,他们需要做学校和社区服务。在初中阶段,年龄在 12—14 岁的学生,被教授有关人权文件的内容,他们要学习国际法、世界和平、世界发展与经济问题,以及法律和道德权利。他们要学习如何理解别人的观点,做关于人权问题的研究,以及传播分享社区活动的信息。在高中的最后几年,学生通过参与公民组织和学习公民非暴力反抗的力量,将人权融入个人的意识和行为中。

国际非政府环保组织与进步主义教育

国际非政府环保组织,作为国际非政府组织中的第二大组织,强调对人们开展社会行为和政治行动的教育。国际非政府环保组织在促进环境可持续发展中十分重要。例如,国际非政府组织和联合国(具体包括世界自然保护联盟、联合国环境规划署和世界自然基金)1991 年共同编写了具有里程碑意义的环境保护报告《关爱地球》(*Caring for the Earth*)。该报告宣布:"我们必须采取全球性行动……环境连接着所有的国家。"[82]为了反映全球民间行动诉求,在 1992 年和 2002 年的两个重大世界环境首脑会议中,国际非政府组织发挥了重要作用。1992 年,在巴西里约热内卢召开的联合国环境与发展会议中签署的一系列条件，确定了从地方到国家各级公民行动的基本要素。这场"地球峰会"吸引了172个国家的代表参加，其中包括108名国家元首/政府首脑，2 400名国际非政府组织代表。"环保问题"集中体现在会议通过的两个文件《21世纪议程》（*Agenda 21*）和《里约环境与发展宣言》（*Rio Declaration on Environment and Development*）中，"通过有关各方不同程度的参与实施，在国家层面，每个人都应拥有获得公共部门发布的有关环境信息、自己社区内危险物品信息或其他环境信息的权利，以及参与决策过程的机会"。[83] 这是呼吁公民直接参与和采取行动，而不是依赖选举产生的代表。《里约环境与发展宣言》呼吁各国政府确保公众获得有关环境问题的信息，要求："国家通过广泛提供信息，促进和鼓励公众对环保问题的认识。"[84] 包括国际非政府组织在内的公民社会将成为保卫环境的先锋。

里约"地球峰会"十年之后，在南非约翰内斯堡举行的全球首脑会议中，通过了另一个关于全球参与的协议。在约翰内斯堡首脑会议上，全球人民论坛发表了《公民社会宣言》。这一宣言宣称全球人民论坛代表着那些在《里约环境与发展宣言》中被认为是弱势的社会群体，包括"妇女、儿童、原住民、残疾人士、基于信仰的组织、非洲后裔、被侵略的人民和其他底层的群体"。[85] 换句话说，即穷人和弱势群体。宣言声称："作为社会变革和可持续发展的关键群体，我们以极其严肃的态度决心引领我们自己的未来。"[86]

约翰内斯堡宣言支持整体教育（holistic education）。整体教育作为进步主义教育的一个重要组成部分，打破了学科之间的壁垒。约翰·杜威和保罗·弗莱雷是整体教育的代表。整体教育有两个重要的含义。第一个含义是，所有人类问题都是相互关联的，与环境也相互关联。第二个含义是，人类的知识域是一个整体，而不是特定历史学、经济学、物理学、生物学等学科部分。约翰内斯堡的宣言强调了整体性的特点、全球社会中的环保问题，以及其在环境保护中的作用：

> 公民社会包括《21世纪议程》中的主要组织、基于社区的正式和非正式组织、代表种族主义受害者的国际非政府组织。在"里约原则"和"21世纪议程"转变为具体措施、项目和可持续发展战略的过程中，公民社会组织发挥着中心指导作用……我们认为，为了可持续发展而促成的团结和伙伴关系，是建立在明确人类需要和相关目标、消除贫穷的目标和行动，以及对世界物理、社会、精神环境的增强和修复的基础之上的。[87]

1969 年美国密歇根大学的威廉·斯塔普（William Stapp）对环保教育的定义体现了进步主义教育的社会维权。随后，斯塔普与人合著了关于环保教育的重要著作。他在 1969 年对环保教育下的定义是："环境教育的目的是培养一个了解生物物理环境及其相关问题的公民，知道如何解决这些问题，并有动力为解决这些问题而努力。"[88]

换言之，世界自然基金会（WWF，前身为世界野生动植物基金会）支持社会行为主义。这是一个主要促进环境教育的国际非政府组织。它根据社会行为主义的程度，区分了环境教育的狭义和广义概念。世界自然基金会认为，狭义的教学是培养"关心环境的兴趣"，这种教育并不试图让学生直接参与公民行动。活动通常仅限于捡垃圾或种树。相反，广义的教学重点是研究"人类行为与全球生态系统"之间的关系，并培养"关注意识和参与技能的（公民行动）"。[89] 学习这些技能的目的是使学生行动起来：从写信给政治领袖，到对破坏环境的肇事者采取直接行动等。

进步主义教育培养人们的环保意识，而不教人们学习世界自然基金会教育项目中的公民行为主义。进步主义的教育项目不指导公民行为，这也许正是其与世界银行、联合国教科文组织、各国政府和其他国际非政府组织构成紧密联系的原因，这让它在全球公民社会中占据重要地位。从官方的角度来讲，国际非政府环保组织的使命是：阻止地球自然环境的恶化，建设人类与自然和谐相处的未来。

为了实现这一使命，世界自然基金会将其努力集中在两大领域：

① 生物多样性；

② 足迹。

第一，确保地球生物多样性为子孙后代的生活保持健康和活力。我们的战略重点是保护关键地区和关键物种，这对保护我们地球丰富的生物多样性特别重要。

第二，减少人类活动对生态足迹的负面影响。我们正在努力确保生命所需的自然资源——土地、水、空气——得到可持续而公平的管理。[90]

激进的环保主义与全球企业化的抑制

与赞同商业化的国际非政府组织相比，一些国际环保非政府组织（INGOS）拒绝接受当前经济体系的支持，并反对日益扩张的全球企业化。例如，生态正义教育(EcoJustice education)运动的重点，是改变支持当前经济体系的文化价值观。生态正义教育的提倡者拒绝"商品化，或者把一切都变成产品在市场上出售"，认为"教育"是对非商品化的未来的投资：传统是基于内在的价值和意义来维持的，市场和货币交易是文化很小的一部分。[91] 最重要的是，生态正义教育否定人类是最重要的物种、人类应该支配所有其他物种的概念。改变地球存在主要是为人类服务的信念，正是动物权利组织努力的核心。这一理念认为，人类至上的信念导致了自然资源的肆意开发和其他物种的灭绝。此外，表现为对"机制"的抗拒：把世界和生命过程看作是一个机器。在诸如"信息处理"和"反馈系统"这样的术语中，表现为"支持"整体/有机：视世界为一个相互关联的生物体，认为应该在相互依存的互惠关系中看待人类和自然界。[92]

两个极端的排斥人类作为中心和主导物种的例子是"地球第一！"(Earth First!)以及善待动物组织(Ethical Treatment of Animals，PETA)。"地球第一！"倡导直接行动的方法，如坐在树下和封锁伐木卡车以保护森林，他们也称这些行为为"恶作剧"(monkeywrenching)。正式地说，"地球第一！"的行为主义解释如下："我们相信工具箱中的所有工具，从草根组织、法律组织到公民抗命和恶作剧。但当法律不能解决这个问题时，我们就把自己的身体置于危险之中，以阻止破坏。""地球第一！"的直接行动方法，吸引了人们对自然世界面临的危机的关注。同时，也拯救了生命。[93]

"恶作剧"来源于爱德华·艾比(Edward Abbey)的著作《恶作剧帮》(*The Monkeywrench Gang*)，[94] 指的是在树上钉钉子，破坏广告牌，拆除勘测桩，向土方机械的储油罐中倒糖或沙子，以及其他形式的破坏，也就是所谓的"生态破坏"。正如"地球第一！"组织的领导人所描述的，"恶作剧"是超越公民反抗的一步。在"地球第一！"网站上有一些文章支持"恶作剧"的做法，比如《用猴子战胜气候变化：叛变的自然主义者道格·皮科克想把自己从荒凉的未来中拯救出来》(*Taking a Monkey Wrench to Climate Change：Renegade Naturalist Doug Peacock on Saving Ourselves from a Bleak Future*)。在这篇文章中，环境活动家道格·皮科克被描绘成一个"自诩为沙漠老鼠的人"，他在传奇的自然保护主义者爱德华·艾比(《沙漠纸牌》的作者)的指导下打磨出自己同荒野的亲密关系，他也是"破坏阻挠帮"核心生态破坏者乔治·海杜克(George Hayduke)的灵感来源。对于任何想拿着电锯锯广告牌或者想看水坝内爆以让河流重新自由奔流的人来说，皮科克和艾比一直是他们的精神支柱。[95]

"地球第一!"否认对"恶作剧"的支持,但承认一些当地团体和个人参与了这种戏剧性的公共教育形式。还有,"地球第一!"分发了戴夫·福尔曼(Dave Foreman)和比尔·海伍德(Bill Haywood)的书《生态防御:恶作剧的田野指南》(*ECODEFENSE*:*A Field Guide to Monkeywrenching*)。[96]

为保护环境而进行的公民反抗行为,被比作结束奴隶制度和人类歧视的民权运动。新的民权运动涉及所有动植物物种的权利。"地球第一!"的一个成员宣称:"'地球第一!'和金博士一样致力于个人权利。今天……我们公开地扩展他的范围,包括我们这个星球社会中受压迫的所有成员。"[97] 比尔·杜瓦尔(Bill Duvall)把公民抗争描述为公共教育的一种重要形式。他断言,公民反抗"是针对更多人的,而这种行为应该由激进分子来解释。明智和有创意的信息沟通与行动本身同样重要"。[98]

生态破坏演示,作为一种公共教育形式是有争议的,因为它涉及对其他人和财产破坏的潜在危险。例如,树木的尖刺可能会伤害伐木工或锯木厂的工人。与支持公民不服从的论点类似,生态破坏演示被比作废奴主义者为结束人类奴役所使用的暴力。此外,像砍树这样的行为,是为了让砍伐古老的森林变得无利可图,而不是伤害他人。破坏财产,如烧毁郊区建筑工地,毁坏的是所有人的财产权而不是个人和公司的财产权。佩格·米莱特(Peg Millett)曾在1989年因拆除一座电力塔而被捕。他认为"恶作剧"就是"拆除现有工业体系,但我希望把它定义为非常小心地拆卸这种机械装置"。[99]

善待动物组织(PETA),已用各种各样的手段从禁止穿毛皮外套到文学熏陶,告知公众动物也有权利。该组织有许多有趣的项目,其中有一个是分过类的52张卡片,统称为《动物权利:周末的战士》(*Animal Rights*:*Weekend Warrior*)。卡片上的信息建议每一年的每一周公民要采取何种行动。这些建议中的一部分是关于公立学校教育的。"第4周卡"的标题是"素食主义",呼吁学校研究提供"健康、人性化的午餐计划"。它建议持卡人要求改变学校的食品服务,"请求每餐提供素食主菜,可以提供像人造黄油、酸奶豆腐这样不残忍的替代品。需要明确的是,肉味香精和黄油煮熟的蔬菜也是不可以的"。[100] "第11周卡"的标题"拒绝解剖",鼓励学生写信给他们的老师和校长"来表达对解剖的感受"。[101] 在"第2周卡"的"做图书馆展示"中,"周末战士"被告知通过为当地图书馆办一个展览会来教导你们社区的其他人关于动物权利的问题。[102] 其他卡建议"周末战士"通过抵制皮革、挂横幅、分发抵触毛皮商店宣传单、抗议动物试验产品的方法来保护动物权利。

　　善待动物组织的活动具有全球影响力。例如,善待动物组织成员起诉跨国快餐店肯德基,让他们改善其饲养鸡的方式和停止制造有关动物的人性化处理的虚假声明。肯德基一年屠宰超过7亿只鸡。为了回应善待动物组织的批评,肯德基创建了一个动物福利咨询理事会,制定了农场养鸡的专营权的标准。2003年5月,善待动物组织要求其扩大鸡笼子大小的30%,安装摄像机以确保动物尽可能以无痛的方式被杀,肯德基同意了其要求后,善待动物组织同意停止对肯德基的起诉。然而,2003年7月其又提起诉讼,称"那些被饲养和宰杀的禽类遭受了大量的痛苦和伤害"。[103]

　　善待动物组织行动的重要意义在于,最终建立了动物伦理处理的全球标准。肯德基正式表示:"作为肉类产品的主要商家之一,我们有机会,并且有责任,影响善待动物的方式。我们非常认真地对待这一责任。我们只与那些保持非常高的标准和赞同我们对动物福利的承诺的供应商合作。"[104]关于对待动物的方式,善待动物组织也赢得了快餐连锁麦当劳、温迪士汉堡和汉堡王的让步。

　　总之,虽然一些国际非政府组织仍按照"人道主义帝国主义"的风格行事,与如世界银行等企业化倡导者联系密切,但也有一些反对全球企业化的国际非政府组织,如"地球第一!"等。大多数人权和环境非政府组织使用进步主义的教育方法,强调某种形式的社会行为主义。因此,这些国际组织的教育模式不同于主流的人力资本模式。事实上,像"地球第一!"这样的国际非政府组织拒绝以人力资本教育为前提的工业消费体系。这些相互竞争的全球教育模式支持了这样一种观点,即不存在单一统一的全球教育文化。

要点　　全球公民社会与国际非政府组织

1. 全球公民社会包括的志愿组织
   a. 以社区为基础的正式和非正式的组织
   b. 一个国家中的正式和非正式的民间组织
   c. 国际非政府组织
2. 全球公民社会的成员发出的政策和制定的标准,将影响
   a. 地方政府

b. 各国政府

c. 政府间国际组织,如世界银行、联合国、经合组织等

3. 主要国际非政府组织按照规模的排名顺序

　　a. 人权组织

　　b. 环境组织

　　c. 妇女权利组织

　　d. 和平组织

　　e. 世界语组织

　　f. 民族团结/集团权力组织

4. 国际非政府组织支持下列形式的进步主义教育

　　a. 为学生积极参与解决社会正义问题做准备

　　b. 为学生积极解决社会政治和经济问题做准备

　　c. 为学生促进文化交流做准备

文化主义者:进步主义教育

拒绝单一的世界教育文化的存在,文化主义者经常将进步主义教育模式作为全球话语中的替代选择。为了与文化主义者的观点保持一致,进步主义教育倡导全球实践应适应当地情况,教育方法应与当地情况相适配。

如第一章所述。

进步主义教育模式

· 教师的专业精神和自主权

· 学生基于兴趣积极参与学习

· 主动学习

· 保护当地语言

· 确保社会正义

· 积极参与社会变革

在特定的地区,这些元素被当地的教育理论学派赋予了不同的意义。例如,美国教育哲学家约翰·杜威在20世纪20年代初访问中国后,他的进步主

义思想被许多中国教育家借鉴，也被苏联教育家在 20 世纪 20 年代以道尔顿制的形式借鉴。[105] 保罗·弗莱雷的进步主义教育思想，在 1968 年出版《被压迫者教育学》后，以不同的形式成为全球的教育话语的一部分。[106]

本书并不想评价任何形式的进步主义教育，但其有一个在各种形式中都常见的元素，即积极参与社会变革。这种常见的元素很容易与知识经济范围内运作的人力资本模式进行比较。参与社会变革的类型因不同形式的进步教育而不同，从在现有政府结构内从事工作到进行革命。

于尔根·施里韦尔（Jürgen Schriewer）和卡洛斯·马丁内斯（Carlos Martinez）在对国际化的教育进行的比较研究中，解释了进步主义模式被借鉴的过程。[107] 他们对西班牙、俄罗斯/苏联和中国从 20 世纪 20 年代到 90 年代中期的教育期刊进行了内容分析，发现，从 20 世纪 20 年代到 30 年代初，这三个国家都对全球教育话语，特别是对施里韦尔和马丁内斯所说的"国际进步主义教育运动"[108] 表现出浓厚的兴趣。

他们的发现很重要，因为他们证实了早期存在的全球进步主义教育模式。用他们的话说，"基于定量数据……我们的研究结果……证实进步主义教育改革运动的国际化，论文到目前为止主要支持这些……（通过）其追随者发展了这一运动的自我诠释"。[109]

这种早期的全球进步主义教育思想运动，并不是革命性的，但它们与革命运动联系在了一起。[110] 约翰·杜威不是一个政治革命者，他在中国演讲时，介绍了他的教育思想，包括基于孩子兴趣的教育、社会建设的课程、在做中学、社会想象力的使用、培养学生积极参与社会建设等。在 1921 年他离开中国时，作了 78 个不同的讲座，他的 10 万份北大演讲稿以及 5 万页的书已经发行，他的三个演讲稿被转载成了课堂文本。[111] 杜威的访问，是由中国的新教育促进会联络发起的，该组织机构用他的思想来证明他们的改革建议。在某种程度上，这个组织机构负责的 1922 年中国政府的学校改革法令，采用了美国教育中小学六年、初中三年、高中三年的模式。1922 年杜威在美国表达了自己对当时的中国教育产生有意义影响的疑惑：

> 中国教育在实践中的推广和泛化所面临的困难几乎是不可克服的。讨论往往以僵局告终：没有教育，就没有中国的政治改革；但只要军人和腐败官员挪用资金，出于私利动机反对学校，就没有学校的发展。[112]

借鉴与输出的文化主义框架的另一个例子是保罗·弗莱雷,一个真正的革命性进步主义教育家。他提出了对话教学的重要建议,帮助学习者理解他们的主观信念如何影响他们对客观世界的理解。

弗莱雷的新进步主义教育学是在南美革命的剧变中出现的。在某种程度上,他借鉴了马克思主义的思想来规划原住民和农民的解放。应该说,马克思主义思想影响了1952年的玻利维亚国民革命运动、1953年至1959年的古巴革命、1960年的委内瑞拉政变、1963年的委内瑞拉民族解放武装部队(FALN)创建以及1961年桑地诺民族解放阵线的成立。[113]

弗莱雷的一个重要影响,是古巴扫盲运动发生后。菲德尔·卡斯特罗(Fidel Castro)的游击队在1959年1月1日推翻了巴蒂斯塔的独裁政权。卡斯特罗担心如果没有一个强调批判和辩证思维的革命性教育,古巴人民将永远不能从殖民统治者的霸权中获得自由。他宣称,教育应当"防止经济殖民残存中的文化殖民"。[114]卡斯特罗强调学校教育与工作实践的重要性。他设想了一个建在工作场所中的学校。利斯总结了卡斯特罗的教育思想:"人不能被灌输学习,这会让他们的头脑里装满理论的碎片。人应该通过思考、分析以及搜索历史教训和答案学习。在卡斯特罗的革命社会里,人们上学是为了思考、分析和理解。"[115]

古巴革命领导人之一切·格瓦拉认为,社会应该成为一个"巨大"的学校,国家应当给人民直接的政治指导。谈到扫盲运动,他在1965年写道:"教育应在大众中扎根,未来可预见的新方式将成为一种习惯。人们接受它,并影响那些没有受过教育的人。这是间接的教育大众的方式,和另一种有组织的方式一样有力量。"[116]

1964年,弗莱雷在巴西军事政变后被流放到智利,他接触到了古巴扫盲运动的理念。在流亡期间,他的社会主义哲学思想和教学方法逐渐成熟,并撰写了《被压迫者教育学》一书。1964年,智利陷入政治动荡。1970年在萨尔瓦多·阿连德(Salvador Allende)领导下,智利产生了第一个民选的拉丁美洲马克思主义政府。在智利紧张的政治气氛中,弗莱雷会见了来自包括古巴在内的许多拉丁美洲国家的社会主义者。在这里,他读到了切·格瓦拉的声明:"真正的革命者是由伟大的爱所引导的。"对关于古巴人的存在和格瓦拉关于爱的声明,弗莱雷写道:"古巴人表明可以做出改变……格瓦拉有爱的能力。"[117]在《被压迫者教育学》里,他从格瓦拉那里引用的有关爱的语句:"缺乏对世界和人类深深的爱,对话就不能存在。世界以爱命名,它是一种创造和再创造,如果没有了爱一切都是不可能的。"[118] 他用格瓦拉的引用来注释下面的语句："我越来越相信,真正的革命者一定要感知革命,由于其创造和解放的性质,所以这是一种爱的行动。"[119]

在《被压迫者教育学》中,弗莱雷强调了他在智利所学的课程。他批判那些"向农民或城市群众'兜售'有关他们世界观,而不是针对农民或城市群众本身提建议"[120] 的教育者们。有趣的是,他用很长的脚注引用了毛泽东著作的观点来支持这一结论,"这里有两个原则:一个是人民群众的实际需要,而不是我们脑子里幻想出来的需要;另一个必须是由人民群众自己提出的,而不是我们为他们捏造的愿望。"[121] 弗莱雷认为,与农民、原住民和城市工人进行对话,才是让他们参与社会改革的关键。

很明显,弗莱雷用来发展他的教育理论的素材很多。有多少是来源于他自己的理论,也是一个需要考虑的问题。即使在今天,弗莱雷的理论,对解放神学的运动也是有影响力的(我将在第六章中详细讨论)。1970 年底,萨尔瓦多和尼加拉瓜的解放战争引发了扫盲运动,这场运动反映了解放神学和保罗·弗莱雷教育思想的影响。萨尔瓦多和尼加拉瓜是两个由统治精英、贫困农民和原住民组成的国家。1961 年,桑地诺民族解放阵线在尼加拉瓜成立,之后又在 1979 年推翻索摩查王朝的独裁统治。在邻国萨尔瓦多,法拉本多·马蒂民族解放阵线成立于 1980 年,而这带来了该国的十年内战,一直到 1989 年解放阵线解散才结束。在这两个国家,扫盲运动被视为革命运动的基本组成部分。[122]

施里韦尔和马丁内斯之前引用了关于国际进步主义教育运动的定量研究示例,这其中也包括弗莱雷的思想传播。他们的数据分析一部分来源于 1994 年国际教育百科全书的引文。保罗·弗莱雷的引文数量位居第二十三名。其中,联合国教科文组织(UNESCO)是第二名、经合组织(OECD)是第五名、世界银行是第九名,以及约翰·杜威是第三十一名。[123] 此外,弗莱雷式教学方法作为(构建)人力资本模型的对应方法仍然是有用的。例如,在莱斯利·巴特利特的研究中,详细介绍了两个在巴西竞争扫盲的项目。一个是由世界银行创办的,另一个是由巴西天主教会的解放神学家使用弗莱雷式的方法资助创办的。[124]

结论：全球教育的企业化、英语以及消费主义经济学的抑制

教育企业化,是跨国教育产业销售产品和服务的结果。我所说的教育企

业化的意思是指全球产业对学校政策的支配,他们把学校视为销售产品和服务以及培训企业员工的地方。这些公司利益也包含支持学校政策,这些政策将从销售考试服务、软件、计算机硬件和其他产品中获利,包括营利性学校。教育政策变成了一个赚钱的机会。

企业化延伸到全球商业和贸易中,让使用的世界英语标准化。美国教育考试服务中心(ETS)等国际组织的语言测试,以及把英语作为通用语的做法,都促进了这一标准的实现。我想说的是,我们的目标是围绕企业的需要,规范全球英语的使用,或者如本章前面所述,教授"你的老板想听的英语单词"。

一些国际非政府组织与企业利益相互关联,为企业利益提供积极的公众形象。他们被指责为"人道主义帝国主义"和为"全球资本主义利益"服务。有些则是与世界银行等机构相连的网络的一部分。

文化主义者指出,各种形式的进步主义教育,是一股反对人力资本教育的全球力量。国际人权非政府组织和环保非政府组织使用进步主义的教育方法来教授社会行为主义。这使它们有别于人力资本教育。后者强调培养循规蹈矩的工人,而不是政治家和社会活动家。一些环保非政府组织拒绝消费-工业社会的到来,并呼吁一种新的经济体制,把人类视作众多物种中的一个,拒绝人类活动和物品的商业化,重视人类和环境之间完整的相互关系。

综上所述,教育企业化与倡导社会行为主义的国际非政府组织之间存在一定的分歧,一些国际非政府组织对当前全球经济结构是持排斥态度的。然而,我认为,营利性教育公司在促进英语企业化形式发展的同时,也促进了全球各国学校政策和实践的统一。在这一框架下,学校将培养顺从的工人,将英语作为一种没有政治意义的通用语言。工人们可以相互谈论工作,但可能不会表达如何抗议工作条件、不公平的劳动实践和经济不平等。

● 注释

[1] Aziz Choudry and Dip Kapoor, editors, *NGOization: Complicity, Contradictions and Prospects* (New York: Zed Books, 2013).

[2] Stephen J. Ball, *Global Education Inc.: New Policy Networks and the Neo-Liberal Imaginary* (London: Routledge, 2012), pp.71,92.

[3] Janine Wedel, *Shadow Elite: How the World's New Power Brokers Undermine Democracy, Government, and the Free Market* (New York: Basic Books, 2009).

[4] Ball, *Global Education Inc.*, p.9.

[5] Ibid.

[6] Ibid. , p. 92.

[7] Anthony G. Picciano and Joel Spring, *The Great American Education-Industrial Complex: Ideology, Technology, and Profit* (New York: Routledge, 2013), pp. 22 – 33.

[8] Amplify, "Company." Retrieved from www. amplify. com/company on November 20, 2013.

[9] Picciano and Spring, *The Great American Education-Industrial Complex*, pp. 25 – 28.

[10] Ball, *Global Education Inc.* , p. 71.

[11] Ibid. , p. 70.

[12] Ibid. , p. 74.

[13] Ibid. , p. 75.

[14] Ibid. , p. 93.

[15] Samuel Trosow and Kirsti Nilsen, *Constraining Public Libraries: The World Trade Organization's General Agreement on Trade in Services* (Lanham, MD: Scarecrow Press, 2006).

[16] Ibid. , p. 89.

[17] Ingram, "About Ingram Content Group." Retrieved from www. ingramcontent. com/pages/company. aspx on November 26. 2013.

[18] Coutts, "Services for Academic and Professional Libraries." Retrieved from www. ingramcontent. com/Pages/Academic-library. aspx on November 26, 2013.

[19] Bertelsmann, "Corporate Divisions." Retrieved from www. bertelsmann. com on July 8, 2007; HCIRN, "Human-Computer Interaction Resource Network." Retrieved from Corporatization of Global Education 151 www. hcirn. com on July 13, 2007; HCIRN, "Kluwer Academic Publishers"; Informa, "About." Retrieved from www. informa. com on July 14, 2007; Informa, "Divisions: Taylor and Francis"; Holtzbrinck Publishers, "Who We Are." Retrieved from www. holtzbrinck. com/on July 13, 2007; Pearson Education, "About Pearson Education." Retrieved from www. pearsoned. com on July 16, 2007; Reed Elsevier, "About Us." Retrieved from www. reed-elsevier. com on July 17, 2007; The McGraw-Hill Companies, "Education. Financial Services. Information & Media." Retrieved from www. mcgraw-hill. com on July 13, 2007.

[20] Verlagsgruppe Georg Von Holtzbrinck, "The Company." Retrieved from www. holtzbrinck. com/artikle/778433&s = en on January 7, 2008.

[21] Holtzbrinck Publishers, "Employment Opportunities." Retrieved from www. holtzbrinckusa-jobs. com on January 7, 2008.

[22] Informa, "Divisions: Taylor and Francis." Retrieved from www. informa. com/corporate/divisions/academic_scientific/taylor_francis. htm on July 14, 2007.

[23] Pearson, "Pearson at a Glance." Retrieved from www. pearson. com/about-us/pearson-at-a-glance. html on November 26, 2013.

[24] Pearson, "Education." Retrieved from www. pearson. com/about-us/education. html on November 26, 2013.

[25] Ball, *Global Education Inc.*, pp. 126 – 127.

[26] McGraw-Hill Education, "About Us." Retrieved from www. mheducation. com/about/about-us on November 26, 2013.

[27] Ibid.

[28] Ibid.

[29] Springer Science + Business Media, "Developing Countries Initiatives." Retrieved from www. springer-sbm. com on July 23, 2007.

[30] Pearson, "About Pearson VUE: History." Retrieved from www. pearsonvue. com/about/history/on November 26, 2013.

[31] Pearson VUE, "About: Markets." Retrieved from www. pearsonvue. com/about/markets/on November 26, 2013.

[32] Ruby Chua, "Pearson VUE Testing." E-mail received on February 5, 2008 from Technology Training Center, Queens College.

[33] Ibid.

[34] Thomas Wailgum, "Testing 1, 2, 3: Kurt Landgraf of ETS Has All the Right Answers," *Continental* (January 2008), p. 59.

[35] ETS, "About: Who We Are." Retrieved from https://www. ets. org/about/who/on November 26, 2013.

[36] Ibid.

[37] English as a Lingua Franca, "6th Annual Meeting of English as a Lingua Franca." Retrieved from http://host. uniroma3. it/eventi/elf6/information. php on November 27, 2013.

[38] Barbara Seidlhofer, "English as a Lingua Franca," *ELT Journal* (October 4, 2005). Retrieved from http://host. uniroma3. it/eventi/elf6/information. php on November 27, 2013.

[39] Ibid., p. 338.

[40] Ibid., p. 339.

[41] Philip Altbach, "The Imperial Tongue: English as the Dominating Academic Language," *International Higher Education* (Fall 2007) No. 49, pp. 2 – 5. Retrieved from www. bc. edu/bc_org/avp/soe/cihe/newsletter/Number49/p2_Altbach. htm on December 19, 2007.

[42] Ibid., p. 2.

[43] Ibid., pp. 2 – 4.

[44] Ibid., p. 3.

[45] Ibid., p. 4.

[46] Ibid., p. 5.

[47] John Boli and George M. Thomas, editors, *Constructing World Culture: International Nongovernmental Organizations since* 1875 (Palo Alto, CA: Stanford University Press, 1999).

[48] John Boli, Thomas A. Loya, and Teresa Loftin, "National Participation in World-

Polity Organization," in *Constructing World Culture*, p. 53.

[49] Ibid.

[50] Ibid., p. 56.

[51] Aziz Choudry and Dip Kapoor, "Introduction," in *NGOization: Complicity, Contradictions and Prospects*, p. 4.

[52] Ibid.

[53] Ibid., p. 5.

[54] Aziz Choudry, "Saving Biodiversity, for Whom and for What? Conservation NGOs, Complicity, Colonialism and Conquest in an Era of Capitalist Globalization," in *NGOization: Complicity, Contradictions and Prospects*, p. 25.

[55] World Bank, "The World Band and Civil Society." Retrieved from http://web. world bank. org/WBSITE/EXTERNAL/TOPICS/CSO/0,, contentMDK: 20092185~ menuPK: 220422~ pagePK: 220503~ piPK: 220476~ theSitePK: 228717, 00. html on November 29, 2013.

[56] Ibid.

[57] World Bank, "Civil Society Organizations." Retrieved from http://web. worldbank. org/WBSITE/EXTERNAL/TOPICS/CSO/0,, contentMDK: 20127718~ menuPK: 288622~ pagePK: 220503~ piPK: 220476~ theSitePK: 228717, 00. html on November 27, 2013.

[58] Dana Burde, "International NGOs and Best Practices: The Art of Educational Lending," in *The Global Politics of Educational Borrowing and Lending*, edited by Gita SteinerKhamsi, (New York: Teachers College Press, 2004), p. 174.

[59] Ibid., p. 183.

[60] Ibid.

[61] Akira Iriye, *Global Community: The Role of International Organizations in the Making of the Contemporary World* (Berkeley: University of California Press, 2002).

[62] Ibid., p. 3.

[63] Ibid., p. 14.

[64] "INGOs and the Organization of World Culture," in *Constructing World Culture: International Nongovernmental Organizations Since 1875*, edited by John Boli and George M. Thomas, (Palo Alto: Stanford University Press, 1999), p. 23.

[65] Margaret E. Keck and Kathryn Sikkink, *Activists Beyond Borders* (Ithaca, NY: Cornell University Press, 1998), p. 11.

[66] Joel Spring, *How Educational Ideologies Are Shaping Global Society: Intergovernmental Organizations, NGOs, and the Decline of the Nation-State* (Mahwah, NJ: Lawrence Erlbaum, 2004), pp. 68 – 71.

[67] Canadian Human Rights Foundation, *Module: The Global Human Rights Context* (Montreal: Canadian Human rights Foundation, 2002), p. 10.

[68] Ibid., p. 14.

[69] Ibid., p. 16.

[70] Ibid., p. 19.

[71] Ibid., p. 23.

[72] Ibid., p. 25.

[73] Betty Reardon, *Educating for Human Dignity: Learning about Rights and Responsibilities: AK–12 Teaching Resource* (Philadelphia: University of Pennsylvania Press, 1995).

[74] Ibid., pp. 189–191.

[75] Ibid., p. 192.

[76] Ibid.

[77] Ibid., p. 193.

[78] Ibid., p. 194.

[79] Ibid., pp. 33–35.

[80] Ibid., p. 35.

[81] *Human Rights Here & Now: Celebrating the Universal Declaration of Human Rights* (Minneapolis, MN: Human Rights Educators' Network, Amnesty International USA, Human rights Resource Center, 1998). The copy of the book I used is available online at www. hrusa. org/hrh-and-n/and has unnumbered pages.

[82] Second World Conservation Strategy Project, *Caring for the Earth: A Strategy for Sustainable Living* (Gland, Switzerland: The World Conservation Union/United Nations Environment Programme/World Wide Fund For Nature, 1991), p. 77.

[83] Paul Pace, "From Belgrade to Bradford—20 Years of Environmental Education," in *A Sourcebook for Environmental Education: A Practical Review Based on the Belgrade Charter*, edited by W. Leal Filho, Z. Murphy, and O'Loan (Pearl River, NY: Parthenon, 1996), p. 18.

[84] Ibid., p. 19.

[85] The Global People's Forum, "Civil Society Declaration" (24 August-3 September 2002). Retrieved from www. staff. city. ac. uk/p. willetts/NGOS/WSSD/GPF-DECL. HTM on November 27, 2013.

[86] Ibid.

[87] Ibid.

[88] EELink: A Project of the North American Association for Environmental Education, "Perspectives: Foundations of EE." Retrieved from http://eelink. net/perspectivesfoundationsofee. html on January 5, 2005.

[89] A four-part table of the World Wildlife Fund's emerging forms of education is given in William B. Stapp, Arjen E. J. Wals, and Sheri L. Stankorb, *Environmental Education for Empowerment: Action Research and Community Problem Solving* (Dubuque, IA: Kendall/Hunt, 1996), p. 6. This publication is copyrighted by the Global Rivers EnvironmentalEducation Network.

[90] WWF, "What Does WWF Do?" Retrieved from http://wwf. panda. org/what_we_do/on November 27, 2013.

[91] Rebecca A. Martusewicz, Jeff Edmundson, and John Lupinacci, *EcoJustice Education: Toward Diverse, Democratic, and Sustainable Communities* (New York: Routledge, 2011), p. 80.

[92] Ibid.

[93] Earth First!, "About Earth First." Retrieved from http://earthfirstjournal. org/about/on November 27, 2013.

[94] Edward Abbey, *The Monkeywrench Gang* (New York: Perennial, 2000).

[95] Earth First!, "Taking a Monkey Wrench to Climate Change: Renegade Naturalist Doug Peacock on Saving Ourselves from a Bleak Future by Elizabeth Miller/ Boulder Weekly." Retrieved from http://earthfirstjournal. org/newswire/2013/ 06/07/takinga-monkey-wrench-to-climate-change/on November 27, 2013.

[96] Dave Foreman and Bill Haywood, *ECODEFENSE: A Field Guide to Monkeywrenching* (Chico, CA: Abbzug Press, 1993).

[97] Quoted in Christopher Manes, *Green Rage: Radical Environmentalism and the Unmaking of Civilization* (Boston: Little, Brown and Company, 1990), p. 167.

[98] Ibid., p. 170.

[99,] Ibid., p. 190.

[100] Ingrid Newkirk, "Week 4: Veganize Your Cafeteria" in *Animal Rights: Weekend Warrior* (New York: Lantern Books, 2003).

[101] Ingrid Newkirk, "Week 11: Cut Out Dissection," in *Animal Rights: Weekend Warrior.*

[102] Ingrid Newkirk, "Week 2: Make a Library Display," in *Animal Rights: Weekend Warrior.*

[103] Elizabeth Becker, "Animal Rights Group to Sue Fast-Food Chain," *New York Times* (July 7, 2003), p. A11.

[104] Ibid.

[105] See Barry Keenan, *The Dewey Experiment in China: Educational Reform and Political Power in the Early Republic* (Cambridge, MA: Harvard University Press, 1977); and the story of the Soviet use of the Dalton method and Stalin's reaction in the 1930s can be found in Larry Holmes, *Stalin's School: Moscow's Model School No. 25, 1931 – 1937* (Pittsburgh, PA: University of Pittsburgh Press, 1999).

[106] The Portuguese manuscript was completed in 1968, and it was published in the United States as Paulo Freire, *Pedagogy of the Oppressed* (New York: Herder and Herder, 1970).

[107] Jürgen Schriewer and Carlos Martinez, "Constructions of Internationality in Education," in Gita Steiner-Khamsi, *The Global Politics of Educational Borrowing and Lending*, pp. 29 – 52.

[108] Ibid., p. 45.

[109] Ibid.

[110] For a general study of the internationalization of progressivism and other

educational ideas, see Joel Spring, *Pedagogies of Globalization: The Rise of the Educational Security State* (Mahwah, NJ: Lawrence Erlbaum, 2006).

[111] Keenan, *The Dewey Experiment in China*, pp. 30 – 33.

[112] As quoted in Ibid., p. 78.

[113] The best general summary of global wars of liberation is Daniel Moran's *Wars of National Liberation* (London: Cassell, 2001).

[114] Sheldon Liss, *Fidel! Castro's Political and Social Thought* (Boulder, CO: Westview Press, 1994), p. 137.

[115] Ibid., p. 139.

[116] Che Guevara, "Socialism and Man in Cuba," *Global Justice: Liberation and Socialism* (Melbourne, Australia: Ocean Press, 2002), p. 35. This book was published in cooperation with Che Guevara Studies Center in Havana, Cuba.

[117] Paulo Freire, *Pedagogy of Hope: Reliving Pedagogy of the Oppressed* (New York: Continuum, 2004), p. 43.

[118] Freire, *Pedagogy of the Oppressed*, p. 77.

[119] Ibid.

[120] This is footnote ♯10 on p. 83 of Freire's *Pedagogy of the Oppressed*, which is cited as "From the *Selected Works of Mao-Tse-Tung*, Vol. III. 'The United Front in Cultural Work' (October 30, 1944) (Peking, 1967), pp. 186 – 187."

[121] Freire, *Pedagogy of the Oppressed*, p. 83.

[122] See Sheryl Hirshon with Judy Butler, *And Also Teach Them to Read: The National Literacy Crusade of Nicaragua* (Westport, CT: Lawrence Hill & Company, 1983); and John L. Hammond, *Fighting to Learn: Popular Education and Guerilla War in El Salvador* (New Brunswick, NJ: Rutgers University Press, 1998).

[123] Schriewer and Martinez, , "Constructions of Internationality in Education," p. 43.

[124] Lesley Bartlett, "World Culture or Transnational Project? Competing Educational Projects in Brazil," in *Local Meanings, Global Schooling: Anthropology and World Culture Theory*, edited by Kathryn Anderson-Levitt, (New York: Palgrave Macmillan 2003), pp. 183 – 197.

第六章　宗教教育和本土教育模式：
文明的冲突？

　　许多宗教组织和当地人不认同"世界文化理论"派所持的观点，即世界文化是全球一致化趋势的一部分。一些宗教组织、原住民群体是世界文化模式以及人力资本和进步教育模式中所体现的物质主义的主要异议者。还有一种争论是关于宗教差异导致的"文明冲突"。有关宗教和本土的不同观点，在全球教育的上层建筑中制造了冲突。此外，宗教和本土团体在地方社区使用全球模式时，往往会采取抵制和改变这种模式的态度。

　　以下我会用宗教的知识来解释学习模式、概念、信仰，以及和宗教组织有关的推理模式。大多数的宗教组织都有一些教育计划来宣传他们特殊形式的知识。本土知识有两个来源：一是与那些嵌入式的世界文化和世界教育文化不同的本土化的知识；二是与原住民有关的知识。在第一章，我把本土民族（有时称为原住民民族、当地少数民族、本地少数民族和部落）定义为联合国所认为的那样，他们有一个主要的特点就是和原来的领土与自然资源紧密地联系在一起。

　　就像我在第一章讨论的那样，宗教和本土的观点给全球教育的上层建筑增加了一个有争论的维度。但是，理解宗教知识对于理解全球化至关重要，就像爱德华多·门迭塔（Eduardo Mendieta）所主张的那样，"一个没有给宗教留有空间的全球化理论，是一个有着重大瑕疵的理论"。[1]一些宗教团体拒绝他们所认为的全球化核心价值，即世俗化、个人的自主性与自由。同样的，一个编辑在介绍《全球背景下的本土知识》(*Indigenous Knowledges in Global Contexts*)时表现出他的担心："对于本土民族来说，在传统价值观和信仰的破碎、灵性的侵蚀、当地和国家生态和经济的扭曲、文化的复兴和开垦的紧张局面中,可以看到'知识危机'的存在。"[2]

知识的存在

知识,不是单一的存在,相反,其被认为是以多种方式观察和理解世界的结果。到目前为止,我讨论过的组织和全球网络都相信,未来学校将从单一世界知识的角度实施教育。然而,正如我在第五章中所讨论的,进步主义教育涉及对其他思维方式和世界的认识。姆班巴(Mpambo)是位于非洲乌干达的一所多科型综合大学(Multiversity),其创始人保罗·万格拉(Paul Wanggoola)解释了理解世界多元知识存在的重要性,"一所多科型大学与一般大学的不同之处在于,它认识到替代知识的存在对整个人类的知识很重要"。[3] 为什么本土知识很重要? 万格拉称:"当今人类面临的问题,并不能单独通过现代科学知识或者单独通过本土知识来解决。更持久的解决方案,将会在本土知识和现代科学知识之间的合成中出现。"[4] 保卫本土民族知识的一个团体宣称:"在(原住民)社区内出现了越来越多令人耳目一新的批评声音,这正是质疑了解和验证知识,以及在国家和全球空间传播知识的过程。"[5]

这为研究跨文化心理学的学者用不同的方法认知和理解世界提供了有力的证据。毫无疑问,回顾他们的所有发现超出了本书的范围。研究跨文化心理学的理查德·尼斯比特(Richiard Nisbett)在《思维的版图:东西方思维差异及其原因》(*The Geography of Thought*:*How Asians and Westerners Think Differently… and Why*)[6] 一书中讨论了这些发现。尼斯比特的书中,通过比较美国和重视儒家文化的国家(例如中国、日本、韩国)心理实验的结果,强调了双方认知方式的差异性。实验中假设在大脑(器官)和心态(器官 + 经验)之间存在差异。每个人的大脑物理结构都是相同的,这些大脑在和不同的环境发生联系的时候,产生了不同的方法来思考和认知这个世界。尼斯比特就不同的认知方式的发展提供了一个复杂的论证。他强调了以下不同之处:

(1)把自我作为一个更大的相互依存的整体的一个部分(儒家文化)/把自我作为一个单一的自由的组织(西方文化);

(2)把世界当做一个复杂、相互联系的,并不断改变的整体(儒家文化)/把世界当做是分散的、独立的不同部分的组合(西方文化);

(3)渴望与群体和谐融合(儒家文化)/对个人个性的渴望(西方文

化）；

　　（4）依恋他人的感情，追求人际关系的和谐（儒家文化）/更关心了解自己的感情（西方文化）；

　　（5）成功和成就的价值在于为集体争光（儒家文化）/成功和成就的价值在于个人的荣耀（西方文化）；

　　（6）对受社会义务支配的社会的偏好（儒家文化）/更多的是用法律来制约社会（西方文化）；

　　（7）根据情况判断行为（儒家文化）/根据普遍规则判断行为（西方文化）。

　　尼斯比特的著作，对只有一个途径来认知这一假设提出了挑战。在出版时，这是一本跨文化心理学的开创性著作。耶鲁大学著名的心理学家罗伯特·斯滕伯格（Robert Sternberg）坚称："尼斯比特指出实验室试验因仅仅局限于美国大学里的学生，或者来自西半球的个体，并不能为人们如何思考提供充足的理解。"[7] 芝加哥大学的人类学家和人类发展专家理查德·施韦德（Richard Shweder）认为："《思维的版图》挑战了西方启蒙运动的一个基本假设，即无论你去世界的东边或西边，南边或北边，思维模式都应该是或者将是类同的。"[8] 多元智力专家霍华德·加德纳（Howard Gardner）把尼斯比特的工作描述为："以研究为基础，对于认为世界各地是一样的这个猜想提出了挑战，这一挑战在认知科学家当中广为流传。"[9]

　　尼斯比特的著作，间接证实了本土民族间存在不同的认知。例如，马琳·布兰特·卡斯特利亚诺（Marlene Brant Castellano）在加拿大原住民研究中，发现本土民族和西方人在认知的方式上存在显著差异。她把原住民认知方式的显著特点分为"知识的来源"和"原住民知识的特点"。在知识的来源这方面，卡斯特利亚诺将其分为三种：代代相传的传统知识；相对于科学方法，通过仔细观察得来的经验知识；还有"需要通过梦境，想象和直觉来理解精神性"的显性知识。[10] 当然，在本章后面我会讲到，唯心论是宗教知识和宗教教育的核心组成部分。

　　什么是"原住民知识的特点"？卡斯特利亚诺指出，原住民的知识，建立在个人经验和"自称没有普遍性"的基础上。[11] 就像尼斯比特认为的那样，西方人猜测真理普遍存在的假设是通过推理或者科学的方法来定义的。尽管两个人可能对同样一件事情有完全不同的看法，但也应该承认两者的看法都是有效的。在原住民中，没有关于谁是正确的争论。集体的讨论和共识的建立，决定了对事情解释的有效性。或者，正如卡斯特利亚诺指出的那样，"知识是通过集体的分析和共识的建立来验证的"。[12]

和尼斯比特所描述的以儒家思想为基础的社会相似，原住民也是用整体的观点看世界，而不是把世界当作分散与独立的部分。卡斯特利亚诺引用了原住民的一句谚语："在印度，你只需要记住两件事：第一，存在即合理；第二，人们之间是彼此联系的。"[13] 这句话的前半部分陈述的"存在即合理"，反映了唯心主义的观点，一切的事物都渗透着意识形态。为了解释整体的观点，她写道："知识的整体品质，意味着如果采用片段式的经验，并试图通过忽视环境的因素使这些知识变得有意义，那么将会使知识脱离现实，必定会导致不好的结果。"[14]

在"原住民传统知识的更替"这一章中，卡斯特利亚诺再一次用同样的话论述了关于加拿大原住民的整体思考的观点："知识的整体品质，意味着如果采用片段式的经验，并试图通过忽视环境的因素使这些知识变得有意义，那么将会使知识脱离现实，必定会导致不好的结果。"[15] 对于卡斯特利亚诺来说，"医药秘轮"（medicine wheel）代表着所有知识。而轮子转一圈意味着生命的一个轮回，这个轮回"包含所有的经验，生物圈所有的'食粮'——动物、蔬菜、矿物质、人类、精神——过去、现在、未来"。[16] 在讨论非洲巨型综合性大学的时候，保罗·万格拉提出了一个与"人类与生物链之间存在密切的关系"这一观点相类似的看法："非洲宗教的核心，有一个不可动摇的信念，即人们与庞大的生物链之间存在微弱的联系。而这个生物链包括植物、兽类、鸟类、昆虫类，也包括无生命的东西，例如石头。"[17] 秘鲁的人类学家马伊亚·莫里亚尔（Mahia Maurial）用"整体性"这个词语描述本土思想和状态，"基于整体的本土性知识，是在人与人之间，以及人与自然的关系中生产和再生产的"。[18]

在谈论撒哈拉以南的非洲原住民时，乔治·J. 阿发·戴（George J. Aafe Dei）认为，知识之间的差异，不应该被视为对立，而应该被认为是介于两者之间的混合知识的两端。他写道："不同的知识，代表一个连续体上的不同点；它们涉及人们感知世界和采取行动的方式。"[19] 在这个连续的区间当中，位于天平一端的本土知识，指向意识和物质；而另一端，则指向科学和现代化。在这个连续区间上中间的点，代表传统知识和现代性的混合。阿发·戴认为："通过日常的练习，不管外界是什么样子，社会都会自由地'输入'和'适应'。这些都将丰富他们积累的知识。在这个意义上，'现代性'是嵌入本土知识的。"[20]

在非洲，本土知识是什么？虽然阿发·戴声称，由于原住民和地区的多样性，非洲不存在"同质化"的问题。但是，他确定了撒哈拉以南非洲认识世界的方式具有共同特征。与以儒家思想为基础的社会和北美原住民一样，他们也认为世界是一个整体："如今，这个世界的整体的关系是分割的、两极化的。这将对人们和他们的社会渴望造成毁灭性的打击。"[21] 集体团结的取向和社区的责任是嵌入这个世界观的。因此，与其说是像西方人那样被积累的财富所驱使，还不如说传统社会是被共享财富所驱使的。正是因为社会共享，贫穷的概念在传统的社会当中并不存在。阿发·戴认为，传统的原住民社会和现代"处于竞争之中，人人自危"的世界不同。[22] 在传统社会，个体之间是合作的关系，而且这种合作关系会因他们与群体之间的联结而不断加强。

那么，宗教知识的差异又是什么样的呢？我将在本章后面探讨宗教教育模式时详细说明。从重视个人信仰的现代基督教，到强调群体责任的伊斯兰教，回顾这些世界上的宗教，显然不是本书的目的。

对宗教思想的大致描述，可能包括无法用现代科学解释的一系列关于精神世界的知识。因此，一个宗教坚信者可能会把世界及其相互之间的作用视为谜。而这些谜，只有通过科学和人类推理的训练才能被理解。生命就是一个谜团。信仰宗教的人，可能通过信仰上帝或者神及其一些理论形式来寻找生命的意义。宗教为生命的意义及死后发生了什么这些谜团，提供了精神上的回答。这与相信科学能给人类问题提供所有答案以及人类行为应该由科学道德而不是信仰引导的认知方式，有很大的不同。众多宗教知识之间相互碰撞形成世俗社会的一个主要目标，那就是经济的增长和物质生产及消费的提高。

总的来说，宗教知识、本土知识与嵌入人力资本和进步主义教育模式中的知识概念有很大的不同。在人力资本模式中，生命被认为是可以通过科学认知的，人类生活的最终目的是财富的积累和经济的增长，知识被当做是实现经济目标的途径。而大部分宗教，则把知识视为追随上帝或者神的愿望的一种手段。进步主义教育模式承诺教育人们负责重建社会与实现社会正义。大部分本土文化和宗教则认为这一观点是天真、不现实的。在一些宗教和本土民族看来，他们认为很多问题不可解，如：人们如何重建一个不可知的社会？若忽视宗教神学背景该怎么定义社会公平？社会公平真的意味着给每个人提供公平的机会来积累财富吗？或者真的意味着像伦理道德中描述的那样，会给每个人带来享有稳定生活环境的机会吗？

集体主义社会中的知识和个人主义社会中的知识,也有不同,这就像之前描述的在西方国家和以儒家为本的社会两者之间的差别一样。跨文化心理学家认为,知识的不同包含着基于人类行为的不同价值观,而这些人类的行为被认为是一个掺杂了混合物的范畴的对立两端。在《个人主义和集体主义:过去、现在和未来》(*Individualism and Collectivism:Past,Present,and Future*)一文的论述中,哈里·C.特里安迪斯提供了一系列关于两种不同类型社会的性格特点,如表 6.1 所示。当然,一些教育模式必须把性格特征和后果结合起来考虑。人力资本教育模式,是个人主义性格特征的支持者;进步主义教育模式,则支持集体主义的性格特征。[23]

认识到知识多样性之间的差异性,就会理解关于全球化现象,特别是全球教育实践中可能会出现的问题。这些差异会一直持续下去,还是最终融入认识世界的一般方法中去? 抑或这些差异会继续导致教育目标和教育内容之间的碰撞吗?

表 6.1　个人主义文化与集体主义文化的基本特征

个人主义	集体主义
享乐主义、追求刺激、自我指导	传统和服从
自我感觉良好(自我提升)	谦虚
目标符合个人需求	目标考虑他人的需要
追求个性	渴望和集体和谐相处
追求价值成功和成就是为了个人荣耀	追求价值成功和成就是为了集体的荣誉
更多考虑个人感受	考虑别人的感受,追求人际关系和谐
表现出"社会懈怠"和"偷懒":试图在集体中少干活	在集体中没有懈怠现象
对社会排斥不敏感	对社会排斥很敏感
在社交场合很少谦虚	在社交场合很害羞
很少感到尴尬	很容易感到尴尬

文明的冲突和宗教的角色

不同知识的存在,引起了人们对全球化中统一的全球文化和共同的教育政策和做法的强烈怀疑。而且，宗教知识的差异性，强调了宗教教育模式的重要性。塞缪尔·P.亨廷顿(Samuel P. Huntington)于 1996 年在他的著作《文明的冲突与世界秩序的重建》(*The Clash of Civilizations and the Remaking of World Order*)中提出强烈反对日益增长的全球统一性这一观点。[24] 这本书的标题表明，世界文化统一不会在不久的将来发生，也可能永远不会发生。亨廷顿的假设是，未来的世界融合将不是经济或意识形态的，而是文化的冲突，主要的冲突将会在文明之间发生。就像亨廷顿用的术语，文明是跨越民族国家的存在，而且代表民族共同的文化价值观念。亨廷顿写道："文明和文化都是指一个民族的整体生活方式。一个文明是一种庞大的文化体系。它们都涉及'一个特定社会中连续几代人最重视的价值观、规范、制度和思维模式'。"[25]

像尼斯比特和亨廷顿把中国(尊重儒家思想)和西方社会定义为可能存在的八大世界文明中的两个。亨廷顿用"中国的"(Sinic)这个词来表示以儒家思想为主要元素的中国传统文明。关于其他文明，他暂时将非洲(撒哈拉以南)称为一种文明，但承认由于欧洲帝国主义的影响，以及伊斯兰教和基督教团体之间现有的分裂，在确定一种有凝聚力的文化方面存在问题。然而，他认为非洲可能会形成一个独立的文明。亨廷顿认为："在整个非洲，部落认同是普遍和强烈的，但非洲人正日益发展出一种非洲认同感。可以想象，撒哈拉以南地区可能会凝聚成一种独特的文明，南非可能是其核心国家。"[26] 亨廷顿指出，其他五种文明是日本、印度教、伊斯兰教、东正教和拉丁美洲文化。他认为日本是一个独立的文明，尽管它可能是中华文明的一个分支。

宗教，是亨廷顿认定的文明的一种品质。一些宗教包含了诸如"强势宗教"和"宗教激进主义"的因素。[27] 认可存在宗教冲突且信奉正统基督教的人，支持亨廷顿关于文明冲突的观点。例如，日本有极端的宗教运动，而这些运动与传统神道、新宗教如创价学会(Soka Gakkai)、阿贡舒(Agon-shu)等相联系。[28] 1995 年，奥姆真理教(译者注：实为恐怖组织)在日本的地铁上释放有毒气体，导致 12 人死亡，几千人受伤。[29] 亨廷顿认为，在南亚次大陆，印度教被视为文明的核心。[30] 在现代印度教中，有一个印度教民族主义团体。在 V.D.萨瓦卡尔(V.D. Savabar)1923 年的《印度教特性》一书中，对这个团体有详细的阐述，且书中提出了"印度教特性"和"印度教国家"的理论。[31] 伊斯兰教也有激进的派别。他们的一个目标就是建立伊斯兰神权国家。[32]

亨廷顿所说的东正教文明以俄罗斯为中心。东正教，作为基督教三大派别(天主教、东正教、新教)之一,因作为罗马帝国东部拜占庭帝国、俄罗斯帝国的国家宗教闻名。15世纪,东正教会体系确立。[33] 西方文明的核心,则是包括天主教会和新教教会在内的西方基督教形式。以上每一种宗教都包含各种激进组织(成员),这些组织(成员)有极强的保守性和对抗性。[34]

亨廷顿认为,拉美文化是植根于西方文明中的独立文明,而且还和本土文明连接在一起。他这样描述拉美:"它的演化途径与欧洲和北美地区的文化有很大差异。它强调团体主义和威权主义,而这种文化在欧洲很少有,在北美则完全没有。"[35] 拉美地区有很多激进的本土宗教运动,包括厄瓜多尔普鲁亚人的宗教激进主义运动,[36] 墨西哥的萨帕塔运动,以及玻利维亚第一位印第安总统埃沃·莫拉莱斯(Evo Morales)的斗争。[37]

亨廷顿令人不安的洞察力,似乎告诉我们世界难以向文化统一迈进。而且,原住民对当前殖民主义的反抗体现了对全球社会统一的反抗。

一位约翰霍普金斯大学中东研究所的教授福阿德·阿贾米(Fouad Ajami)在《外交》(Foreign Affairs)中写道:"但是,亨廷顿是错的。他低估了现代性和世俗主义在人们观念中的顽固性。"[3] 《华尔街日报》(Wall Street Journal)的编辑罗伯特·巴特利(Robert Bartley)意识到21世纪可能会证明亨廷顿这一观念的正确性。然而,巴特利也表示了个人的一些看法:"21世纪历史力量的主要流动将会是这样的:经济的发展导致民主和个人(或者家庭)自主;全球即时通信消减苛政的力量;民主国家观念的传播减少了潜在的争端。"[39] 就亨廷顿的观点,美国驻联合国前大使珍妮·柯克帕特里克(Jeane Kikpatrick)认为,西方的价值观将会被移植到其他的文化上:"他(亨廷顿)……了解现代化的势头,了解西方的科学、技术、民主和自由市场究竟有多大的力量。他知道对于非西方国家最大的问题是,他们能否变得现代化而不被西方同化。"[40]

美国科学促进会前主席杰拉德·皮尔(Gerard Piel)这样回应亨廷顿,他写道:"随着工业化进程的推进……(也许人们会)渐渐接受……'西方观念'……例如个人主义、自由主义、立宪主义、人权、平等、自由、法制、民主和自由市场。"他又宣称:"对于这一点,随着工业西方化而出现的大众教育也做出了贡献。"[41]

在这些回应中有个很重要的点,他们都认为西方将会在全球文化变革中继续保持主导地位。在这个框架中,西方文明能与所有的文明抗衡。他们认为西方文明将会为世界上其他国家提供最好的福利,也认为西方文明的价值观会在激进的宗教团体中获得胜利。但是真的会这样吗？

在认定西方价值观胜利的同时，他们认为西方学校教育、全球教育实践和政策的持续发展也会取得胜利。但激进的宗教组织认为，贪图享乐的西方价值观与他们的信念是背道而驰的。甚至基督教激进的左派也担心西方社会的世俗化。此外，鉴于历史经验，一些本土民族把西方视为他们文化上的敌人。

总之，一些宗教教育模式、本土教育模式和一般人力资本教育模式存在直接的冲突。前两种模式在精神归属、人生的目的、智慧的意义和传统的知识上的认识与人力资源经济学存在冲突，因为人力资源经济学把人类的幸福定义为能在经济发展中起作用。我将会在接下来的两节里展开探讨宗教教育模式和本土教育模式。

宗教教育模式：对世俗现代性的排斥？

首先，我想说明的是，本书不能涵盖所有的宗教教育模式。除了各种世界性宗教，在每一个宗教传统下还有许多分离出来的小派别。如世界性的宗教教派——印度教，佛教，基督教和伊斯兰教下面又有许多声称自己是其宗教真实声音的团体。因此，这里我将只讨论宗教教育的共同元素和其在接受或拒绝现代性上的差异。

在第一章，我列出了这样的内容：

宗教教育模式
- 对传统宗教文本的研究
- 对宗教仪式的研究和实践
- 强调精神性
- 注重灌输道德和伦理标准
- 排斥世俗主义

大部分的宗教，要求学习宗教仪式、研究宗教核心教义、从宗教教义中获得发展伦理和道德的标准，以及学习上帝或神如何在世界中证明自己。这些要求在宗教之间和宗教内部变化很大。有时候，世俗公共教育被看作宗教教育的最大威胁。例如，对美国和德国的新教（基督教的一个分支）的描述，理查德 · 奥斯默（Richard Osmer）和弗雷德里克 · 施魏策尔（Friedrich

Schweitzer)认为:"鼓吹世俗性公共教育的人,可能没有想到这样做会阻碍或消减家庭中或宗教团体内的宗教教育;尽管如此,学校的世俗性正随着大部分宗教传统教育模式的逐渐弱化而完善(作者的重点)。"[42]

国家学校制度中的宗教内容

一些国家的公立学校,其制度就包括宗教的因素,但在这些学校中所有的课程又都与世俗性相关。在西方,同时支持世俗理念和宗教自由是很困难的。例如,在19世纪的美国,和私立的天主教教育系统相对,公立学校经常被称为新教学校,因为公立学校的课本内容是以新教教义为指导,用新教的世俗形式教学,以基督教《圣经》中关于学校祈祷和阅读的形式施予宗教教诲的。20世纪60年代,当美国最高法院宣称学校祈祷和阅读《圣经》违反宪法时,许多信仰基督教新教的家长为了反对这一政策,纷纷让他们的孩子从公立学校退学,在家中读书,或者把他们送入私立宗教学校。[43]

在一些国家,西方教育形式的采用包括继续通过公立学校进行宗教教育。如前所述,"世界文化理论"派认为,西方民族国家和立宪政府概念的传播伴随着大规模教育的传播。例如,《沙特阿拉伯王国治国基本法》的第13条就包含着把支持宗教当做大众教育的一个目标:"教育应当引导青少年遵循伊斯兰教义,向青少年传授知识和技能,并帮助其成为有益社会、热爱祖国、具有民族自豪感的社会成员。"[44] 在沙特阿拉伯治国基本法中,公民必须对古兰经忠诚,《沙特阿拉伯王国治国基本法》规定:

第6条:国民应当按照《古兰经》和圣训宣誓——无论经历痛苦与快乐,无论面临好运灾难,都将永远效忠国王。

第26条:国家应当依照伊斯兰教立法保护人权。[45]

在采用包括初等教育、中等教育和高等教育在内的西方教育制度后,把宗教教育融入政府主导的学校制度中,成为伊斯兰国家的主要目标。伊斯兰宗教教育、西方科学技术、阿拉伯民族主义和计划经济教育的融合在埃及初等学校(一到五年级)课程中就有体现,但上课时间主要集中在宗教教育、阿拉伯语和数学这三门课程上。

埃及初等教育课程（1990—1991）

宗教教育

阿拉伯语

数学

社会科学

科学与健康

自然观察

技术教育（工业科目，农业或家政学）

物理

音乐或艺术

实践/技术锻炼[46]

埃及初等学校的宗教学习，集中于对传统宗教价值、学生对社会的服从和政府的责任等方面进行教学。[47] 这些课本上的宗教内容，包括《古兰经》中的引言、单词和总结。里面的故事用来说明，根据伊斯兰教传统人们哪些行为是合适的。当然，也有用来维护社会秩序的作用。书本中包含的一系列宗教行为规则，需要记忆而且要考试。[48] 对一些伊斯兰教宗教领袖来说，西式学校的这种宗教教育可能是敷衍了事的。

教育与宗教民族主义

一些宗教领袖，反对降低公立学校的宗教性，反对国家学校机构的世俗化。这些宗教组织想要年轻人接受传统形式的宗教教诲，以世界印度教大会（Vishva Hindu Parishad，V. H. P.）在印度建立的学校为例。V. H. P. 代表宗教国家主义，它试图把国家精神和宗教联系在一起："V. H. P. 的目标是组织巩固印度教社会，服务保护印度教教法……进一步提升印度教教众的自豪感和增强他们的社会团结性"。[49] V. H. P. 网站首页跳动着"团结印度教信徒——拯救人类"。[50]

这种努力也存在于许多其他国家，比如，在美国，以帕特·罗伯逊（Pat Robertson）的基督教联盟为代表，一些基督徒坚持认为，基督教是美国民族主义理想的一部分。而在以色列，古什·埃穆尼姆（Gush Emunim）将犹太教的命运与以色列民族主义联系在一起。[51] 甚至美国军方，也在一个以多宗教人口闻名的国家展现了基督教的面貌。2008 年，美国海军学院引发了关于在学院

小教堂里的基督教教坛前浸渍美国国旗是否合适的争议。妮拉·班娜吉
(Neela Banerejee)在《纽约时报》(*New York Times*)上报道了该争议：

> 福音派基督徒和他们的批评者都断言,在遭到会众和校友的强烈抗
> 议后,学院必须重新考虑。"我认为这个仪式完全代表了我们国家的最高
> 传统。"鲍勃·莫里森(Bob Morrison)说。他参加了上午 11 点的仪式,并
> 领导着保守的基督教团体家庭研究委员会的一个实习项目。"它基本意
> 思是说,我们的国家是上帝统治下的一个国家,而民族国家并不是世界上
> 的最高权威。"[52]

在 1964 年组织建立的 V.H.P.,是当代印度教重要团体,是一个联系印
度和世界各地印度教徒的核心组织,其宗旨是弘扬印度教传统精神和道德观
念,巩固印度教社会,联系世界上一切印度教徒共同捍卫印度教文化。作为宗
教民族主义的代表,其伴随着反抗英国在印度的殖民统治而产生。前面提到
的一本书,V.D.萨瓦卡尔的《印度教特性》对其有深刻描述[53]。这本书把印度
教和国家统一、反抗英国殖民者、反对基督教和伊斯兰教结合在一起[54,55]。

我已经说过,宗教民族主义会使国家内部产生争端。例如在斯里兰卡,国
家政府与由泰米尔猛虎组织领导的独立运动做斗争。泰米尔猛虎组织主要信
奉印度教和基督教,是少数民族的代表。斯里兰卡政府的官方宗教是佛教。
当声称要保护其他宗教的权利时,斯里兰卡《宪法》这样规定:"第二章——佛
教:斯里兰卡共和国应该把佛教放在最重要的位置,在保证所有的宗教权利
得到第 10 条和第 14 条(1)(e)的保障的同时,保护和宣扬佛教研究会的责任
也应该属于国家。"[56] 因此,宗教争端也就不可避免地成为斯里兰卡争端的一
个焦点。例如,2006 年在斯里兰卡一个小镇市场的附近,一个巨大的白色佛像
雕塑被竖立在 1.5 米高的混凝土平台上,泰米尔人把这一行为当做是执政的
僧伽罗人发出的挑战。反对雕塑的泰米尔领导人在去银行的路上被杀害,随
后在沙滩上发现了 5 名泰米尔受害者的尸体。作为报复,泰米尔人在市场进
行恐怖爆炸行动,这导致了 17 人死亡。然后,僧伽罗人放火烧了泰米尔人的
商店、房屋和学校;再接下来,泰米尔猛虎组织在首都扔了一颗炸弹。信仰佛
教的僧伽罗政府则通过空袭泰米尔村庄造成 12 人死亡作为反击。[57] 如此反
复,宗教和种族间的暴力行为在斯里兰卡持续。

萨尔乌达耶：造福众生

与 V. H. P. 的宗教民族主义和人力资本理论的物质性目标不同，印度的领导者莫罕达斯·甘地（Mohandas Gandhi）提供了印度教以和平主义与反工业主义为基础的教育的独特视角。甘地领导人们同英国的殖民统治、社会阶层差异和印度教中的种姓制度差异作斗争。他特别关注底层人民的困境。他想要和穆斯林和解，因此在 1948 年被印度教民族主义者杀害。和印度教民族主义者不一样，甘地认为："抛却个人的意愿研究其他的宗教，是所有宗教统一的最低限度，也是人们超出'信条和信仰尘埃'的普遍的真理。"[58]

甘地的宗教观点对印度教的大多数信徒仍有吸引力，而且被认为是对在印度教教徒内传播宗教民族主义的一个改变。[59] 萨尔乌达耶（译者注：甘地主张建立的新社会之名，意为造福众生）的教义反对技术的发展和经济增长中的人力资本教育。甘地区分了"生存标准"和"生命标准"这两个概念。他认为，生存标准的提高一般意味着收入和获得的物质商品的增加，但收入和物质商品不是衡量生命标准的指标。相反，生命标准代表着与全球为了提高人民的生活水平而致力于经济增长这一主流观念的背离。甘地提出："如果人们的情感、道德、智力和精神标准降低了，哪怕生存标准提高了，生命标准还是降低了。因此，自然的不断发展必须包括生命质量的提升，而不仅仅是生存水平的提高。"[60]

甘地把工业化称为"机械的狂热"。他相信这主要是受贪婪推动的。因此，其造成的结果往往是过度劳累的劳动者受少数几个工厂主剥削。他认为："科学真理和发现不应该成为贪婪的工具。工人们不应该成为机器的工具，而应该成为机器的主人。"[61] 甘地认为，技术和经济发展的目标应该是提高所有人的生活水平，而不是为企业的所有者提高工作效率。因此，他认为工业化的一个主要结果就是造成社会经济不平等。

甘地的教育计划包括萨尔乌达耶工作者改造乡村生活部分。列入萨尔乌达耶工作者任务的包括打造以纺纱和农业生产为中心的乡村生活。这是甘地所提出的"国家建设"的一部分，以改变以前英国殖民主义带来的破坏性影响——形成的自我否定、自愿贫穷、隐忍的精神模式。萨尔乌达耶工作者要熟悉制布的各个方面，包括纺车的使用，他们致力于改善贫民的困境。通过这种方式，他们成为村民精神和道德生活的模范。

萨尔乌达耶工作者也是教师。首先，他们在甘地的带领下，传播有关卫生和健康的知识，这无疑是提高"生命标准"的一个重要方面。其次，他们在实际教学阅读之前会先口头传授有用的信息。甘地说："时事，许多关于历史、地理和基本算术的有用信息，都是先通过嘴巴传播，然后才被人们记录下来的。眼睛、耳朵和舌头都在手的前面。"在甘地的课程中，说在写与画之前。在学者兼教师的角色之后，甘地还有一个劳动模范的角色："他不会做一个不愿听单调生活的细节、只一心埋在书里的文人。相反，人们无论何时一抬眼，都会看到他在各类工具——纺车、织布机、锛子、铲子当中一边忙碌一边回答村里人的各类问题。"[63]

甘地的教育目标是促进村庄自治和独立地发展，或者说是完全的共治。村庄是社会的基本组成单位，这些村庄的活动需要合作共治。甘地专注确保布制品的产量，希望村庄能实现经济独立。在此基础上，村庄的义务教育得以实现、经济和社会的不平等和对贫民的歧视消失。甘地说："这里有基于个人自由的完美的民主，人人都是政府的设计者，没有暴力法律规则，只有他和他的政府。"[64]

综上所述，甘地和他的追随者追求一种精神生活，这种精神生活可以通过建立一个专注农业和布制品制作的简单共和村来达成。这一目标的基础是非暴力、社会经济的平等。教育用来提供卫生、地理、时事和历史知识，提升人们的精神境界，而不是用来追求生活水平的物质标准。甘地强调通过"生命标准"来衡量生活的意义。技术的价值体现在对"生命意义"的贡献上，而不是怎样增加公司的财务收益或刺激经济增长。同时，甘地建议所有宗教组织共享类似的精神信息，从而避免了印度教的宗教民族主义冲突。

甘地式的印度教否定人力资本理论的物质目标。同时，他对许多进步主义教育家追求的人人物质平等的想法也不认可，认为他们夸大了物质对人的生命质量的意义。增加物质产品，可能无助于改进"生命质量"。这反映了他对西方追求物质利益的唯"物"主义的不认可，甘地说："西方人普遍认为，人的全部职责是促进多数人的幸福……同时幸福仅指物质幸福和经济繁荣，如果道德、法律被这幸福的'经济繁荣'所征服，打破也无所谓。"[65] 而从甘地的角度来看，"这种思路的后果是扩大了西方世界的影响面"。[66]

教育和解放神学

与甘地的主张类似，解放神学就是试图把在政治和经济的双重精神压迫下的人类解放出来的学说。虽然解放神学已经被广泛讨论，但是在中美洲和南美洲所实施的解放神学，在某些情况下仍被罗马天主教会的教皇所谴责。塞缪尔·亨廷顿提出的"拉丁美洲文明"是与欧洲和北美的地方基督教会不同的文明。在欧洲，马克思主义的主导者是无神论者。在中美洲和南美洲，马克思主义的思想被纳入当地的天主教教义中成为解放神学。何塞·马里亚特吉是马克思主义与天主教教义融合的领军人物。马里亚特吉出生于 1894 年 7 月 14 日，在秘鲁南部的沿海小镇莫克瓜长大，是南美马克思主义的鼻祖。他的工作推动了马克思主义在南美洲和中美洲的发展，包括影响了切·格瓦拉、菲德尔·卡斯特罗和桑地诺派领导人的思想。马克·贝克尔称："他被广泛认为是第一个真正的具有创造性的拉丁美洲马克思主义思想家。"[67] 在《马克思主义思想在拉丁美洲》(*Marxist Thought in Latin America*)一书中，谢尔顿·利斯推断，"没有哪个接受拉美的马克思主义的人民不欠马里亚特吉的思想债"。[68]

马里亚特吉在贫困中长大，他的母亲玛丽亚特吉(Mariátegui)是一名虔诚的天主教徒，为他后来马克思主义理论中烙下天主教会的印迹，为解放神学的建立提供了充分的理论依据。中美洲和南美洲的许多马克思主义者，将社会主义思想与他们的宗教信仰混合在一起。1968 年在麦德林(Medellín)举办的"第二届拉美主教会议"上，主教们充分讨论了和平、公义、贫困、发展、解放等问题，解放神学由此正式发轫。随着解放神学的出现，一场被称为基督教社会的思潮和运动开始了。正如墨西哥库埃纳瓦卡(Cuernavaca)主教塞尔吉奥·阿尔塞奥所说，"只有社会主义才能给拉美真正需要的发展……我相信社会主义制度更符合友爱、正义与和平的天主教教义"。[69]

除了倡导解放神学，马里亚特吉还呼吁对农民和人民群众进行政治教育，识字是政治教学的前提。马里亚特吉认为，群众的政治教育对推进南美的社会发展非常必要，尤其要对当地农民进行教育。他指出，"印加的文盲问题是由其教学方式造成的。这一点表现得越来越明显，教人读书写字并不是真正意义上的教育(作者的强调点)。"[70] 他主张将马克思主义与南美洲的实际相结合。

马里亚特吉强调，有必要建立一个自由而不专制的社会。他将实践定义为"客观和主观条件之间的辩证的相互关系"。[71] 换句话说，人们要了解自己的主观信念是如何决定自己对客观世界的解释的，同时，客观世界又是如何塑造自己的主观看法的。马里亚特吉以类似于保罗·弗莱雷后来将意识作为解放力量的方式指出，这种教育形式将"激发革命意识，加速社会主义革命，从而有助于弥补国家的不发达性质"。[72]

在有印加血统的马里亚特吉看来，马克思主义可以适用于原住民文化。他设想建立一个"印美"（Indo-American）社会主义。在他被广为阅读和翻译的著作《在秘鲁现实上的七种解释性杂文》（*Seven Interpretive Essays on Peruvian Reality*）中，他认为，工业化不是印加人民和社会主义革命的必要条件，他呼吁人民坚持传统的印加社会主义。他认为，传统的印加社会是社会主义社会。"信仰在印加的复兴不能阻止国家的西化，"他肯定地说，"印加的灵魂是不会从白人的文明和字母中产生的，而要由传承和思考社会主义革命来孕育。"[73] 在注意到中国社会和印度社会的社会主义思想之后，他对那些没有看到印加文化和马克思主义思想相结合的人提出疑问："为什么只有印加人民建立了高度发达、和谐的共产主义制度，却不为世界的情感所动？印加运动与世界革命潮流的血缘关系太明显，不需要文献记载。"[74] 引用原住民的代表性人物冈萨雷斯·普拉达（González Prada）的话，马里亚特吉强调革命最重要的目的，是改变美洲原住民的地位："印加的运动可以改善两个方面：一是改变压迫者的心态，让他们变得富有同情心，认识到被压迫者的权利受到损害；二是让被压迫者的情绪得到释放并获得勇气。"[75]

马里亚特吉的想法，为天主教会的成员提供了最初的动力，促使他们更密切地关注南美洲的社会状况，并拟开发一项教育和社会计划，以提高农民和原住民的地位。这项工作在 1968 年麦德林主教会议上被确定，如哥伦比亚提出了开展解放神学工作的教育方案。麦德林会议的"正义与和平"宣言指出："我们国家缺乏政治意识，教会有必要进行教育活动，使天主教徒明白他们参加国家的政治生活是最有意义、最崇高的慈善活动与社会实践。"[76]

本次会议的精神，可以用会议参与者法兰琳卡·斯普利特（Franic Split）的一段话来概括：

> 如果不用某种方式使工人成为他们自己的主人，所有的结构改革都将是无效的。（这是真的）即使工人在经济体制中获得更高的薪水，但是不能仅仅满足这些加薪。他们想成为所有者，而不是自身劳动力的卖家……目前，工人们也越来越意识到劳动力是人权的一部分。作为人，无论怎样都无法用来交易，也不能出卖自己，劳动力的任何购买和出售都是一种奴役。[77]

麦德林会议达成支持保罗·弗莱雷教育思想的文件，强调保护文化的重要性，并倡导"提高认识"（Concientización）。该文件拒绝暴力革命，并倡导使用和平的方法。他们倡导通过教育文化来革命，与弗莱雷的教育理念相似。这个想法以"信息与提高认识"为标题。

　　　　我们想要让它成为促使社会形成良好风气不可或缺的一部分，成为解决社会问题的办法。我们必须唤醒社会的良知和传统习俗，更广泛地去和社会群体（工人、农民、专业人士、神职人员、宗教团体、政府管理人员等）交流。[78]

　　麦德林会议宣布教会将积极努力，"将'提高认识'和社会教育的任务纳入联合行动，以提高人民的认识水平"。[79]

　　除了承认教会在提高政治意识方面的教育作用外，"正义与和平"宣言还强调承认文化差异的重要性。声明中提到，"缺乏社会文化的整合，我们中的很多国家已经认识到文化重叠的问题。在经济蓬勃发展的前提下，谁会纯粹地考虑哪个群体有更大的盈利潜力？我们所有人都缺乏适应的能力，进而频繁地产生政治的崩溃和重组。"[80]

　　麦德林会议与会者认为，实现天主教主张的和平，必须克服社会歧视和经济压迫。会议不支持武装革命，同时认识到长期的贫富悬殊会破坏社会和平。"在阴谋即将破坏和平、带来暴力之际，"会议声明指出，"我们认为拉丁美洲的主教必须承担建立一个公正的社会秩序的职责，这和平并不是虚幻的，而是每个天主教徒的任务。"[81] 该声明接着强调神父的工作应该包括教育、捍卫穷人和被压迫者的权利、谴责贫富差距悬殊、建立基础设施、结束军备竞争，并谴责世界大国的不公正行为。在教育方面，声明宣称："对我们来说，教会神父的职责和义务在于教育天主教徒的良善，启发和激励所有需要帮助的人。"[82]

　　解放神学一贯批评只追求经济发展的行为。1969 年在瑞士世界基督教教会联合会会议上，秘鲁天主教神学家古斯塔沃·古铁雷斯提问："什么是发展？什么是解放？"这些想法后来在 1971 年古铁雷斯的《解放神学》（*A Theology of Liberation*）一书中得到解释。[83] 他写道："单单的解放是不够的，压迫模式的经济结构，需要我们转变受奴役的现状，追求更深层次的自由，这是更高一层次的解放。"[84] 最后，他提出天主教的教义能使人解脱罪孽。

　　古铁雷斯主张一种适应于中美洲和南美洲特殊发展需要的社会理论。他肯定地说："在拉丁美洲寻求建立一个'被压迫者教育研究'的试点工作,弗莱雷是其中最具创造性和具有卓越成效的努力者之一。"[85] 他以马里亚特吉的工作为例,马里亚特吉主张马克思主义理论要适应南美洲和中美洲人民的需要。"我们必须促使印美社会主义的发展,"他用马里亚特吉的话说,"用我们自己的生活方式生活,使用我们自己的语言。"[86] 引用格瓦拉时,古铁雷斯强调了新理论办法的重要性:"因为缺乏自己坚实的理论支撑,拉丁美洲的社会主义建设正面临重大的危机,这个危机需要立即被考虑——这一理论必须是符合拉丁美洲的,不是为了满足对新颖的追求,而是为了最基础的历史现实。"[87]

解放神学主张的教育工作,主要是由基层教会团体(BECs)来实施的。基层教会团体的形成是为了呼应 1968 年麦德林会议中"小团体""基层组织"和"非天主教的基督教会和机构协作,致力于恢复人类和谐关系"的号召。[88] 克里斯蒂安·史密斯(Christian Smith)提供了 BECs 工作的总结:"BECs 不仅提供了一种解决缺乏神职人员的办法,还为解放神学运动提供了一种在基层教育大众的方法。牧场工人利用保罗·弗莱雷的教育方法,教社区成员如何进行批判性的社会分析。"[89]

1979 年,尼加拉瓜的桑地诺民族解放战线推翻了索摩查王朝的统治。受此影响,邻国萨尔瓦多的法拉本多·马蒂(Farabundo Marti)领导的民族解放阵线也于 1989 年夺取了政权。在这些地方,解放神学的教育计划开始实行。尼加拉瓜的领袖是解放神学的教父费尔南多·卡德纳尔(Fernando Cardenal)。他认为:"教育是取得进步的根本,是民主体制建设不可缺少的一部分……你要学会读写,这样才可以认识你的生活,才可以变成历史的主角,而不是一个旁观者。"[90]

在萨尔瓦多,社会学家约翰·哈蒙德(John Hammond)认为,解放神学在民族解放斗争中发挥了重要作用。"自 20 世纪 70 年代以来,政治运动开始在萨尔瓦多的农村兴起,导致了 20 世纪 80 年代长时间的动乱。受解放神学启发,有创新精神的教会人士在农村教区形成了基督教基地社区,一种新的政治意识由此产生。"[91] 其中一个典型情况是,哈蒙德对《圣经》做专题分析,去解释当地政治和经济的不公平现象。

综上所述,解放神学和宗教民族主义是完全不同的两个概念。解放神学家相信他们传讲的是普遍的宗教价值观,不与任何特定国家挂钩。但是,解放神学家还是和宗教民族主义分享了他们关注的传统宗教在当代社会运动中的作用。举个例子,无论是 V. H. P.,还是解放神学,都是结合宗教和经济发展来改善他们的教育活动的。在下一节中，我将探索宗教教育更传统的形式。

政府支持的伊斯兰教育

伊斯兰教育将是政府对宗教研究给予众多支持的例子。虽然伊斯兰教育可以与宗教民族主义联系在一起，比如在伊朗，但是，我将重点介绍伊斯兰宗教知识传承中的传统元素。我还想提醒读者，我的目标是说明宗教教育模式与人力资本教育模式、进步主义教育模式之间存在的潜在冲突。换句话说，宗教教育可以对抗全球统一教育政策和实践的增长。此外，在与全球英语化的可能竞争中，伊斯兰教育需要学习阿拉伯语来阅读《古兰经》。

在一般情况下，伊斯兰教育有一套整体的教育和知识灌输体系。这个体系和很多原住民民族的都不太一样。伊斯兰教所有的知识都是关于真主（一译"安拉"）的。作为造物主，真主的智慧渗透在人类生活和自然世界的各个方面。所以，对自然的认识就是对真主智慧的解读。"整体教育"在《教育的完整与神圣：伊斯兰的视角》（*Wholeness and Holiness in Education：An Islamic Perspective*）一书中，作者扎哈拉·阿尔·泽拉（Zahra Al Zeera）写道："应该通过引导追随者观察和反思，达到和真主的沟通。整体教育是精神和物质的整合。"[92] 正如她指出的，伊斯兰的教育概念和西方的人力资本教育观点截然不同。她认为所有西方大学流行的主流思想（实证主义、后实证主义、批判理论和建构主义），都是流于表面的世俗唯物质主义，并没有上升到精神层面。[93] 从她的角度来看，西方的教育不仅缺乏神和物质世界的联系，同样也缺乏关于如何明确世界发展方向的认识。西方的教育通过教授科学知识带动经济扩张和征服自然，其否认伊斯兰教育中真主的作用：真主可以启迪人类，为人类的道德发展提供方向。

因此，阿尔·泽拉支持整体教育，这与其他教育的渐进模式不同。渐进模式强调学科之间的相互关系和学习的过程。与此相反，伊斯兰教育模式的整体教育强调真主、自然和人类之间的相互关系。她写道："整体教育通过引导受教育者观察和反思，达到与真主的沟通。"[94] 从这个角度来看，精神是整体教育的重要组成部分："整体教育是精神和物质的融合。"[95]

正如本章前文所述，尽管对整体教育有这样的观点，但许多伊斯兰国家支持学校开展不同科目课程的教学，包括一些特殊的伊斯兰教课程。还有一些国家支持独立的伊斯兰教育机构。传统的伊斯兰教育机构会提供知识帮助学生理解当前政府对伊斯兰宗教学校的支持,而不是强行要求政府在学校将伊斯兰教育课程设为通识课程。粗略估计,全球有1000～1500所伊斯兰宗教学校"马德拉塞"(Madracas),它们是伊斯兰宗教思想和教育的基础。如果说"马德拉塞"是"学院"类的高等教育机构,库塔布(Kuttabs)就是初级的伊斯兰学校,在这里,学生们反复背诵着《古兰经》。更早的时候,没有印刷文本,传授都是口头的,学生们在石板上听写。第一本印刷书出现在1834年的埃及学校,是一本8世纪的法律批注。[96]《古兰经》为信徒们设立了一个精神框架,以此去解释生活中的事情,指引人们的行动,规范人们的行为。

　　"马德拉塞"的主要教学目标,是用阿拉伯语去学习《古兰经》,以达到过公正虔诚的生活之目的。因此,在这些传统的"马德拉塞",学生要反复诵读《古兰经》,学习阿拉伯语、古兰经解释、法学、"沙里亚"(一般指伊斯兰教法)、道德规范等。此外,"马德拉塞"也有非宗教科目,如算术、天文、医学和诗歌。[97]据罗伯特·赫夫纳(Robert Hefner)所言:"一代人之前,伊斯兰教育历史学家得出结论,认为伊斯兰宗教学校的课堂、学位(ijaza)、教席资格和社会捐赠证明其与中世纪西方的大学是一样的。"[98]

　　这些早期"马德拉塞"的伊斯兰学者,把他们的学术集中在神学和法律领域。《古兰经》呼吁建立人人平等、和谐、收入均衡的社会。学者们通过《古兰经》和圣训制定法律规范,以达到实现和谐社会的目的。《古兰经》是真主的语录,圣训是先知穆罕默德的格言。学者研究《古兰经》和圣训,用于确定该怎样规范人与人之间的关系。

　　为了建立公正的法律和公平的社会,"马德拉塞"的学者们研究《古兰经》和圣训并且作出评注和评论。法兹勒·拉赫曼(Fazlur Rahman)认为,参与这样的研究需要使用下面的方法:"首先,你必须考虑《古兰经》中事件发生时代的相关社会条件和关系。其次,考虑现有的条件是否能达到《古兰经》中事件发生时候的社会条件和要求。"[99]这些学者创造了"沙里亚"或神圣律法,该法律条文在20世纪被列入许多阿拉伯国家的宪法中。

　　19世纪,在欧洲殖民主义的压力和影响之下,伊斯兰学者开始担心如何保护伊斯兰价值观。其中的一个学者穆罕默德·阿卜杜(Muhammad Abduh)(1849—1905年)对阿拉伯教育有着重大的影响。在埃及,他强调教育的真正目的是遵循伊斯兰准则来培养人的性格。他不让家长把孩子送到国外学校去,称那样会导致学生倾向于改变他们的生活习惯和宗教信仰。[100]穆罕默德·阿卜杜认为,国民教育体系应该包括宗教教育。涉及埃及国民教育时,阿卜杜写道："如果一个人想要发展埃及的国民教育并壮大埃及的实力却忽视了宗教信仰，那么这就像一个农民尝试在不合适的土壤中播下种子……他的努力将是徒劳的。"[101]

阿卜杜的最大成就在于，推广使用阿拉伯语授课。当时当地很多外国人的学校使用英语授课，还有许多阿拉伯学校受奥斯曼帝国的影响使用土耳其语。他出于宗教和民族主义的考虑，主张统一使用阿拉伯语。首先，阿拉伯语是阅读《古兰经》必不可少的条件。其次，由于文化和语言是密切结合在一起的，对抗欧美文化的侵入并保护好阿拉伯文化就需要阿拉伯语。[102]

印尼和马来西亚提供了由政府支持的现代宗教学校的例子。它们代表了一种把人力资本目标和伊斯兰道德相结合的尝试。作为世界上穆斯林人口最多的国家，印尼在 1997 年有 1 770 760 名学生就读于传统的伊斯兰教学校"帕萨特雷"（pesantrens），44 067 090 的全国中小学生中有 5 698 143 名学生升入"马德拉塞"学习。[103] 传统上，"帕萨特雷"是十一二岁学生开始读的三/四年制寄宿制学校，用来培养伊斯兰教领袖（伊玛目）和宗教导师。然而，在 20 世纪 70 年代政府规定的改革中要求"帕萨特雷"也要开设通识教育科目（英语、历史、数学等）。对于私立"马德拉塞"，印尼政府要求学生参加 70% 的通识教育学习和 30% 的伊斯兰宗教学习，[104] "马德拉塞"作为政府教育体系的一个子系统存在。1989 年，政府规定"马德拉塞"为"具有伊斯兰教特征的普通学校"。[105]

在马来西亚，"马德拉塞"是对抗英国殖民主义的中心阵地。1908 年，第一所"马德拉塞"在马来西亚成立，并提供包括马来语、英语和阿拉伯语教学的课程。第二次世界大战之后，宗教成为民族主义团体摆脱殖民统治，争取民族独立的主要抓手。1957 年，伊斯兰教成为马来西亚的官方宗教。马来西亚法律规定，"每一个宗教组织都有权利建立和持有儿童教育机构，并依据其自身的宗教教义对其提供指导"。[106] 其中一个特别条款就是允许政府资助伊斯兰学校："联邦法律或州法律可以制定特殊的财政援助，用于建立或维持穆斯林机构或穆斯林信仰。"[107] 这个法律通过之后，政府又让伊斯兰宗教教令适用于所有穆斯林学生。

伊斯兰道德课程是现在马来西亚中小学课程的一部分。伊斯兰道德体现在由马来西亚政府 1987 年颁布的有关新教育理念的报告中："马来西亚的教育在于进一步挖掘每个人的潜能。……基于对真主的坚定信仰和忠诚。"[108] 根据新的教育理念建立起来的伊斯兰价值观教育服务于国家管理社会的世俗目的。学校体制要培养具有以下品质的好公民：

（1）对真主的坚定信仰和顺服；

（2）有丰富的知识；

（3）具备生活自理能力；

（4）具有很高的道德水平；

（5）对自我、社会和国家有责任感；

（6）为社会和国家的福祉做出贡献；

（7）具有良好的性格。[109]

作为伊斯兰国家，沙特阿拉伯是典型的由政府支持大学对抗西方影响力的例子。三所由沙特政府设立的公立伊斯兰大学分别是麦地那伊斯兰大学、利雅得伊玛目穆罕默德伊本沙特伊斯兰大学和位于麦加的乌姆埃尔古拉大学。沙特皇室在建立麦地那伊斯兰大学的法令中阐述了其中的宗教意图："培养出研究伊斯兰和阿拉伯科学的学者……培养出在伊斯兰世界具有号召力的领袖人才，并按照书中（先知的）典范和虔诚的先辈的实践解决穆斯林在他们的宗教和世俗的事务中所面临的问题。"[110]

1947 年以来，巴基斯坦公立学校的缺乏助推了"马德拉塞"快速而持续的增长。[111] 巴基斯坦"马德拉塞"快速发展的另一个重要因素，是他们通过政府补贴和社区力量提供免费食宿、教材和教学。巴基斯坦"马德拉塞"在整个伊斯兰世界是很出名的。他们吸引与伊斯兰激进主义相关的外国学生，包括在阿富汗参加塔利班运动的学生。[112] 免费的食宿对低收入家庭尤其具有吸引力，纳亚尔（Nayyar）写道：

> "马德拉塞"，和一般学校不一样，其吸引力在于不约而同都是寄宿制学校，免费提供食宿、书本，有时甚至包括衣服……这是一个重要的因素，也许这就是主要的原因，吸引了那么多来自中下阶层的学生。这不仅能减轻家庭负担，也能使孩子们远离游荡和街头犯罪。[113]

巴基斯坦的教育发展，与阿拉伯国家有所不同。19 世纪印度的宗教运动为后来的巴基斯坦宗教运动提供了模式。纳亚尔称，关于 19 世纪晚期的英属印度宗教学校的复兴，"伊斯兰学校的创始人是强烈的反帝国主义者，他向学生传递这种精神……他们认为西方的帝国主义更像是基督教主义，而他们带来的先进科技更像是帝国主义反对本国宗教势力的工具"。[114] 巴基斯坦"马德拉塞"专注于《古兰经》的记忆和对圣训的讨论，他们现在为伊斯兰世界服务，教育学生继续抵抗西方基督教的价值观。

　　总之，宗教教育模式提供了与人力资本教育和进步主义教育截然不同的模式。然而，宗教内容一旦加入国家教育体制，可能会被嵌套在人力资本开发的总体目标上，并且会被作为社会控制的主要手段。此外，精神上的教导往往与维持一个工业消费社会所需的物质欲望背道而驰。从这个角度看，甘地的萨尔乌达耶与现实是割裂的，而物质繁荣才是代表更高生活水平的关键。解放神学提供了一个精神的尝试，去克服经济和政治制度的压迫。在本节中由印度教体现的宗教民族主义也支持了亨廷顿的观点，就是现在和未来的活动都将涉及文明之间的冲突。

 要点　　　　　　　**宗教教育的类型**

1. 国立学校的宗教教育
   a. 宗教价值观转化为公立学校教育的世俗价值观
   b. 作为一种社会治理形式，确保公民之间的"良好"行为，多发生在基督教和伊斯兰教国家的公立学校中
   c. 宗教课程是总课程的一部分
2. 公立宗教学校
   a. 致力于宗教教育
   b. 宗教教育＋政府规定的一般课程
3. 宗教民族主义
   a. 民族主义和宗教被认为是密切相关的，如印度教民族主义，美国的一些基督教形式，以及日本的宗教团体
   b. 教育包括建立一种信仰，认为宗教与特定民族的身份是不可分割的
4. 全球化的宗教教育
   a. 建立国际宗教社会的教育
   b. 通常与基督教的传教工作和伊斯兰形式的皈依有关
5. 有关社会公正的宗教和教育
   a. 甘地的萨尔乌达耶和基督教天主教会的解放神学

教育的本土模式

正如第一章所讨论的,世界上约有 3.7 亿的原住民,他们具有一些固定的特性,比如长期居住此处、部落组织,以及以生存为导向的生产。原住民群体具有与居住国家主流社会相区别的独特社会关系与文化认同。类似于世界宗教教育的讨论,去讨论世界上所有原住民并不是本书的目的。在第一章中,我提供了一个原住民教育的广义模式。

原住民教育模式

- 原住民控制自己的教育机构
- 传统的原住民教育作为课程和教学方法的指南
- 用原住民民族语言
- 反映原住民民族文化

过去美洲、欧洲、俄罗斯、澳大利亚、新西兰、非洲和南太平洋地区的殖民势力曾试图铲除大多数原住民的文化传统。在美洲、俄罗斯、日本和印度,一些原住民依然面临着充满敌意的周边社会的文化统治。其结果是,许多原住民团体试图通过发扬他们的教育传统来保护或恢复其传统文化。经过多年向联合国争取,2007 年联合国通过了保护原住民权利的宣言。该宣言指出,教育权利往往与人力资本、现代化进程和宗教全球化模式发生冲突。《联合国原住民权利宣言》的第 14 条写道:

> 1. 原住民有权建立和掌管他们的教育制度和机构,以自己的语言和适合其文化教学方法的方式提供教育。
> 2. 原住民,特别是原住民儿童,有权不受歧视地获得国家提供的所有程度和形式的教育。
> 3. 各国应与原住民共同采取有效措施,使原住民,特别是原住民儿童,包括生活在原住民社区外的原住民,在可能的情况下,有机会获得以自己的语言提供的有关自身文化的教育。[115]

第 14 条的 1 项和 3 项的目的,是保护和恢复原住民教育方法和他们的语言。第 14 条的 2 项,应该是确保原住民进入国家公立学校系统的权利。

在本章前一部分，我概述了一些原住民基本特征的知识。我仍要再次提醒读者，假设所有原住民有着共同教育和文化特色是危险的。然而，大多数尝试原住民知识和教育实践的总结，都强调了知识全面性和教育实践的重要性。在上一节的结论中，我认为伊斯兰思想和原住民思想在他们的整体知识和教育观念上是有区别的。两者都看到了万物被灵性渗透：穆斯林依靠《古兰经》的指引，相信创造与唯一的真主有关；相比之下，原住民倾向于依赖来自自然、梦想和直觉的指导，并认为精神世界是由许多神组成的。

相比于原住民知识，一神教认为，人类是自然存在的中心焦点。事实上，一些世界宗教，包括犹太教、基督教和伊斯兰教，相信只有人类是有灵魂的，而其他生物是没有的。与此相反，许多原住民认为人类只是众多物种中的一个而已。例如："伊斯兰教认为，人是真主在地球上的副统治者……天才与智慧是这个术语的真正意义，人类可以了解世界上所有生物。"[116] 与此相反，印度教和佛教相信人类和其他生物都有着一样的生命轮回周期。

人类在自然秩序中的一个特殊地方在于可以利用其他动物和自然资源。只有人类是有灵魂的这个假设，导致了地球上所有的一切都是由神为了造福人类而创造的猜想。而许多原住民把自己看成与其他动物、自然共享精神生活而已。因此，原住民民族在环保主义文学中经常被浪漫化。原住民的万物有灵论，让其常常可以在梦境或异象的迹象中寻求自然界中关于过去、现在和未来事件的意义。[117]

从经验、传统习俗、长老的智慧中学习，是原住民教育多种形式中最基础的一种。多样的原住民教育的形式可以在曼尼特·贝汉姆（Maenette Benham）和乔安妮·库珀（Joanne Cooper）的《当代实践中的原住民教育模式：在我们母语中》（*ndigenous Educational Models for Contemporary Practice：In Our Mother's Voice*）的书里找到。[118] 许多这样的教育实践，与使用科学方法有所不同，是通过对自然的仔细观察和对传统知识的学习得来的。原住民认为，社会交往中的知识，是一代又一代人智慧的积累，因此，包含了自己人生经历的长老，是传统的继承者和族部后辈的教育者。

联合国对原住民的保护宣言中，给予了原住民掌握教育的权利，这为防止他们语言的消失提供了保护。当然，所有部落群体都已经受到了外部势力和世界上其他知识的影响。对许多原住民民族而言，他们希望在全球化文化的影响下，保护和恢复好自己的文化和语言。很明显，在经历了殖民主义和外界强加的宗教的蹂躏之后，原住民将永远无法恢复自己在这些外来势力入侵之前的生活状态。但从本书争论的目的而言,原住民运动不仅仅是全球化教育实践和思想的一部分,往往也是极端物质主义和体现剥削性质的人力资本教育目标的至关重要的影响者。

| 要点 | 原住民教育的特点 |

1. 传统知识的学习
   a. 通常由长者进行教授
   b. 长者的智慧基于过去知识的积累
   c. 长者的智慧基于个人经验的积累
2. 仔细观察
   a. 自然
   b. 人与自然的相互作用
   c. 人与其他人的互动
3. 灵魂、梦和其他预言的符号学习
   解释通常由长者教授
4. 对人类、自然和精神世界的整体观点
5. 对所有人类、自然和精神世界之间的相互关系和相互依存的指导

结论:拒绝工业消费范式?

不同知识的存在表明,尽管在全球化教育中有着相似的课程设置和年级结构,但是在课程内容上还是有着全球性的差异。宗教,仍然是许多人生活的核心部分,并会继续影响他们看待世界的方式和他们的价值观。因此,宗教的精神本质与人力资本理论汇总的物质主义价值观形成了一种紧张的关系,原因在于其强调经济增长和个人收入的增加,或者用甘地的话讲,就是提高"生存标准"。不仅仅以宗教和消费为导向的世俗社会之间有内在的紧张关系,宗教在降低世界文化统一性方面的作用也会带来一些冲突。宗教民族主义和排斥西方世俗价值观的宗教支持了亨廷顿的观点,就是未来将会涉及文明的冲突,而不是全球共同价值观的共享。

那些拥护恢复或维护原住民知识和文化的人,对西方科学和工业化的成

果投下了谨慎的目光。为了对抗世俗科学全球文化的影响，原住民教育项目强调学习传统知识、仔细观察自然，以及重视人与他人和自然的关系、尊重长者的智慧和精神世界的重要性。我们希望，正如《联合国原住民权利宣言》所述，原住民教育项目能够保持原住民文化和语言，同时从世界知识中筛选出有助于提高"生命水平"的有用信息。

　　教育实践和政策的全球化，会侵蚀宗教价值观、破坏本土文化吗？或者说，在人力资本发展和宗教或传统价值观之间有一些中间地带吗？还有没有文明的冲突？又或者所有人都会采取相似的方式来认识和看待这个世界吗？

● 注释

［ 1 ］ Eduardo Mendieta, "Society's Religion: The Rise of Social Theory, Globalization, and the Invention of Religion," in *Religions/Globalizations: Theories and Cases*, edited by Dwight N. Hopkins, Lois Ann Lorentzen, Eduardo Mendieta, and David Batstone (Durham, NC: Duke University Press, 2001), p.47.

［ 2 ］ George J. Sefa Dei, Budd L. Hall, and Dorothy Goldin Rosenberg, "Introduction," in *Indigenous Knowledges in Global Contexts: Multiple Readings of Our World*, edited by George J. Sefa Dei, Budd L. Hall, and Dorothy Goldin Rosenberg (Toronto: University of Toronto Press, 2000), p.4.

［ 3 ］ Paul Wangoola, Mpambo, "The African Multiversity: A Philosophy to ReKindle the African Spirit," in Indigenous Knowledges, p.273.

［ 4 ］ Ibid.

［ 5 ］ Dei, Hall, and Goldin Rosenberg, "Introduction," in *Indigenous Knowledges in Global Contexts*, p.3.

［ 6 ］ Richard Nisbett, *The Geography of Thought: How Asians and Westerners Think Differently...and Why* (New York: Free Press, 2003).

［ 7 ］ Ibid., Quote from unnumbered front matter.

［ 8 ］ Ibid.

［ 9 ］ Ibid.

［10］ Marlene Brant Castellano, "Updating Aboriginal Traditions of Knowledge," in *Indigenous Knowledges in Global Contexts*, pp.23－24.

［11］ Ibid., p.26.

［12］ Ibid.

［13］ Ibid., p.29.

［14］ Ibid., p.30.

［15］ Ibid.

［16］ Ibid.

［17］ Wangoola, "The African University...," p.265.

[18] Mahia Maurial, "Indigenous Knowledge and Schooling: A Continuum Between Conflict and Dialogue," in *What Is Indigenous Knowledge? Voices from the Academy*, edited by Ladislaus M. Semali and Joe L. Kincheloe (New York: Falmer Press, 1999), p.63.

[19] George J. Sefa Dei, "African Development: The Relevance and Implications of 'Indigenousness'," in *Indigenous Knowledges in Global Contexts*, p.73.

[20] Ibid.

[21] Ibid., p.74.

[22] Ibid., p.75.

[23] For a summary of character traits in individualist and collectivist societies, see Harry C. Triandis, "Individualism and Collectivism: Past, Present, and Future," in *The Handbook of Culture and Psychology*, edited by David Matsumoto (New York: Oxford University Press, 2001), pp.35 – 50.

[24] Samuel P. Huntington, *The Clash of Civilizations and the Remaking of World Order* (New York: Simon & Schuster, 1996).

[25] Ibid., p.41.

[26] Ibid., p.47.

[27] Gabriel Almond, R. Scott Appleby, and Emmanuel Sivan, *Strong Religion: The Rise of Fundamentalisms Around the World* (Chicago: University of Chicago Press, 2003).

[28] Mark Juergensmeyer, "The Global Rise of Religious Nationalism," in *Religions/Globalizations: Theories and Cases*, pp.73 – 74.

[29] Almond, Appleby, and Sivan, *Strong Religion*, p.91.

[30] Huntington, *The Clash of Civilizations and the Remaking of World Order*, p.45.

[31] V.D. Savarkar, *Hindutva Second Edition* (New Delhi: Hindi Sahitya Sadan, 2005). Also see Almond, Appleby, and Sivan, Strong Religion, pp.135 – 140.

[32] Almond, Appleby, and Sivan, *Strong Religion*, pp.40 – 45.

[33] For an introduction to current strand of Russian nationalism, see Andrew Meier, "Putin's Pariah," *New York Times Magazine* (March 2, 2008). Retrieved from www.nytimes.com/2008/03/02/magazine/02limonov-t.html? pagewanted = all on March 3, 2008.

[34] For examples of violent religious confrontations including Western Christianity, see Almond, Appleby, and Sivan, *Strong Religion*, pp.145 – 191.

[35] Huntington, *The Clash of Civilizations and the Remaking of World Order*, p.46.

[36] Almond, Appleby, and Sivan, *Strong Religion*, p.114.

[37] Regarding the Zapatista movement, see Lois Ann Lorentzen, "Who Is an Indian? Religion, Globalization, and Chiapas," in *Religions/Globalizations: Theories and Cases*, pp.84 – 102. Regarding the Indigenous political movement in Bolivia, see Simon Romero, "Protestors in Bolivia Seek More Autonomy," *New York Times* (December 16, 2007). Retrieved from www.nytimes.com/2007/12/16/world/

americas/16bolivia. html on March 3, 2008.

[38] Fouad Ajami, "The Summoning: 'But They Said, We Will Not Harken'," in *Samuel P. Huntington's The Clash of Civilizations? The Debate* (New York: Council on Foreign Relations, 1996), p. 27.

[39] Robert L. Bartley, "The Case for Optimism," in *Samuel P. Huntington's The Clash of Civilizations*, p. 44.

[40] Jeane Kirkpatrick, "The Modernizing Imperative," in *Samuel P. Huntington's The Clash of Civilizations*, p. 53.

[41] Gerard Piel, "The West Is Best," in *Samuel P. Huntington's The Clash of Civilizations*, p. 55.

[42] Richard Osmer and Friedrich Schweitzer, *Religious Education between Modernization and Globalization: New Perspectives on the United States and Germany* (Grand Rapids, MI: William Eerdmans, 2003), p. 11.

[43] See Joel Spring, *The American School: From the Puritans to No Child Left Behind Seventh Edition* (New York: McGraw-Hill, 2008), pp. 110 – 115, 459 – 478.

[44] "Saudi Arabia—Constitution." Retrieved from www. the-saudi. net/saudi-arabia/ saudiconstitution. htm on March 4, 2008.

[45] Ibid.

[46] Leslie S. Nucho, editor, *Education in the Arab World Volume I: Algeria, Bahrain, Egypt, Jordan, Kuwait, Lebanon, Morocco* (Washington, DC: AMIDEAST), p. 150.

[47] Gregory Starrett, *Putting Islam to Work: Politics and Religious Transformation in Egypt* (Berkeley: University of California Press, 1998), p. 78.

[48] Ibid., pp. 131 – 132.

[49] Vishva Hindu Parishad, "Swagatam." Retrieved from http://vhp. org/swagatam on November 30, 2013.

[50] Vishva Hindu Parishad. Retrieved from http://vhp. org/on November 30, 2013.

[51] Almond, Appleby, and Sivan, *Strong Religion*, pp. 140 – 142, 156 – 157.

[52] Neela Banerjee, "Clashing over Church Ritual and Flag Protocol at the Naval Academy Chapel," *New York Times* (March 8, 2008). Retrieved from www. nytimes. com/2008/03/08/us/08chapel. html on March 8, 2008.

[53] Savarkar, *Hindutva*, p. 18.

[54] Ibid., p. 113.

[55] See Human Rights Watch, "'We Have No Orders to Save You': State Participation and Complicity in Communal Violence in Gujarat." Retrieved from www. hrw. org/ reports/2002/india/on March 7, 2008.

[56] Sri Lanka: The Constitution, "Chapter II-Buddhism." Retrieved from www. priu. gov. lk/Cons/1978Constitution/Chapter_02_Amd. html on March 8, 2008.

[57] Somini Sengupta, "Sri Lankan City Mired in Ethnic Violence," *New York Times* (May 15, 2006). Retrieved from www. nytimes. com/2006/05/15/world/asia/

15lanka. html? pagewanted = all on March 8, 2008.

[58] M. K. Gandhi, *Sarvodaya: The Welfare of All* (Ahmedabad, India: Jovanji Dahyabhai Desai Navajivan Press, 1954), p. 27.

[59] For instance, see Viniti Vaish's discussion of Gandhi and Sarvodaya in Viniti Vaish, *Biliteracy and Globalization: English Language Education in India* (Clevedon, England: Multilingual Matters, 2008).

[60] Gandhi, *Sarvodaya*, p. 194.

[61] Ibid. , p. 43.

[62] Ibid. , p. 128.

[63] Ibid.

[64] Ibid. , p. 132.

[65] Ibid. , p. 7.

[66] Ibid.

[67] For a study of his lasting infl uence, see Marc Becker, *Mariátegui and Latin American Marxist Theory* (Athens: Ohio University Center for International Studies, 1993).

[68] Sheldon B. Liss, *Marxist Thought in Latin America* (Berkeley: University of California Press, 1984), p. 129.

[69] Ibid. , p. 284.

[70] José Carlos Mariátegui, *Seven Interpretive Essays on Peruvian Reality* (Austin: University of Texas Press, 1971), p. 122.

[71] Becker, *Mariátegui and Latin American Marxist Theory*, p. 38.

[72] Ibid. , p. 37.

[73] Mariátegui, *Seven Interpretive Essays*, p. 28.

[74] Ibid. , p. 29.

[75] Ibid. , p. 25.

[76] Medellín Conference, *Medellín Conference Documents: Justice and Peace* (1968), p. 3. Retrieved from www. shc. edu/theolibrary/resources/medjust. htm on April 21, 2014. November 20, 2004.

[77] Quoted in Paulo Freire, *Pedagogy of the Oppressed* (New York: Herder and Herder, 1970), pp. 139 - 140.

[78] Ibid. , pp. 3 - 4.

[79] Ibid.

[80] Ibid. , p. 1.

[81] Ibid. , p. 10.

[82] Ibid.

[83] Christian Smith, *The Emergence of Liberation Theology: Radical Religion and Social Movement Theory* (Chicago: University of Chicago Press, 1991), pp. 15 - 21.

[84] Gustavo Gutiérrez, *A Theology of Liberation; 15th Anniversary Edition* (Maryknoll, NY: Orbis Books, 1988), p. xxxviii.

［85］Ibid. , p. 57.

［86］Ibid. , p. 56.

［87］Ibid.

［88］Smith, *The Emergence of Liberation Theology*, p. 19.

［89］Ibid. , p. 107.

［90］Quoted in Sheryl Hirshon with Judy Butler, *And Also Teach Them to Read: The National Literacy Crusade of Nicaragua* (Westport, CT: Lawrence Hill & Company, 1983), p. 5.

［91］John L. Hammond, *Fighting to Learn: Popular Education and Guerilla War in El Salvador* (New Brunswick, NJ: Rutgers University Press, 1998), p. 25.

［92］Zahra Al Zeera, "Paradigm Shifts in the Social Sciences in the East and West," in *Knowledge across Cultures: A Contribution to Dialogue among Civilizations*, edited by Ruth Hayhoe and Julia Pan (Hong Kong: Comparative Education Research Center, 2001), p. 70.

［93］Ibid. , pp. 25 – 23.

［94］Ibid. , p. 68.

［95］Ibid.

［96］Gregory Starrett, *Putting Islam to Work: Politics and Religious Transformation in Egypt* (Berkeley: University of California Press, 1998), p. 27.

［97］See Robert Hefner, "Introduction: The Culture, Politics, and Future of Muslim Education," in *Schooling Islam: Culture and Politics of Modern Muslim Education*, edited by Robert Hefner and Muhammad Qasim Zaman (Princeton, NJ: Princeton University Press, 2007), pp. 1 – 39.

［98］Ibid. , p. 8.

［99］Fazlur Rahman, *Islam & Modernity: Transformation of an Intellectual Tradition* (Chicago: University of Chicago Press, 1982), p. 20.

［100］A. L. Tibawi, *Islamic Education: Its Traditions and Modernizations into Arab National Systems* (London: Luzac & Company, 1972), p. 71.

［101］Bassam Tibi, *Arab Nationalism: Between Islam and the Nation-State* (New York: St. Martin's Press, 1997), p. 93.

［102］Tibawi, *Islamic Education*, p. 74.

［103］Azyumardi Azra, Dina Afrianty, and Robert Hefner, "Pesantran and Madrasa: Muslim Schools and National Ideals in Indonesia," in *Schooling Islam: Culture and Politics*, pp. 178 – 179.

［104］Ibid. , p. 186.

［105］Ibid. , p. 187.

［106］"Constitution of Malaysia Ratified on August 31, 1957," Retrieved from www. slideshare. net/mbl2020/constitution-of-malaysia on April 21, 2014. 2005.

［107］Ibid.

［108］Rosnani Hashim, Educational Dualism in Malaysia: Implications for Theory and

Practice (Oxford: Oxford University Press, 1996), p. 130.

[109] Ibid., p. 131.

[110] Muhammad Qasim Zaman, "Epilogue: Competing Conceptions of Religious Education," in *Schooling Islam: Culture and Politics*, p. 253.

[111] A. H. Nayyar, "Madrasah Education Frozen in Time," in *Education and the State: Fifty Years of Pakistan*, edited by Pervez Hoodbhoy (Karachi: Oxford University Press, 1998), pp. 228, 229, and 232.

[112] Ibid., p. 230.

[113] Ibid., p. 233.

[114] Ibid., p. 226.

[115] United Nations General Assembly, *Report of the Human Rights Council: United Nations Declaration on the Rights of Indigenous Peoples, Article 14* (New York: United Nations, 2007), p. 6.

[116] Al Zeera, "Paradigm Shifts in the Social Sciences in the East and West," p. 71.

[117] See Joel Spring, *How Educational Ideologies Are Shaping Global Society: Intergovernmental Organizations, NGOs, and the Decline of the Nation-State* (Mahwah, NJ: Lawrence Erlbaum, 2004), pp. 100 – 130.

[118] For examples of Indigenous forms of education, see Maenette Benham and Joanne Cooper, editors, *Indigenous Educational Models for Contemporary Practice: In Our Mother's Voice* (Mahwah, NJ: Lawrence Erlbaum, 2000).

第七章　全球劳动力：移民与人才竞拍

　　设想一个全球劳动力市场,全球企业化导致了世界范围内工人的迁移与难民的移徙。全球移民,给流出国和流入国都带来文化和语言上的影响。与全球移民同时发生的,还有一些国家内部的城市化进程。人们希望能在其他国家或地区得到更好的发展机会,这在一定程度上促使了跨国移民和城乡迁移的产生。在通常情况下,技术熟练的和受过教育的工人会从贫困国家流向富裕的国家。这一类移民产生了一些突出的问题,如技术熟练和受过教育的工人的流失对贫穷国家产生的影响,以及这些移民工人怎样才能融入东道国的劳动力市场中。全球移民给国家学校系统带来多元文化教育和语言教学上的重大影响。对于不能说主流语言或移民国家语言的移民儿童,公立学校系统应该采取何种应对政策? 当全球移民导致多元文化群体出现时,国家和当地学校应采用何种文化和语言政策?

　　首先,我将描述目前的全球迁移和城乡迁移的模式,包括对人才流失、人才回流、人才浪费和人才环流进行讨论。我将研究全球移民中儿童所面临的教育问题。全球迁移/城乡迁移,通常指的是来自低收入国家/农村地区的受过良好教育的或拥有技术的工人流向更繁荣的国家/城市中心,也就会带来所谓的人才流失。一些国家,通过吸引拥有高教育水平的移民来实现人才引进。有时候,移民到其他国家或城市地区的人,并不能获得同他们学历相对等的职位,这就是人才浪费。一些移民选择回到自己的国家,另外一些选择客居他乡。这种现象可以称为人才回流。全球迁移和城乡迁移,对国家高学历工作者的供应和国家学校政策产生直接影响。

| 要点 | 全球的国际移民与城乡迁移 |

1. 全球移民

   a. 从 1960—2013 年,国际移民数量增加了一倍多,2013 年已达到 2.32 亿人

   b. 最主要的移民模式是从较贫穷的国家迁移到较富裕的国家

   c. 少数国家接纳了世界上 75% 的国际移民

   d. 迁入人口高失业率的原因:

      ⅰ. 在东道国缺乏就业工作链

      ⅱ. 对东道国的劳动力市场缺乏了解

      ⅲ. 对其原住地的歧视

2. 城乡迁移

   a. 2008 年全球大部分人口生活在城市

   b. 到 2050 年时,世界约 80% 的人口增长将出现在城市

   c. 在发展中国家,穷人大约占城市人口的一半

3. 人才流失

   a. 许多发展中国家正面临大专以上学历的人口外迁的现状

      ⅰ. 这对健康和教育服务产生严重的影响,也降低了发展中国家的计税基数

   b. 许多移民被大材小用,导致人才浪费

人口流动:国际与国内

    人口流动,既包括跨国的,也包括国内的。一个国家内部的人口迁移,主要指人口从农村流向城市。近些年,跨国迁移人数正在增加,并呈现持续增长的趋势。最大的迁移模式,是从贫困国家迁移到富裕国家。虽然富裕国家只有 16% 的世界工人,但是其接纳的全球移民占了 60% 以上的比例。[1] 全球移民委员会的报告《互联世界里的移民:行动新方向》(*Migration in an Interconnected World:New Directions for Action*)宣称:"国际迁移,已经上升到全球政策议程的首位……在世界的每个地方都有一项共识:必须更有效

地实现国际迁移给经济、社会和文化带来的收益，并更好地解决跨国界迁移的消极后果。"[2] 菲利普·马丁（Phillip Martin）为委员会提供了一份全球移民的官方描述："联合国把移民定义为在其原常住国以外出生或居住 12 个月以上的人。"[3]

联合国人口司报告称："生活在国外的人，比以往任何时候都多。2013 年有 2.32 亿人（占世界人口的 3.2%）是国际移民，而在 2000 年和 1990 年这一数字分别为 1.75 亿人和 1.54 亿人。"[4] 这些移民大多数是由较贫穷的国家迁移到较富裕的国家："以下数据是根据地区、目的地国和原籍国，以及性别和年龄等信息做的统计。发达国家约有 1.36 亿国际移民，而发展中国家约有 9600 万移民。大多数国际移民处于工作年龄（20~64 岁），占总数的 74%。在全球范围内，妇女占所有国际移民的 48%。"[5]

2013 年世界各区域接受国际移民的数量

1. 欧洲——7200 万人
2. 亚洲——7100 万人
3. 北美洲——5300 万人
4. 非洲——1900 万亿人
5. 拉丁美洲以及加勒比海地区——900 万人
6. 大洋洲——800 万人[6]

当移民按国家划分时，全球移民的模式变得愈发清楚。少数国家承接了大部分的国际移民。2013 年，美国接收的国际移民达到 4600 万人，位居世界第一，相当于接收了 19.8% 的世界总移民。[7] 其次是俄罗斯联邦，接收了 1100 万的移民。这里必须指出的是，俄罗斯联邦的全球移民高百分比，是 1991 年苏维埃社会主义共和国联盟（苏联）解体的结果。这是政治变革如何影响公民身份的一个例子。苏联解体，公民重新分配国籍，造成了俄罗斯联邦的高移民人数。1991 年以前，有大量的居民，从苏联的俄罗斯以外地区迁移到俄罗斯境内。1991 年以后，这些以前的国内迁移被重新归类为国际移民。[8]

世界移民来源于哪些国家？联合国人口司区分了向发展中国家迁移的移民和向发达国家迁移的移民。例如，2013 年有 320 万人从孟加拉国移民到印度，这两个国家都被认为是发展中国家。阿富汗是全球向发展中国家移民人数最多的国家。2013 年，阿富汗有 230 万人移民到巴基斯坦，230 万人移民到伊朗。[9]

前往石油资源丰富的阿联酋的移民,体现了全球移民的复杂性。阿拉伯联合酋长国,是第二大拥有发展中国家移民的国家,其中仅印度移民就有 290 万人,主要是外来工人。[10] 也有从其他国家来的移民,如下面的故事所示,这涉及多次移民。2013 年 29 岁的美国公民凯辛在迪拜被捕,原因是她帮助制作了一段取笑迪拜政府的视频。1976 年,凯辛的父母从斯里兰卡移居到迪拜,"因为这是一片充满机会的土地,'你可以去那里发大财。'"[11] 她的母亲在一家航空公司工作,父亲是一家广告公司主管,而她的两个妹妹则在英国私立学校接受教育。在 21 世纪初,这家人移居美国并成为美国公民。从美国明尼苏达大学毕业后,作为美国公民,凯辛回到迪拜,入职了阿联酋航空公司(Emirates airline)的一家子公司,被捕前她担任普华永道(Pricewaterhouse Coopers)的顾问。凯辛的家庭移民就是人才回流的一个很好的例子。

2013 年,前往发达国家的移民,最多的是从墨西哥到美国,约有 1 300 万人。其他主要的美国移民来源国分别是:中国 220 万人、印度 210 万人、菲律宾 200 万人。接收移民排名靠前的欧盟国家是德国,其中 150 万人来自土耳其;其次是法国,其中 150 万人来自阿尔及利亚。[12]

难民

难民,被联合国难民事务高级专员公署定义为:"因有正当理由畏惧由于种族、宗教、国籍、属于某一社会团体或具有某种政治见解,留在其本国之外,并且由于此项畏惧而不能或不愿受该国保护的人。"[13]

在《2012 年世界难民状况》(*The State of the World's Refugees 2012*)中,联合国难民事务高级专员公署称:"当前的难民趋势前所未有地考验着国际体系。2011 年初,联合国难民署'关注的难民'人数约为 3 390 万人,比 2005 年的 1 920 万人大幅增加。"[14]

从乡村到城市的迁移

越来越多的国际移民和内部城乡迁移带来的结果是——大部分人生活在城市。2008 年的联合国报告指出:"2008 年可能是世界人口在人类历史上第一次实现城市化,并且未来几十年世界人口还将继续大幅度地城市化。"[15] 联合国报告也宣称:"如果没有经济的发展,那么人口的主要流向不可能实现从相对低生产率的农村迁向更高生产率的城市地区。"[16]

下面是联合国关于全球城市化事实的报导：

· 到 2050 年，几乎世界上所有的人口增长将出现在发展中国家的城市地区

· 在发展中国家，城市贫困人口大约占城市总人口的一半

· 对大多数发达国家来说，城市人口增长是自然发展的结果，而非农村向城市迁移导致的

· 大多数城市人口增长出现在小城市（人口在 50 万以下）

· 大城市增长速度一般相对平缓

· 贫困人口数量在城市地区增长速度更快

· 城市化将很大一部分人口集中在地区的一小块区域

· 到 2050 年，世界上约 80% 的人口增长将出现在亚洲和非洲的城市地区

该报告还指出，从农村流向城市的居民呈现出比其他农村人口更年轻、受过更好教育和拥有更多技能的趋向。换句话说，就是农村人才外流到中心城市。此外，正如上面提到的，在发展中国家，城市人口中有一半是贫困人口。这造成包括提供公共教育服务在内的社会服务业的紧张。许多从农村来的城市外来务工人员被迫"侵入并定居（'蹲'）在城市边缘的地方，如桥下，河漫滩上或陡峭的斜坡上"。[18]

非法移民

也存在移民非法入境而发生的惨案。当一些人尝试非法进入他国以获得就业时，国界和护照的限制可能会导致惨案的发生。以下就是关于企图非法偷越国界的几个惨案：

· 2000 年，英国有 58 名亚洲非法移民挤在闷热的番茄卡车中窒息死亡。

· 2002 年，西班牙当局发现了 5 名非洲非法入境者的尸体，他们藏在来自摩洛哥的运送蔬菜的冷藏车里。

· 2003 年，19 名拉美国家的移民在非法入境美国时，由于拖车内过热窒息而亡。

· 2008 年，泰国当局报道 37 名女性和 17 名男性死亡，他们是从缅甸非法偷渡到吉普岛度假村为外国游客工作的。2007 年，有报道称，有 121 名偷渡者死于运输海鲜的密闭集装箱中，而原因是这个集装箱只有 20 英尺长、7 英尺宽

(1 英尺≈0.3 米)。同样是在 2007 年,泰国西海岸附近的海域上漂浮着 22 名非法移民的尸体,另外,还有 11 名非法移民死于运输途中的卡车相撞。[19]

经合组织国家中的移民儿童

经合组织在讨论移民儿童的时候,作了以下三种划分:

(1) 在国外出生的年轻一代移民(第一代);

(2) 父母移民后在本地出生的子女(第二代);

(3) 父母一方为外籍,婚后在本地出生的孩子。

对于在国外出生的移民儿童,最主要的问题可能是原籍国的教育制度和东道国之间的差异。学龄儿童能轻易地融入新国家的学校制度吗?这两个国家间的课程有相似之处吗?儿童在到达新的东道国之前,在其他国家有接受过教育吗?新移民的孩子有哪些语言上的问题?东道国是否有帮助移民儿童学习当地学校语言的教育条款?以上问题,对于考虑移民如何融入他们所在国的社会和经济体系很重要。在经合组织国家,这些问题亟须解决,因为在劳动力市场中 20—29 岁有移民背景的年青人占大多数。比如,在澳大利亚 20—29 岁的群体中有移民背景的人几乎达到 45%。在加拿大,这一数据是 35%。在美国,约为 25%,在法国,约为 24%。[20]

总体来说,第一代移民和土生土长的儿童所获得的教育成就不在一个层级。第一代和第二代人的教育成就,同他们父母的教育成就密切相关。当然,成就的不同与东道国的移民政策也有关。例如,澳大利亚和加拿大选择移民,是基于他们的学历和本国劳动力市场的需求。在这两个国家,第二代儿童的教育成就,等同或者高于其他本土出生的儿童。与此相反,德国和比利时招聘的是低技能的外国工人。在这两个国家,第二代的教育成就明显低于其他本土出生的儿童。在一些国家,把移民父母的社会经济地位也考虑进去时,第二代孩子的教育成就水平仍然低于本土儿童,这一现象在德国、比利时、瑞士和奥地利尤为突出。[21]

移民的教育成就有着明显的性别差异。通常,在那些迁往发达的经合组织国家的成年移民中,妇女的教育成就水平较低。但是,到了第二代会有显著的变化。这表明在全球移民中,文化会对家庭动力结构(family dynamics)以及女性地位产生影响。据经合组织统计,"在除美国外的所有国家,父母在国外出生而自己在本土出生的女性相比于男性同胞,教育成就更高"。[22] 在美国,第二代男女的受教育程度几乎相等。[23]

除加拿大以外，美国、澳大利亚的第一代和第二代移民，相对于本土出生的工人有着更高的失业率。即使当第二代人具有同本土工人相媲美的教育程度时，失业的差异仍然很高。经合组织对高失业率提供了以下原因。

· 缺乏就业关系链：经合组织发现有一定比例的工作是通过朋友和亲戚介绍找到的

· 缺乏对东道国劳动力市场运作的了解

· 对原住地的歧视[24]

语言，是影响学业成就和就业机会的另一因素。我将在本章的后面部分对语言政策作详细讨论。但是，第一代、第二代移民在语言的运用上，还有重要的问题值得思考。如移民家庭在迁移之前了解东道国的语言吗？东道国有帮助第一代移民儿童学习语言的计划吗？移民家庭的成员在家时是说母语还是东道国的语言？据经合组织报导："影响移民儿童的一个因素，是他们在家说的语言并非东道国的语言。这样的儿童教育成就往往低于其他移民背景的儿童。"[25] 东道国的教育系统是否尝试保留其移民人口的语言？

知识战争：人才的流失、流入与环流

2011 年出版的《全球拍卖》(*The Global Auction*)一书捕捉到了当前各个国家和企业吸引最优秀的工人的竞争。这本书的作者们创造了"知识战争"(knowledge wars)一词，并写道："通过吸引外国工人来满足国民经济的需要越来越重要了。知识战争的范围扩大了，从对高质量工作的竞争，到包括对最有才华的工人的竞争。"[26] 他们声称，全球人才争夺战始于美国，并且已经成为全球政治中的一个重要因素。[27]

知识战争，导致了有技能和受过教育的工人的全球迁移。"人才流失"这一词组第一次出现在英国，被用于描述印度科学家和工程师涌入英国对印度造成的影响中。[28] 在这种情况下，英国得到了人才，而印度则丢失了大量的高等人才。现在，人才环流也引起人们的关注，也就是那些技巧熟练的专业技术人员在富裕国家之间来回迁移，或者移民到另一国家之后再返回到他们自己的祖国。

全球移民委员会的报道为减少人才流失、支持人才环流提供了一个合理的解释：

鉴于国际移民模式的不断改变,"人才流失"的内涵在某种程度上已经过时了,它意味着一个移民离开他(她)的国家,并且永远不会再回去。在当代,有必要通过完善"人才环流"的概念来估计人口流动性增长的价值,在"人才环流"这个概念里,移民会或随意或固定时间地返回自己的国家,分享他们在国外生活和工作所取得的技巧和资源。[29]

国家通过召回在人才流失中失去的高等人才来促进人才环流。在中国,归国的知识型工作者被叫做"海龟",根据《中国日报》2007 年一篇文章的说法:"被繁荣经济下更多的机会所吸引,越来越多的海外中国人——'海龟'正在游回家。"[30] 中国政府正在提供特别的好处,以吸引海外学子归国。马来西亚也制定了相关国家政策来吸引科学家归国。[31]

关于高等教育人才的流动对国家知识经济所产生的影响,很值得讨论。正如布朗、劳德和阿什顿在谈到人才"全球拍卖"时所写的那样:"人才流失,如医生、护士、教师和 IT 工作者等离开本国,可能会对国家产生严重的负面影响。"[32] 他们给出了一个南非的例子。2008 年,由于该国的一批护士移民到收入较高的国家,该国遭遇了短缺 40 万名护士的危机。[33] 关于人才全球拍卖的影响,还有许多其他例子。例如,2000 年,"很多中美国家以及加勒比海的内陆国家,已经有超过 50% 的拥有大学教育水平的公民居住在国外"。[34] 将近 40% 的受过大学教育的成年人,离开了土耳其和摩纳哥,而非洲则丢失了 30% 的技术人才。[35]

当看到其他国家的数据时,就会觉得人才流失极为严重。2000 年,从圭亚那、格林纳达、牙买加移出的具有大专以上水平的受教育者的比例分别为 89%、85.1%、85.1%。虽然从这些国家移出的人口总量看起来不多,但这些国家本身人口数量就很少。从移出人口比来看,这个问题显得格外严重。撒哈拉以南地区,历经贫穷、疾病与战争等问题,导致其人口不断流失,流失人口占比:圭亚那(46.9%)、莫桑比克(45.1%)、塞拉利昂(52.5%)、肯尼亚(38.4%)、乌干达(35.6%)、安哥拉(33.0%)、索马里(32.7%)。在亚洲一些发展中国家,也正在发生相同的事情,例如老挝(37.4%)、斯里兰卡(29.7%)、越南(27.1%)、阿富汗(23.3%)、柬埔寨(18.3%)等。[36]

在发展中国家,如此高比例的人才流失,已经对卫生和教育服务产生了毁灭性的打击,部分原因是缺少了那些移民海外的高收入专业技术人才的工资税收。[37] 例如,约 85% 工作在海外的菲律宾护士,已经移居到英国、沙特阿拉伯、爱尔兰和新加坡。超过半数的圭亚那医药大学的毕业生，在毕业五年之后离开了圭亚那。20 世纪 90 年代，在津巴布韦学习的 1 200 名医生，到 2001 年时只剩下 360 名。有 21 000 名医生离开尼日利亚去了美国。类似的关于医学人才流失的案例，还可以在其他发展中国家看到。[38]

另外一种考察人才流失的办法，是根据某一特定国家人才移入的百分比。以美国为例，从尼日利亚移居到美国的 25 岁以上移民中，83% 是受过大专以上教育的；由其他国家移居到美国的 25 岁以上、拥有大专学历的移民占比分别是印度（80%）、印度尼西亚（75%）、埃及（78%）、斯里兰卡（72%）、巴基斯坦（67%）。[39]

如果一个国家投资教育的人才都移民去了其他国家，那么这个国家的初始教育投资就失去了价值。例如，2001 年，印度政府培养一个数据处理方面的专家所需的花费是 15 000～20 000 美元。如果这个人才去了另外一个国家，那么印度损失的，不仅是培养的费用，还要加上这个人才对印度经济发展潜在的贡献价值，总价值或将达到 20 亿美元。[40] 在 20 世纪 70 年代考虑这个问题是很重要的。那时，印度颇负盛名的大学之一印度理工学院孟买分校的毕业生里，31% 移居到海外。来自印度著名的医药大学，全印度医学科学研究所的毕业生，其国外移民率在 1956—1980 年间高达 56%，且在 20 世纪 90 年代高达 49%。[41] 这代表了印度关于人才和教育投资的极大损失。

一些研究学者称，某些国家经历人才外流也有其积极的方面。其中一个积极的效果之一就是往家里打的汇款。[42] 还有一些研究学者称，欠发达国家的人口移民会促使政府加大教育投资扩大人口受教育比例（获得人才）。[43] 这些研究学者坚信这可以形成广阔的"人才网（对于那些丢失人才的国家而言）。也就是说，培养的人才多于流失的人才，最终由人才增长带来财富与经济的增长。[44]

不过，关于扩大教育机会带来人才净增长的论点，可能只适用于较大的国家。人才净增长的论点并不适用于那些由于教育工作者流失而难以维持其教育体系的发展中国家。同时，在最近对于世界银行的教育项目研究里，希夫（Schiff）总结说，之前关于人才流失给那些损失知识型人才的国家所带来的影响的报道过于乐观。基于对世界银行教育项目的研究，他的结论是："人才流失对社会福利和经济增长的影响，要比之前的报道更为显著。"[45] 至于人才环流对经济的影响就更复杂了，维诺库尔（Vinokur）称，在人才环流中，"谁赢了，谁输了，有多少"的争论"从分析和经验上都无法得出结论"。[46]

对于经合组织（OECD）成员国等发达国家来说，人才环流并不总是有益的。在一些案例中，高或低技能的工作往发展中国家的迁移，要远多于知识型人才的迁移。例如，布朗和劳德发现，软件公司从美国和欧盟国家迁移到印度。据布朗和劳德称，在美国，软件研发者1997年的年工资收入为49 000～67 500美元，而在印度则是15 700～19 200美元。[47]这些发现说明，与其说印度在经历一种人才流失，倒不如说他们正在获得一些相关人才工作的机会。换句话说，因为一些高技术性的工作，在他国只需付相对低的工资，所以美国正面临高技术性岗位减少而大学毕业生增多的状况。

那些知识型和技术型的移民以及外国学生去了他们理想的目的地国家，然后呢？研究者发现了矛盾的结果。在最近多数对世界银行教育项目的研究里，得出的结论是减缓学生和技术型工人前往美国的趋势，将会对创新产生消极的影响。一方面，研究显示每提高10%外国留学毕业生的数量，则专利申请量就会提升4.7%。[48]另一方面，研究者发现除了少数金字塔顶端的岗位，在一些发达国家里大学毕业生的薪水没有明显的增长，例如美国和英国。[49]这些发现有两个潜在的含义：一是发达国家正在经历大学毕业生过剩的情况，这将会导致薪水的减少；二是人才流入会压低大学毕业生的薪水。

人才浪费

会存在全球性的大学毕业生过剩吗？东道国是否能让移民一展所长？是不是存在全球性的人才浪费？根据经合组织的发现，那些受过良好教育的移民之所以很难运用他们的知识技能，主要有以下几个原因：

- 原籍国学位的互通互认问题
- 在东道国缺乏个人或社会资源优势，如语言优势
- 不了解当地劳动力市场的条件
- 各种形式的歧视[50]

基于上述因素，经合组织的统计学家发现，就工作的胜任力而言，其实移民要比本地的工作人员更强。这些被大材小用的外国移民在各个国家的情况也不一样。2003—2004年的调查数据显示，15～64岁的工作人员里，外国移民遭到大材小用所占比例较高的国家（按从高到低顺序）分别是西班牙（42.9%）、希腊（39.3%）、澳大利亚（24.6%）和爱尔兰（23.8%）。而所占比例相对较低的国家（按从低到高顺序）分别是卢森堡（9.1%）、匈牙利（9.7%）、捷

克（10.0%）、瑞士（12.5%）。在国际移民占 20.2% 的美国，大材小用的比例高达 18.1%。[51]

　　世界银行证实了类似的数据。卡格拉·奥兹登（Caglar Ozden）强调了移民法律的重要性，以及劳动力市场对外国移民的选择作用：

> 　　相对而言，尽管有大量的来自发展中国家的移民，但是移居到美国的是相对受教育程度更高的。这种选择可能是受过高等教育的人员可以相对比较轻松地移居到美国的结果。劳动力市场和移民政策，似乎更有利于那些在美国的高等人才，尤其是同欧洲国家相比较。[52]

　　那么那些在本土出生的工人呢？是不是也存在着人才浪费和人口过度教育的情况？当然，教育除了对个人和社会有益处，对工作也会带来益处。经合组织提供了那些遭到大材小用的本土工作者的全国性统计数据。值得注意的是，同本土工作者相比，每个国家大材小用的外国移民占比更高。那些有较多本土工作者遭到大材小用的国家（按从高到低顺序）分别为：西班牙（24%）、澳大利亚（19%）、爱尔兰（15.7%）、比利时（15.6%）、英国（15.3%）。[53]

　　劳动力市场对外来移民区别对待的表现之一，是遭遇大材小用的本土工作者较外国移民的比例的差异。如果没有差异，说明外国移民在劳动力市场中和本地工作者被同样对待。两者间差距越大，说明外国移民进入劳动力市场所遭受的区别对待以及困难也就越大。被大材小用的外国移民和本地工作者之间存在较大差距的国家为希腊、意大利、卢森堡、瑞典、奥地利和捷克。换句话说，在这些国家的劳动力市场上，移民找到能充分施展他们才能的工作机会的难度是很大的。[54]

　　对人才浪费持批评态度的人认为，大公司给政府施加压力让其提高人口学历，为其用人降低成本。例如，大学毕业生的需求过剩，可能会降低那些接受大学教育的工作者的工资收入，这有利于雇佣者却不利于被雇者。这个观点已经被菲利普·布朗和休·劳德的研究发现所支持。就美国的大学毕业生而言，他们总结道，在整个 20 世纪 70 年代，自从 1973 年以来，"大部分的大学毕业生在他们的人力资本的投资上并没有获得（如那些为知识经济的人力资本教育辩护的人所承诺的）额外收益。"[55] 至于英国，"今天年轻人所从事的第一份工作，可能收入和社会地位都低于他们的祖辈刚踏入劳动力市场时的境况"。[56]

对于个体而言,现实的经济收入的变化可能会让其一扫对人力资本教育吹捧的豪言壮语的乐观。人力资本的教育模式,促使人们去学校以便获得更好的工作。然而,这种工作可能在他们毕业后就不存在了。要想赶上全球高等教育移民的浪潮,毕业生有可能要遭受文化改变所带来的精神上的痛苦,社会和家庭关系的缺失,以及一种无家可归之感。就像我在第六章所讨论的那样,甘地曾经提醒道,在"生存标准"和"生命标准"之间存在着不同。教育允诺的人力资本的模式,是一个更高标准的生存方式,且并不那么容易实现,其对于提高生命的标准没有明确的承诺。一些全球移民,可能会经历一种文化和地理上的混乱,以及在东道主国家受工作需要影响而过度教育导致生活标准下降的情况。

汇款和非技术工人

全球移民与全球经济产生一种互相依赖的关系,这种依赖的形成是那些移居海外者汇款回自己的祖国所产生的结果。经济学家提出,那些正在因人才向富裕国家迁移而遭受人才流失的国家,将会从汇款中得到好处。这点对于那些从中美洲和南美洲国家迁移到美国的合法或者非法的移民而言,是真实的。他们中大多数都是不具备特殊技能的,但他们留在老家的家人还需依靠他们的汇款生活。然而,汇款额直接受东道主国家的经济状况的影响。这一点在 2008 年表现得特别明显。当时美国经济萧条,汇往中美地区和南美地区的钱款也开始减少。2008 年,据美洲开发银行报道,居住在美国 50 个州以及哥伦比亚特区的拉美居民,有 50% 定期往他们原来的家庭汇款,这个比例要低于 2006 年的 73%,这是自 2000 年以来一直呈现稳定增长局面的首次下跌。通常,来自拉美地区的非技术性的工人平均每月挣 1 600 美元,他们一般将其中的 160 美元寄回老家。在美国,如内华达、科罗拉多、华盛顿、马萨诸塞和加利福尼亚等拥有大量这类移民的 10 个州里,汇款总额达到 10 亿美元。[57]

2013 年,《洛杉矶时报》(*Los Angeles Times*)的一篇文章《对拉丁美洲的汇款有所反弹——除墨西哥外》(*Remittances to Latin America Rebound—Except in Mexico*)写道:"一项为期 13 年的汇款趋势调查显示,自 2000 年以来,美国移民寄给拉丁美洲家人的钱增加了一倍多,不包括寄往墨西哥的钱,说明美国国内的现金流已从大衰退期间的大幅下降中恢复过来。"[58] 同年,《美洲商业新闻》(*Business News Americas*)一篇文章《寄往危地马拉的汇款有望超过 2012 年》（*Remittances to Guatemala Well on Track to Surpass 2012 Inflow*）中也报道了汇款的回暖情况。[59] 总而言之，全球人才环流伴随着全球资金的流动。

全球移民和多元文化教育

国际移民全球委员会（Global Commission on International Migration）的主要议题之一，是随着多文化人口的日益增加，每个国家应该怎样保持社会的凝聚力。面对移民文化的浪潮，富裕的国家关于教育的问题就显得尤为重要。该委员会宣称只包含单一民族人口的国家已经是过去式了：

> 国际移民，不但表现在规模和速度上的增长，在涉及的国家和人口范围上也是日益增长的。纵观全球，不同民族的人说不同的语言，拥有不同的习俗、宗教信仰和行为模式，而这些正变成彼此之间面临的前所未有的冲突。在社会层面和精神层面依旧保持单一文化、单一民族的国家似乎已成过去。大多数的社会，都具有一定程度（甚至更高程度的）的多样性特征。[60]

因此，全球移民使国家学校制度面临解决多元文化教育和多语言人口的问题。国际移民全球委员会解释道，除非移民融入东道国的社会结构，否则东道国则要面对社会凝聚力的问题，即当地人和外来人口之间日益增长的文化冲突所带来的问题。该委员会在《行动准则》（*Principles of Action*）第六条"通过融合加强社会凝聚力"（Strengthening Social Cohesion through Integration）中强调，移民融入当地社会生活"应当被当地以及所在国国家政府、雇主、社会成员积极支持，并且应该以无歧视和性别平等的原则为依据，也应该通过公众群体、政治和媒体进行客观论述"。[61]

由全球移民带来的社会凝聚力问题，已经激发了很多关于多元文化教育的反应。多元文化涉及了语言问题。有时候，国家学校制度对于维持移民语言以及消除移民儿童语言问题，只能提供很少的帮助，或者只侧重于确保他们可以学习东道主国家的主要语言。在有些国家，一些政府领导人担心英语的使用会削弱他们本民族的语言。例如，由于担心全球化的影响，泰国文化部长被迫在皇家学院的专家，也是泰语方面的权威的帮助下，制定了传统昵称的小册子。令人担忧的是,父母不再给自己的孩子起像 Shrimp、Chubby 和 Crab 这样的传统的泰国名,而是使用英语昵称,如 Mafia,Seven,即 7 - 11 里面的 7,Tom Cruise,Elizabeth,Army,Kiwi,Charlie 和 God。泰国文化部长威拉·洛普乍纳拉(Vira Rojpojchanarat)称那本小册子是必要的:"它是重要的,因为它关系到泰语的使用。我们担心泰国文化将会消失。"另一方面,一个名为曼塔尼·阿卡拉卡兰里亚(Manthanee Akaracgaranrya)的 29 岁的房地产商,他的昵称是英语单词 Money(钱),他认为英语的昵称非常实用,因为外国人很难读准泰语。[62]

本书因篇幅关系不可能描述所有国家形式的多元文化教育。如果读者对特定国家的多元文化教育模式感兴趣的话,也有很多作品可以参考。[63] 虽然我不能描述所有国家的多元文化教育项目,但是我可以指出多元文化教育的国际条约,以及为不同的教育方法提供总体的纲领。例如第六章,我讨论了《联合国原住民权利宣言》,这个宣言保障了原住民教育的方法、语言以及文化。在联合国 1960 年颁布的《取缔教育歧视公约》第 5 条的 C 部分,对于包括移民儿童在内的少数群体文化和语言提出了明确的保护。第 5 条 C 部分的解释为:

> (C) 对于国家中的少数民族成员,有必要意识到他们拥有行使自己教育活动的权利,包括根据每一国家的教育政策,建立和维持学校、教学和使用他们自己的语言:
>
> 1. 行使这种权利的方式,不得妨碍少数民族成员了解整个社会的语言和文化,不得阻止他们参与社会活动,亦不得损害国家主权。
>
> 2. 这种教育的标准,不得低于主管当局可能建立和批准的一般教育标准。
>
> 3. 就读这类学校是可以选择的。[64]

联合国 1960 年有关教育歧视对抗条例第五条 C 部分提到的第一件事,就是宣称每个国家的少数民族都有权为了保护本民族的语言和文化而控制和维持他们自己的学校。如果国家根据 1960 年条例的内容行事,移民的少数民族将通过政府赋予他们的权利来保护他们的移民文化和语言。当然这个权利的使用,存在着一定的风险,这可能导致孩子们对东道主国家语言和文化的隔绝,进而引起歧视。因此,C 部分条款 1 强调这种权利不应该导致孩子们不学习主流文化和语言。换句话说,对于少数民族儿童文化和语言权利的保护,不应该导致他们对于主流文化和语言的排斥。同时,正如 C 部分条款 3 所阐述的那样,少数民族学生在就读主流文化和语言控制的学校时,代表的是一种权利,并不是一种需求。

包括宗教差异在内的文化差异主要指什么？对于这一问题的答案,可以在 1950 年的《欧洲人权公约》(后来被合并到《欧洲联盟条约》)里查阅。《欧洲人权公约》宣称:"各国应尊重父母的权利,以确保他们的孩子在宗教和政治信仰自由的前提下接受教育。"[65] 如果这种权利被各国认可,那么宗教权利在教育上将受到保护。

国际著名社会语言学家托弗·斯库特纳布-坎加斯（Tove Skutnabb-Kangas）认为,少数民族语言正如很多物种一样,在很快地消失。她认为这当中有部分原因是英语传播造成的,这个问题我在前几章也曾讨论过。这也是一些国家既不保护少数民族语言,也不在教学系统中使用这些语言作为教学媒介的结果。她呼吁各国签署"世界语言权利公约"以保护少数民族和全球移民的语言。

每个人拥有这些权利

- 拥有自己的母语,并得到他人的认可和尊重
- 全面地学习母语,包括口头（在生理上可能的时候）和书面的
- 主要通过母语接受教育,并在国家教育系统内
- 在大多数正式场合（包括学校）使用母语

其他语言

- 母语不是居住国的官方语言。这时可能要掌握双语（或三语,如果有两种母语）的母语和（其中一种作为）官方语言（根据自己的选择）

两种语言之间的关系

- 不得强行他人对母语作任何改变,自愿（包括长期影响的结果）……

接受教育的权利

- 不论你的母语是什么语言,都有接受教育的权利。[66]

托弗的"语言权利公约"解决了许多问题。首先是课堂用语和家庭用语不一致的学生的教育平等权问题。在这种情况下,这类学生同那些家庭语言本身是课堂用语的学生相比是不利的。托弗的主张,能够确保孩子们在他们母语的基础上接受属于他们的教育。当然,如果学生们只学习他们自己的语言,未来可能会受到主流社会排斥和歧视。托弗强调,为了改善这种状况,孩子们应该学习他们生活环境中的主流语言。因此,她称这些孩子应该掌握两种语言,甚至三种语言。

在《全球化与教育权利》一书里,我提出了有关语言和文化权利的条款,我认为这些应该被包括在国家宪法里。[67] 我的目的是保护少数群体和移民的语言和文化。我所列举的教育中的语言和文化权利,是根据人类存在的权利传统所提出的。与许多人观点不同,我强调保护宗教文化和宗教语言的重要性。在教育上我所列举的语言和文化权利包括:

· 在国家公办学校体制内,每个人拥有以他们母语为媒介接受教育的权利,那些要求在课堂上以母语为指导的学生的数量要达到公办学校体制内班级学生的平均数目

· 每个人有学习这个国家占支配地位的或者官方语言的权利。公办学校制度将尽力确保所有的学生通晓这个国家的支配语言或者官方语言

· 每个人有出于宗教信仰去学习一门语言的权利,例如,古兰经阿拉伯语,或者希伯来语。在公办学校制度里,那些要求在课堂上以这种语言为指导的学生的数量,要达到公办学校体制内班级学生的平均数目

· 教育的权利包括学生可自由选择政府公办的世俗教育或者宗教教育的权利。没有人可以逼迫学生接受宗教教育

· 父母有根据自己的思想观点,以及文化价值观去选择一所公办学校的权利。这种权利还包括在教学内容和教学方法中反映这些思想观点和价值追求[68]

总的来说,有多种国际条约可用来保护包括移民在内的国家内部的少数群体的语言和文化权利。然而,包括经合组织成员国在内的许多国家,都更关心如何将少数群体以及外来移民人口融入并同化到他们的社会浪潮里。令人担忧的是,越来越多主流人群和少数群体之间发生的暴力冲突以及国家社会意识感的丧失。另一方面,一些国家,如新加坡,通过创造一种教育制度来缓解文化紧张情绪。在这种体制下,父母可以选择将他们的孩子送去那些课堂是母语教学的学校。民族共同感,是通过国家课程以及共同语言的学习取得

的,此外还包括公民的母语。[69] 在下一个部分,我将会探索国家范围内对于多元文化和多语言人口可能采取的对策。

对于多元文化和多语言人口的教育对策

对于全球移民引起的日益增长的多元文化和多语言人口,国家政府存在着许多可能的教育对策。我把这些对策放在一个维度中,即教育系统从毫不关心到不遗余力地保护少数群体的语言和文化的维度。这个维度并不意味着可以很公正地判断哪一部分是积极的,哪一部分是消极的。当然,我的提议只是对一个国家法律的补充,也同时表明我个人对于保护语言和文化的选择和见解。

然而,我对于那些复杂多文化问题的具体的历史状况的分析是比较现实的。例如,在马来西亚,前英国殖民者歧视马来文化和语言,却从印度和中国引进工人。今天,马来西亚政府正尝试通过给予马来文化和语言优先权更正这种历史状况,并且不顾印度裔和华裔少数群体的反对。马来西亚的问题变得越来越复杂,因为全球商务对英语学习的要求越来越高。[70] 马来西亚关于语言和文化政策的争论,说明在多元文化背景下任何国家试图发展单一的文化教育计划都困难重重。每个国家必须具体问题具体对待。我希望每个国家学校系统都可以尽力去解决多元文化问题,并且牢记应结合全球的力量去保护各类文化和语言。

基于我的角度,我认为国家教学系统对于某种语言和文化的少数群体无需提供特别的帮助。在这种情况下,少数群体和移民学生可以沉浸在出身国家的语言和文化中。现在,这个可能是一个"无心插柳柳成荫"的结果,它也可能是教育领导者缺乏关心所造成的。若按原计划,国家领导人可能会采取一个极端的态度,就是希望少数群体的文化和语言消失,阻止学生接触他们的母语。

下一步,公办学校可能提供特殊的计划和课程,帮助少数群体和移民文化被主流文化同化和吸收。这种教学方法被称为计划性同化(planned assimilation)。学生可能会获得包括双语教学在内的语言学习上的帮助,但这些双语项目并不是为了保护少数群体的语言和文化。这些项目只是为了帮助学生学习主流语言。

关于同化方案的一个变化就是,可能会存在一个着重强调教授其他文化的课程,为的是减少文化冲突。教授其他文化与尝试维持文化多样性是不同的,其目的并不是为了保护少数群体文化,而是为了保持社会的凝聚力,减少社会冲突,最终还是为了保持主流民族文化和语言的支配地位。

再接下来,可能会涉及用于维持少数群体文化和语言的教育尝试,同时会通过共享的文化和语言来创造团结。在这种情况下,双语教学可能是为了在教授本民族语言的同时,维持少数群体语言。父母可以选择送孩子去那些使用自身出生地语言进行课堂教学的学校。学校可以使用其父母的母语进行教学并深入学生的文化背景中。但串联起教学的仍然是主流语言,并且课程会向学生介绍所在国的历史、政治和文化。这种方法叫做多元一体,即通过共享一种习得的民族语言和理解这个国家维持多元文化社会的努力来感受统一。

与前一种情况不同的是,政府支持宗教学校,家长可以选择把孩子送到某一所特定的宗教学校。设想一个拥有佛教、基督教、印度教和伊斯兰教信仰人口的社会。人们可能会认为,当地人的文化传统反映在他们的宗教活动中。基于宗教信仰选择的学校,可能是确保多元文化社会的一种手段。当然,语言仍然是一个问题。每个宗教学校会使用其特定宗教文化的语言进行教学吗?答案取决于不同宗教的情况,以及每个宗教群体内部是否存在文化和语言差异。

接下来,可能会涉及每一个文化团体对他们学校的控制,包括使用文化语言以及传统的教学方法。这是联合国有关保障原住民权利的主张。学校的课程应该反映弱势群体的文化,并且尽力维持文化传统包括宗教传统。在这一方案中,教育系统的目标是维持一个多元文化和多语言的社会。

在以上一些方案里,所体现的就是选择的方法,例如父母可以选择将孩子送往一所使用他们母语的学校,或者是和他们的宗教信仰有关的学校。是不是教育的选择要依靠政府财政性的支持?在大多数的例子里,如果父母经济独立,自然可以将孩子送往一所特定类型的学校,这样的选择才会有意义。在政府的资助下,教育选择可能是学校教育维持多语言和多元文化社会的一种方式。

还有把控的问题。由国家政府来把控教学内容,还是由学校或当地社区来把控?对原住民来说,最重要的是部落控制。那宗教学校呢?读者们回忆一下第六章,在印度尼西亚,政府要求其宗教学校开设通识课程。换句话说,与学校相关的宗教团体是否应该把控学校课程内容呢?

另一种选择是世界性的统一教育。这种教育认为与其教育学生服从一个国家的意志,不如教育学生成为世界公民,让他们学会轻松地在世界各国流动,感受文化和语言的差异性。在这种情况下,教育不会尝试确保对于一个特定的国家的拥护,但是它会创造一种对人类社会的服从,和对所有人福利的一种关心。

关于多元文化教育,各国内部争议不断,包括选择权、控制权、宗教在教育中的作用,以及大多数人希望确保自己的语言和文化继续占主导地位等。这些在未来将如何发展还不清楚。那些相信全球教育文化发展的人会认为,各国对于多语言和多文化人口的政策最终将变得统一。然而,各国历史和国情的差异性表明,可能没有一项政策可以适用于所有情况。在一个大规模全球移民的世界里,每个国家都必须找到自己的解决多元文化教育问题的道路。

结论：运动中的世界

劳动力的全球化导致了移民的增加,或者正如现在所说的更大规模的人才环流,教育在这一过程中扮演着重要角色。日益扩大的留学规模,会引发贫穷国家的人才流失。那些来自发展中国家的技术优秀且受过良好教育的人才,越来越多地往一些可以取得更高收入的国家涌入,这种现象可能导致世界受教育人口分布的不均衡。在富裕的国家,人才的流失与人才的回流相匹配。这一类型的全球移民可能会使富裕国家和贫穷国家之间的不平衡进一步恶化。除此之外,在发展中国家,从乡村到城市的移民,正日益增大城市贫困者的困境和规模,而此时乡村地区受教育人口数量大大减少。最终,乡村和发展中国家都将在很多方面遭受教育人才的短缺,例如医疗卫生和教育领域。

全球移民,正把多元文化教育的问题推到学校议程的最前面。多元文化教育问题的核心是维护国家精英的权力。一方面,占支配地位的精英觉得少数群体继续使用自己的文化和语言对他们是一种威胁。一些精英觉得他们的力量只有在学校保护他们的语言和文化而消灭其他的语言和文化的情况下,才能得到保护。另一方面,少数群体则要求学校对他们的文化和语言给予一些认同和保护。就像我所建议的,对于多元文化教育没有单一的解决办法,因为每个国家都有其特定的历史和文化情况。也许这个问题会在未来通过一种世界性的教育形式得到解决。也许永远也没办法解决……

要点 世界大规模移民中的不同模式的多元文化教育

1. 将少数民族儿童的文化融入一个国家主流的文化和语言中
   a. 对于少数民族的学生,在文化和语言上不提供特殊的帮助
   b. 不鼓励少数民族的学生说他们的母语
   c. 课堂语言是大多数人所用的语言
   d. 课程反映了多数群体的历史和文化
2. 计划性的同化
   a. 特殊的课程和项目用于帮助学生学习多数群体的语言
   b. 双语项目帮助学生学习多数群体的语言,而不是只为了保存少数民族的语言和文化
   c. 为了保持民族凝聚力而教授其他的文化
3. 多样性的团结
   a. 教育的目的是为了维持少数民族的文化和语言
   b. 用他们的家庭母语进行课堂教学
   c. 一种共享性的文化和语言的教学
   d. 包含多种文化层面的课程材料
4. 宗教学校
   a. 父母有选择宗教学校的权利
   b. 每个宗教学校反映特定宗教成员的文化和语言
5. 每个国家文化团体控制着他们自己的学校
   a. 每个文化团体决定教学的内容和方法
   b. 每个文化团体决定教学的语言

● **注释**

[1] See Phillip Martin, "Migrants in the Global Labor Market"; and John Parker, "International Migration Data Collection." Both papers were prepared for the policy analysis and research program of the Global Commission on International Migration, Geneva, and were utilized in the report of the Global Commission on International Migration, *Migration in an Interconnected World: New Directions for Action* (Geneva: Global Commission on International Migration, 2005).

[2] Global Commission on International Migration, *Migration in an Interconnected*

World, p. vii.

[3] Martin, "Migrants in the Global Labor Market," p. 7.

[4] United Nations, Department of Economic and Social Affairs, Population Division, "232 Million International Migrants Living Abroad Worldwide—New UN Global Migration Statistics Reveal." Retrieved from http://esa. un. org/unmigration/wallchart 2013. htm on December 2, 2013.

[5] Ibid.

[6] United Nations, Department of Economic and Social Affairs, Population Division, Fact Sheets, "The Number of International Migrants Worldwide Reaches 232 Million." Retrieved from http://esa. un. org/unmigration/wallchart2013. htm on December 2, 2013.

[7] Ibid.

[8] Ibid.

[9] United Nations, Department of Economic and Social Affairs, Population Division, Fact Sheets, "International Migration 2013: Migrants by Origin and Destination." Retrieved from http://esa. un. org/unmigration/wallchart2013. htm on December 5, 2013.

[10] Ibid.

[11] Ben Hubbard, "Arrests over Satirical Video Lay Bare Emirati Sensitivities," *New York Times* (December 5, 2013). Retrieved from www. nytimes. com/2013/12/06/world/middleeast/united-arab-emirates-satirical-video. html? ref = world&_ r = 0&pagewanted = print on December 6, 2013.

[12] United Nations, Department of Economic and Social Affairs, Population Division, Fact Sheets, "International Migration 2013: Migrants by Origin and Destination."

[13] Office of the United Nations High Commissioner for Refugees, "Refugees." Retrieved from www. unhcr. org/pages/49c3646c125. html on December 5, 2013.

[14] Office of the United Nations High Commissioner for Refugees, *The State of the World's Refugees 2012*. Retrieved from www. unhcr. org/publications/4-introduction-trendsin-forced-displacement. html♯more-4 on December 5, 2013.

[15] United Nations, Department of Economic and Social Affairs, Population Division, *United Nations Expert Group Meeting on Population Distribution, Urbanization, Internal Migration and Development New York, 21 – 23 January 2008* (New York: United Nations, 2008), p. 3.

[16] Ibid.

[17] Ibid, pp. 3 – 4.

[18] Ibid., pp. 5 – 9.

[19] Seth Mydans, "Migrants Perish in Truck to Thailand," *New York Times* (April 11, 2008). Retrieved from www. nytimes. com/2008/04/11/world/asia/11thai. html? pagewanted = print on January 13, 2014; and Emma Daly, "World Briefi ng: Spain: Immigrants Found Dead in Truck," *New York Times* (October 12, 2002). Retrieved

from www. nytimes. com/2002/10/12/world/world-briefing-europe-spain-immigrants-found-dead-in-truck. html on January 14, 2014.

[20] OECD, *International Migration Outlook: Annual Report 2007 Edition* (Paris: OECD, 2007), p. 79.

[21] Ibid. pp. 79 – 80.

[22] Ibid. , p. 81.

[23] "Annex Table I. A1. 3: Education Levels for Immigrants, the Second Generation, and Other Native-Born, 20 – 29 and Not in Education, by Gender, Latest Available Year," in OECD, *International Migration Outlook*, pp. 92 – 93.

[24] Ibid. , p. 85.

[25] Ibid. , p. 80.

[26] Phillip Brown, Hugh Lauder, and David Ashton, *The Global Auction: The Broken Promises of Education Jobs, and Incomes* (Oxford: Oxford University Press, 2011), p. 22.

[27] Ibid. , p. 88.

[28] Annie Vinokur, "Brain Migration Revisited," *Globalisation, Societies and Education* 4(1)2006, pp. 7 – 24.

[29] Global Commission on International Migration, *Migration in an Interconnected World*, p. 31.

[30] R. Jiaojiao, "The Turning Tide," *China Daily* (May 30, 2007), p. 20.

[31] Susan Robertson, "Editorial: Brain Drain, Brain Gain and Brain Circulation," *Globalisation, Societies and Education* 4(1)2006, pp. 1 – 5.

[32] Brown, Lauder, and Ashton, *The Global Auction*, p. 92.

[33] Ibid.

[34] Caglar Ozden and Maurice Schiff, "Overview," in *International Migration, Remittances & the Brain Drain*, edited by Caglar Ozden and Maurice Schiff (Washington, DC: The World Bank, 2006), p. 11.

[35] Robertson, "Editorial," pp. 1 – 5.

[36] Frederic Docquier and Abdeslam Marfouk, "International Migration by Educational Attainment, 1990 – 2000," in *International Migration*, pp. 175 – 185.

[37] See Devesh Kapur and John McHale, *Give Us Your Best and Brightest: The Global Hunt for Talent and Its Impact on the Developing World* (Washington, DC: Center for Global Development, 2005).

[38] Ibid. , pp. 25 – 29.

[39] Ibid. , p. 17.

[40] Vinokur, "Brain Migration Revisited."

[41] Kapur and McHale, *Give Us Your Best and Brightest*, pp. 21 – 22.

[42] Richard Adams, "Remittances and Poverty in Guatemala" in *International Migration*, pp. 53 – 80; and Jorge Mora and J. Edward Taylor, "Determinants of Migration, Destination, and Sector Choice: Disentangling Individual, Household,

and Community Effects," in *International Migration*, pp. 21 – 52.

[43] O. Stark, "Rethinking the Brain Drain," *World Development* 32(1)2004, pp. 15 – 22.

[44] Maurice Schiff, "Brain Gain: Claims about Its Size and Impact on Welfare and Growth Are Greatly Exaggerated," in *International Migration*, p. 202.

[45] Ibid., p. 203.

[46] Vinokur, "Brain Migration Revisited," p. 20.

[47] Phillip Brown and Harold Lauder, "Globalization, Knowledge and the Myth of the Magnet Economy," *Globalisation, Societies and Education* 4(1)2006, pp. 25 – 57.

[48] Gnanaraj Chellaraj, Keith Maskus, and Aadotya Mattoo, "Skilled Immigrants, Higher Education, and U. S. Innovation," in *International Migration*, pp. 245 – 260.

[49] Lawrence Mishel and Jared Bernstein, *The State of Working America 2002/2003* (Ithaca, NY: Cornell University Press, 2003).

[50] OECD, *International Migration Outlook*, p. 132.

[51] Ibid., p. 137.

[52] Caglar Ozden, "Educated Migrants: Is There Brain Waste?" in *International Migration*, pp. 236 – 237.

[53] OECD, *International Migration Outlook*, p. 137.

[54] Ibid.

[55] Brown and Lauder, "Globalization, Knowledge and the Myth of the Magnet Economy," p. 37.

[56] Ibid.

[57] Inter-American Development Bank, "Fewer Latin Americans Sending Money Home from the United States, Survey Finds" (April 30, 2008). Retrieved from www. iadb. org/en/news/news-releases/2008-04-30/fewer-latin-americans-sending-money-homefrom-the-united-states-survey-finds, 4595. html on December 5, 2013.

[58] Carol J. Williams, "Remittances to Latin America Rebound—Except in Mexico," *Los Angeles Times* (November 15, 2013). Retrieved from www. latimes. com/world/ worldnow/la-fg-wn-remittances-latin-americastudy-20131114, 0, 2874353. story ♯ ixzz2miVwVQXY on December 6, 2013.

[59] Ulric Rindebro, "Remittances to Guatemala Well on Track to Surpass 2012 Inflow," *Business News Americas* (December 5, 2013). Retrieved from www. bnamericas. com/news/banking/remittances-to-guatemala-well-on-track-to-surpass-2012-inflow on December 6, 2013.

[60] Global Commission on International Migration, *Migration in an Interconnected World*, p. 42.

[61] Ibid., p. 4.

[62] T. Fuller, "In Thai Cultural Battle, Name-Calling Is Encouraged," *New York Times* (August 23, 2007). Retrieved from www. nytimes. com/2007/08/29/world/asia/

29nickname. html? _r = 0 on December 6,2013.

[63] For global perspectives on multicultural education, see James Banks, editor, *Diversity and Citizenship Education: Global Perspectives* (New York: Jossey-Bass, 2007); Carl Grant and Joy Lei, editors, *Global Constructions of Multicultural Education; Theories and Realities* (Mahwah, NJ: Lawrence Erlbaum, 2001); Iris Rotberg, editor, *Balancing Change and Tradition Global Education Reform* (Lanham, MD: Scarecrow Education, 2004); Stephen Stoer and Luiza Cortesao, "Multiculturalism and Educational Policy in a Global Context," in *Globalization and Education: Critical Perspectives*, edited by Nicholas Burbules and Carlos Torres (New York: Routledge, 2000), pp. 253 – 274.

[64] "Convention against Discrimination in Education, 1960," in *Basic Documents on Human Rights Third Edition*, edited by Ian Brownlie (New York: Oxford University Press, 1994), pp. 320 – 321.

[65] "European Convention on Human Rights and Its Five Protocols," in *Basic Documents*, p. 342.

[66] See Tove Skutnabb-Kangas, *Linguistic Genocide in Education or Worldwide Diversity and Human Rights?* (Mahwah, NJ: Lawrence Erlbaum, 2000), pp. 567 – 638.

[67] Joel Spring, *Globalization and Educational Rights* (Mahwah, NJ: Lawrence Erlbaum, 2001).

[68] Ibid. , pp. 161 – 162.

[69] For a discussion of Singapore and a general picture of multiculturalism in a global society, see Joel Spring, *How Educational Ideologies are Shaping Global Society* (Mahwah, NJ: Lawrence Erlbaum, 2004), pp. 1 – 28.

[70] For an introduction to the problems caused by the multicultural legacy of British colonialism, including Malaysia, see Joel Spring, *Pedagogies of Globalization: The Rise of the Educational Security State* (Mahwah, NJ: Lawrence Erlbaum, 2006), pp. 152 – 189.

第八章 全球化与复杂性思维：存在一种教育全球化的理论吗？

本书中，我提供了一系列的例子来证明教育全球化的多种不同的理论视角：世界教育文化、后殖民/批判理论、世界体系以及文化主义论。这些理论都是正确的吗？答案是否定的。那这些理论都是错误的吗？答案也是否定的。怎样才能使这两种答案相结合呢？

我认为人们可能会被一种技术理性思维所束缚，这种思维假设人类能够找到，或者他们已经找到一种理论来解释人类的行为，包括人类在社会环境中的相互作用。我们实际上拥有的是一些理论，这些理论可以解释某些情境下的行为。换句话说，所讨论的理论适用于所提供的例子，但不适用于所有情况。问题是，人们有时会假设，当一个理论成立时，如果他们发现了许多实例，那么所有的情况都成立。

21 世纪以来，学者们继续不断地琢磨那些能够打开真理之门的理论，然而复杂性思维显示出人生充满着不确定性，就连未来也只能是猜测。学者们经常忘记人类的行为更多受情绪和幻想的驱动，而非人的理性。法国社会学家、哲学家埃德加·莫林（Edgar Morin）认为："人类是孩子气的、神经过敏的、狂热的，但同时也是理性的，这些才构成了真正意义上的人类。"[1]

他认为人类常常活在充满幻想和自我欺骗的世界里，经常被恶魔俘获，它会驱使人们做出愚蠢与疯狂的行为。这种对人性的描述，同样适用于涉及理性、孩子气、神经过敏、富有想象力、自欺欺人以及魔性的复杂思维活动过程的学术研究。莫林把这种学术研究和人性化的观点称作"理性不确定性原理"（principle of rational uncertainty）。不确定性和不可预测性是人性的特点。即使为未来制订详尽的战略计划，我们也永远不可能对行动结果做出肯定的回答。莫林将这种对确定性和预测性的渴望定义为"病态的头脑"。[2] 莫林认为，理性的不确定性原则应该是儿童教育的一部分，这意味着"理性必须承认情感、爱、忏悔的存在"，人类必须"对一切有争议的事物保持开放的态度；否则它就会封闭自己，成为一种教条并变得合理化"。[3]

人力资本理论应用于教育，是试图为社会工作增加确定性的一个很好的例子。经济学家是人力资本理论的主要支持者，但他们的经济预测往往并不准确。如莫林所说："经济学是在数学方面最先进的社会科学，却也是社会性和人性退步最多的科学，因为经济学把自己从社会、历史、政治、心理和生态中抽离出来，而这些条件都是经济活动离不开的。"[4] 相应的，经济学家在预测和把握经济方面鲜有成就。我们能预测孩子在入学 12～16 年后的劳动力市场吗？未来劳动力市场所需的技能是确定的吗？人们希望在人力资本理论家预设的经济体系中工作吗？或者说，他们会因为情感和想象力脱离社会吗？有可能为学校工作者设计一套进入未知社会的教育体系吗？值得吗？

莫林认为，我们的思维是由盲目的范式引导的，或者如我所说的头脑中的轮子（wheels in the head）。[5] 在解释人类行为话语时，盲目的范式赋予了人们特定的逻辑操作和一系列假设的特权。根据他的说法，盲目的范式"保证了既定逻辑的有效性和普遍性。因此，也就给了它所控制的话语和理论的必要性和真实感"。[6]

盲目的范式的概念有助于我们理解对教育全球化解释的差异性。世界教育文化理论派认为，教育全球化是一个西方教育思想传播的过程，并由国家/地区领导人在全球思想的流动中选择最好的经验和研究来加以维持。根据"世界文化理论"派所说，大规模的学校教育是伴随着西方的人权、民主、自由市场和立宪政府思想而展开的，学校教育是经济增长和社会进步的一个渠道。

相反，世界体系和后殖民/批判论者从富国和穷国之间不断斗争这一视角出发，认为在全球化背景下，全球的主要特征是富人（或者是有权的人）寻求对穷人（或者是无权的人）的控制，以及穷人（无权的人）对这种控制欲的抵制。结果是全球化加剧了国与国以及国内的不平等。就像全球教育文化理论派所说的，与其说全球化是西方思想的积极传播，不如说是少数富有的人对多数穷人的继续侵占。相应的，一个国家对教育改革思想的采用，通常被认为是富人在权力上的一种胜利，而不是以正义和学校进步为本质的积极思想的采用。

下面的两个引述可使这些解释的差异性更加显著。在《国家不同，全球相似：世界文化与学校教育的未来》（*National Differences，Global Similarities*：

World Culture and the Future of Schooling）一书中，戴维·贝克和杰拉尔德在回顾了大规模学校教育的传播、学校教育的不断趋同、教育研究的相同运用之后指出，"正如这些趋势引导我们在整本书中所做的那样，我们对一般大众教育的未来采取了一个特别乐观的观点。我们认为，这些机构在相对较短的时间内，已经在世界上大多数地方占有主导地位，几乎没有迹象表明它们在不久的将来不会继续有这样的发展"。[7]

上面的引述反映了盲目的范式的哪些观点？首先，有一种假设，即大规模的学校教育可能顺应了人性。其次，据推测，反映科技-理性思维的适合全球的教育研究的相同运用会提高教育的质量，而且会提高全球各民族人民的生活质量。这种盲目的范式导致世界教育文化理论派把重点放在大众教育的传播和全球教育改革的发展上，而没有考虑大众教育实际上可能给一个社会带来的弊端，也忽视了大规模学校教育可能只有利于富人和有权人，而不利于穷人和受压迫者。

盲目的范式其另一部分是对人类理性活动的假设。教育研究被视为追寻真理的理性过程，以及国家政策制定者在全球化进程中理性选择教育改革观点和研究的过程。教育研究体现了科技-理性的思想，即能够被用来打造更好的学习情境，让学生更好地使用大脑学到更多知识，提高个人的生活品质，同时推动社会的进步。

我论述的重点在盲目的范式，所以避免谈及教育研究中显而易见的问题，例如要学什么和为什么学。和其他人一样，教育研究者也会受情绪以及自我范式的影响。情绪、对金钱和地位的渴望、学术政治，以及投资渠道，很大程度上影响着教育研究本性和结果的构建。尽管他们信奉科技-理性的教育方式，但是教育研究者经常服务于他们自己的兴趣、他们的投资方，就像那些受情感而非理性支配的人一样。对于那些认为国家教育政策者会对最佳教育实践做出合乎逻辑的选择的人，也可以提出同样的论点。

世界教育理论派的盲目范式的另一个方面是世俗主义。后殖民/批判论者和世界体系论者都无视宗教和宗教教育的重要性。早期，我在书中引用了爱德华多·门选塔的话："没有涉及宗教问题，是全球化理论的重大缺陷。"[8]20世纪后期，宗教斗争似乎主宰了全球政治和社会运动，而对宗教在教育全球化中作用的考虑不足，是教育全球化理论的一个主要问题。通常，那些深陷技术理性思维和世俗主义的人们认为，宗教阻碍了社会的进步。因此，宗教信仰应该随着大规模的学校教育的发展而消逝，或者认为宗教可以通过调节人们的道德和行为而作为社会控制的一种形式。"世界文化理论"派都不会为了维持宗教信仰或维持宗教在教育和社会中的精神作用,而花时间去考察教育。

总之,"世界文化理论"派的盲目范式模糊了他们的世界观,包括大规模的学校教育是好的,它可以造就一个更好的社会,教育研究是基于技术理性思维的过程,国家决策者在制定学校政策时是运用的技术理性思维,以及对宗教的关注对于教育规划来说是不重要之类一系列假设。

世俗主义,是一个被"世界文化理论"派、世界体系和后殖民/批判论者共享的价值观。当他们讨论宗教时,总是视之为富裕和权力阶层掌控的一个工具,或被认为是治理世俗国家的一个难题。在后殖民/批判论者所著的三本主要著作中缺乏对宗教的考虑,体现了这一缺陷,这三本著作分别是尼古拉斯·本布利斯(Nicholas Burbules)和卡洛斯·托里斯(Carlos Torres)的《全球化与教育:批判的观点》(*Globalization and Education:Critical Perspectives*);迈克尔·艾帕尔、简·凯威和迈克尔·辛格的《全球化教育:政策、教育学和政治》;休·劳德、菲利普·布朗、乔安妮·迪尔拉伯和哈尔西的《教育、全球化与社会变迁》(*Education,Globalization & Social Change*)。[9]

把对宗教的世俗盲目性作为全球教育的一个问题而列举出来,不仅是因为本布利斯和托里斯的书中没有涉及宗教,还因为所有章节中都缺乏对宗教的探讨。在艾帕尔、凯威和辛格的书中,艾帕尔所写的一章中有关于"有教育民主的市场吗?新自由主义全球化、凭证和政治选择"[10] 的讨论,艾帕尔的探讨表明了这样一个趋势,即只有当宗教威胁到世俗主义或宗教支持经济思想时,才会被提及。所谓对世俗主义的威胁,主要指的是"在我们的机构中,宗教激进派和保守的福音派想要回到(他们的)上帝那儿"。[11] 关于自由市场经济,他写道,"仍然有其他人要走市场化道路(支持自由市场),这是因为他们的上帝说,这是'他'的道路"。[12] 问题不在于艾帕尔的言论正确与否——我倾向于赞同他的观点——但问题在于,世界已经经历了几个世纪的宗教斗争,而艾帕尔对宗教的讨论是唯一出现在全球化书中的言论。在劳德、布朗、迪尔拉伯和哈尔西的书中,我唯一能在一篇文章中找到有关宗教的讨论,其重点是一个穆斯林妇女带头巾去学校对世俗国家造成了威胁。[13]

世俗主义,仅代表了后殖民/批判理论盲目范式的一个元素。另一个元素源于亚当·斯密(Adam Smith)和卡尔·马克思(Karl Marx)的思想,其假设人类的行为可以被解释为对物质报酬的自私自利的追求,其他的人类行为,如唯心主义、回归本土文化模式,以及对工业化的抵制都被简单地视为是妄想或错误的意识产物。事实上，后殖民/批判论者经常怀有相同的假设。企业领导人关注人力资本教育，关注学校给他们提供廉价劳动力。后殖民/批判论者担心人力资本经济会导致更严重的经济上的不平等。这些理论家们想要确定学校教育确实能促进经济上的平等。企业领导者和后殖民/批判论者都支持工业消费社会和它所承诺的物质回报，分歧点在于回报应该如何分配。

世界教育文化和后殖民/批判理论的盲目范式，可能会使一些人抵制人力资本理论的可能性变得模糊，因为它使人类唯物化，把人类看作是无血性的齿轮，并把他们组装成企业和工业化的全球机器。在我的大学课堂上，讨论人力资本理论时，通常会有几个学生对人力资本理论中所包含的人性概念表示憎恶。关于人的概念，使人们成为被教育塑造的自然资源以服务于经济体系。由于世界银行和经合组织这两个被世界教育文化理论派称为进步的引擎的机构的支持，世界教育文化理论派可能赞同基于人力资本理论的教育。但另一方面，由于这两大机构被视为主要为富裕国家和富人服务的工具，世界银行和经合组织对人力资本的支持也可能导致后殖民/批判论者抵制人力资本经济学。然而，这些理论家关于人力资本教育的著作中，几乎没有表现出为人性的传统精神观念的转变而担忧，也没有表现出对把人类社会转变为运转良好的机器或为技术理性过程而减少人类行动的努力而担忧。

文化主义者，例如在第一章中提到的人类学家和比较教育学者，提供了一个广阔而复杂的关于全球化的观点。人类学家寻找文化与其他文化相互作用时发生变化的方式，他们看到了教育发展的杂糅性和新形式，而不是国家和地方学校发展的一致性。他们还看到各种相抵触的教育模式，正在争夺全球区域的主导地位。在他们的工作中缺少的是对经济不公平和不公正的关注，而这些不公平和不公正却萦绕在后殖民/批判论者的工作中。他们的做法似乎忽视了权力、财富和剥削在塑造全球文化中的重要性。尽管许多比较教育学者确实认识到前殖民国家强加的教育，但他们还是根据借鉴与输出的说辞创造了一个关于教育的观点，即教育过程是交换的过程，而不是强加与灌输，同时他们也承认权力和财富在决定国家政策中的作用。然而，比较教育学者的传统做法是对国家间的学校制度进行比较，以找到改进学校制度的方法。比较教育学者的盲目范式是否会认为大众教育是为了人类的利益而运作的呢？

总之，我认为，我们应该以莫林提出的"理性的不确定性原理"为基础来进行未来教育全球化的研究。世界是一个整体而复杂的系统，至少在目前情况下是这样的。因此，世界不能只被一个理论所包围。任何一种关于人类行为活动的理论,只适用于一些经常用于证明它的例子。因为人类是理性的,同时也是情绪化、疯狂的,并且人类相互作用在生物圈中的影响是不确定的,因此未来是无法预测的,我们只能推测。简言之,我们应该像尝试描绘教育全球化一样,审视我们自己的盲目范式。

　　未来关于教育全球化的研究应该立足于莫林的"理性的不确定性原理"。在第二章,我审视了世界银行的政策和网络。未来的研究会表明世界银行的教育努力是对当地社区产生积极影响,还是会如我所怀疑的那样,显示出好坏参半的结果。在对世界银行和经合组织进行研究时,学者必须仔细审视自己关于"好的教育意味着什么"的设想。第二章和第三章探讨了世界银行、经合组织以及联合国的教育政策是如何与网络学习、网络游戏和电视节目关联起来的。在未来,互联网、电子游戏和电视会有助于全球教育政策和实践的统一吗?在第四章,我审视了测试、学习材料和教育服务的国际销售市场的发展。这些会促进全球教育的统一吗?在第五章和第六章,我探讨了进步主义教育模式和宗教主义教育模式,它们可能会抵消全球教育的一致性。同样,公民社会,作为国际非政府组织的代表,可能成为抵消如世界银行和经合组织等政府间组织的力量。文化主义者对当地社区和国家如何改变和适应全球教育理念的了解,加剧了教育全球化的复杂性这一现实。最后,正如第七章所讨论的那样,当把全球移民囊括其中,全球化的形象变得更加复杂了。基于他们过去的历史,各国正在开发自己的、用于应对多元文化和多语言人群的教育。考虑到所有这些因素,应该从整体和复杂的角度研究教育全球化,同时考虑以下主要参与者的动态冲突和交叉现象:政府间组织,全球和地方学校领导者和公民,媒体和大众文化,国际非政府组织,跨国学习、出版和测试公司,进步和激进的学校议程,宗教,世界人口的大规模迁移。

● **注释**

[1] Edgar Morin, *Seven Complex Lessons in Education for the Future* (Paris: UNESCO, 2008), p. 48.

[2] Ibid. , p. 75.

[3] Ibid. , pp. 20 - 21.

[4] Ibid. , p. 34.

[5] Morin, *Seven Complex Lessons in Education for the Future*, pp. 21 - 23; and Joel Spring, *Wheels in the Head: Educational Philosophies of Authority, Freedom and Culture from Confucianism to Human Rights, Third Edition* (New York: Routledge,

2008).

[6] Morin, *Seven Complex Lessons in Education for the Future*, p. 22.

[7] David Baker and Gerald LeTendre, *National Differences, Global Similarities: World Culture and the Future of Schooling* (Palo Alto, CA: Stanford University Press, 2005), p. 174.

[8] Eduardo Mendieta, "Society's Religion: The Rise of Social Theory, Globalization, and the Invention of Religion," in *Religions/Globalizations: Theories and Cases*, edited by Dwight N. Hopkins, Lois Ann Lorentzen, Eduardo Mendieta, and David Batstone (Durham, NC: Duke University Press, 2001), p. 47.

[9] Nicholas Burbules and Carlos Torres, editors, *Globalization and Education: Critical Perspectives* (New York: Routledge, 2000); Michael Apple, Jane Kenway, and Michael Singh, editors, *Globalizing Education: Policies, Pedagogies, & Politics* (New York: Peter Lang, 2005); and Hugh Lauder, Phillip Brown, JoAnne Dillabough, and A. H. Halsey, *Education, Globalization & Social Change* (Oxford: Oxford University Press, 2006).

[10] Michael Apple, "Are Markets in Education Democratic? Neoliberal Globalism, Vouchers, and the Politics of Choice," in *Globalizing Education*, pp. 209 – 231.

[11] Ibid., p. 211.

[12] Ibid., pp. 210 – 211.

[13] Seyla Benhabib, "Multiculturalism and Gendered Citizenship" in *Education, Globalization & Social Change*, pp. 154 – 155.

索 引①

---

① 本书索引信息按词句英文首字母顺序排序，其后标注译文首次在正文中出现的页码。

译 后 记

　　2013 年秋季，我开始面向江南大学教育学专业研究生开设"全球化与教育变革"选修课程。一方面，是因应网络信息通信技术的驱动，经济、政治、文化与教育不同领域的全球相互联系与相互依赖程度不断加深，对于教育的理解与研究，迫切需要通过相关的全球化理论或方法来加以审视；另一方面，也是想通过考察国际与比较教育领域中关于全球化与教育最新的多学科研究成果的阅读讨论，提高研究生的国际视野、全球意识以及跨文化研究能力。

　　为此，最早关注到了来自澳大利亚天主教大学墨尔本校区的约瑟夫·扎杰达（Joseph Zajda）教授等人撰写的"全球化、比较教育与政策研究"（Globalisation，Comparative Education and Policy Research）丛书。该丛书旨在满足那些有兴趣了解比较教育研究发展状况的科研需要，并以全球视野关注政策和比较教育研究的发展及变化，介绍最新学术研究的全球发展趋势，将比较教育、政策与全球化力量联系起来，力求体现主要学科和世界大多数地区为解决比较教育政策与全球化力量之间关系提供的新的视角与观点。同时，国际比较教育研究涉及全球化时代下地方、区域和国家层面不同行为主体的内容广泛的研究主题，包括变化中的世界各地的教育改革、课程改革、教育教学评价及其发展趋势、教育权力的下放和私有化、职业与技术教育、幼儿教育等。

　　在后来的教育学专业研究生课程教学中，我将该丛书作为课程的核心文献之一，开展了小组学习讨论，进行了更为细致的内容分析扩展。在课程教学实践检验的基础上，师生不断围绕这些广泛的成果内容展开研读，学生们反响强烈，觉得获益良多。后来，美国当代著名教育史学家与多元文化教育家乔尔·斯普林教授的这本《教育全球化导论》也成为课程的重要参考文献。由于该书视野广阔，关注的主题广泛，批判性强，可读性好，有助于教育专业的学生从多元文化的视角批判地学习全球化带来的教育与政治社会关系的变革，有助于他们明晰 21 世纪全球教育变革宏观过程中的多元教育模式及其蕴含的竞争与不平等问题。基于此，决定将其纳入"全球化与教育变革"译丛并作为其中的第一本翻译出版。

本书的翻译，经历了比较长的时间，是师生共同努力的结果。前后参与翻译的人员有：2013 级教育学硕士研究生孙丹、严灵、陈红、苏文青、黄金煜、乔亚奇、胡佳新、刘效川、李栋、赵文珍、袁盼盼、李瑛、陶莉、张婷婷、阚冬梅，他们完成了最初的翻译工作；2015 级硕士研究生刘珂和何靓，她们对全书各章节翻译初稿进行校对并添加了索引；2020 级教育专业硕士研究生陈安冉与王娟，她们对译稿做了再次校对与补充。最后，由我审校并完善，补充了序言与后记，最终定稿。

同时，本书的版权引进与出版，得到了 2018 年度江苏高校哲学社会科学研究重点项目（2018SJZDI170）与江南大学校内科研项目（1245210382120770）的经费支持。目前，我已经从江南大学调入福建师范大学工作，正在努力推动全球教育学创新研究团队的建设，致力于全球教育研究中心的发展。我相信，本书的出版，将有力支持团队与研究中心后续的发展。

感谢上海交通大学出版社编辑的大力支持，在他们的积极努力下，本书才能够顺利引进并出版。

由于译者的学识与语言能力水平有限，尽管我们尽最大努力以求尽善尽美，但错误或纰漏在所难免，敬请各位读者批评指正。

杨启光

2021 年 11 月 20 日